Das Jimdo-Handbuch

Das

Jimdo Handbuch

Websites erstellen im Handumdrehen

ALEXANDER KERSCHER

Markt+Technik

Bibliografische Information der Deutschen Nationalbibliothek
Die Deutsche Nationalbibliothek verzeichnet diese Publikation in der
Deutschen Nationalbibliografie; detaillierte bibliografische Daten sind
im Internet über <http://dnb.d-nb.de> abrufbar.

Die Informationen in diesem Buch werden ohne Rücksicht auf einen eventuellen Patentschutz
veröffentlicht.
Warennamen werden ohne Gewährleistung der freien Verwendbarkeit benutzt.
Bei der Zusammenstellung von Texten und Abbildungen wurde mit größter Sorgfalt vorge-
gangen.
Trotzdem können Fehler nicht vollständig ausgeschlossen werden. Verlag, Herausgeber und
Autoren können für fehlerhafte Angaben und deren Folgen weder eine juristische Verantwor-
tung noch irgendeine Haftung übernehmen.
Für Verbesserungsvorschläge und Hinweise auf Fehler sind Verlag und Herausgeber dankbar.

Fast alle Hardware- und Softwarebezeichnungen und weitere Stichworte und sonstige
Angaben, die in diesem Buch verwendet werden, sind als eingetragene Marken geschützt.
Da es nicht möglich ist, in allen Fällen zeitnah zu ermitteln, ob ein Markenschutz besteht,
wird das ®-Symbol in diesem Buch nicht verwendet.

Das Jimdo-Handbuch ist kein Produkt der Jimdo GmbH, Hamburg.

10 9 8 7 6 5 4 3 2 1
13 12 11
ISBN 978-3-8272-4754-4

© 2011 by Markt+Technik Verlag,
ein Imprint der Pearson Deutschland GmbH,
Martin-Kollar-Straße 10-12, D-81829 München/Germany
Alle Rechte vorbehalten
Covergestaltung: Marco Lindenbeck, webwo GmbH, mlindenbeck@webwo.de
Lektorat: Boris Karnikowski, bkarnikowski@pearson.de
Herstellung: Elisabeth Prümm, epruemm@pearson.de
Korrektorat: Petra Kienle
Satz: text&form GbR, Fürstenfeldbruck
Druck und Verarbeitung: GraphyCems
Printed in Spain

... wenn ich schon mal die Gelegenheit dazu habe:

Für meine Junx

Oskar, Jakob & Anton

Inhaltsverzeichnis

1 Einleitung des Autors

Als ich mich mit Jimdo im Rahmen eines größeren Kundenprojekts 2008 das erste Mal ernsthaft befasste, war ich begeistert und erschrocken zugleich.

Meine Begeisterung dafür, mit welcher Einfachheit hier echtes Content Management und einfachste Webkonstruktion mit tollem Ergebnis online realisiert werden können, ist bis heute ungebrochen. Das System an sich ist heute nahezu schulungsfrei und in meinen Augen genial umgesetzt. Trotzdem bleiben viele Fragen, um schnell Ergebnisse zu erzielen. So ist dieses Handbuch entstanden.

Meine Bedenken als Inhaber und Projektmanager einer Internetagentur schüttelte ich bald ab: Hatte ich eben noch die Sorge, dass dieses Tool mir mittelständische Kunden abfischen könnte, so machte ich bald die Entdeckung, dass Jimdo genau jene Themen, über die ich mir seit mehr als fünfzehn Jahren leidenschaftlich den Mund fusselig rede, all den Menschen nahebringt, die im Grunde niemals eine Agentur beauftragen, dafür aber gerne ein eigenes Webprojekt realisieren möchten.

Die Menschen beginnen, mit Jimdo farbenreich und weltweit zu publizieren und zu kreieren. All das jenseits der gestalterisch kargen Fabrikwelten von Facebook, twitter und Konsorten. Ein Akt der Schöpfung. Heute sind es über vier Millionen Jimdo-Pages.

„Ein jeder Wunsch – wenn er erfüllt – kriegt augenblicklich Junge", sagte Wilhelm Busch. Für mich bedeutet es im Ergebnis, mit jenen Menschen und Unternehmen dann weitere erfolgreiche Schritte im E-Business mit komplexeren Systemen und Programmierungen zu machen, wenn sie die wahrlich weit gefassten Grenzen von Jimdo irgendwann überschritten haben. Ohne Jimdo würden viele Menschen nie die Begeisterung für das Internet entwickeln, die auch ich bis heute empfinde.

Dafür bin ich Jimdo dankbar. Auch für die hilfreiche Mitarbeit an diesem Buch, die Begeisterung für mein Projekt und die fachliche Unterstützung.

Jimdo gibt „pages to the people" ... und das macht Jimdo exzellent!

Neben dem fachlichen Leitfaden selbst äußere ich mich passagenweise auch kritisch, indem ich die natürlichen Grenzen und Fallstricke aufweise und die Eignung vor allem in professioneller Hinsicht differenziere.

Diese Passagen schmälern in keiner Form meinen unverhohlenen Respekt für das, was das Jimdo-Team auf die Beine gestellt hat: eine technische, publizistische und kreative Spitzenleistung.

Hut ab!

Alexander Kerscher

2 An wen richtet sich dieses Handbuch?

Dieses Tutorial richtet sich sowohl an Anfänger, die ihre erste eigene Webseite erfolgreich erstellen wollen, als auch an die fortgeschrittenen User mit erweiterten Fähigkeiten in Grafik, Codierung und Web-Know-how. Auch für Profis finden sich wichtige Hinweise, die – weil bislang kaum dokumentiert – viel Zeit und Frustration ersparen können, wenn man sich für den Einsatz von Jimdo entscheidet.

Das Codieren von Webseiten, die in nahezu jedem – der permanent am Markt kämpfenden – Browser gleich gut aussehen und einen Quellcode enthalten, der sauber interpretiert und von Suchmaschinen ideal indiziert wird, benötigt jahrelange Erfahrung und tägliche Auseinandersetzung mit den Entwicklungen am Markt. Jimdo-User haben dieses Problem nicht, was die Sache deutlich vereinfacht.

Es wurde in den vergangenen 15 Jahren eine Menge – teilweise beeindruckend gute – Software entwickelt, mit der man ohne Informatikstudium Webseiten erstellen und pflegen kann. Die meisten dieser Tools setzen aber die Kenntnis zahlloser Fachbegriffe voraus und die Bedienung dieser Tools erinnert Nicht-Programmierer öfter an das Cockpit einer größeren Linienmaschine. Hat man die Seite letztlich erstellt, muss man sich durch das nächste Thema kämpfen: Wie richte ich bei meinem Provider Domains, Webspace etc. ein und wie publiziere ich die generierte Webseite dann letztlich im Internet – vom erneuten Aufwand der Pflege einmal abgesehen. Hier ist für Anfänger viel Frust vorprogrammiert, der die Kreativität enorm hemmt.

Es ist das Jahrzehnt des Mitmach-Internets und sich dabei im Internet auf Social Networks wie Facebook, auf twitter oder Blogspots zu beschränken, kann nicht das Ende dieser wunderbaren Entwicklung des eigenen Broadcasting sein. Hier schlägt Jimdo die entscheidende Brücke, indem Sie, liebe Jimdo-User, Ihre Webseite online mit wenigen Klicks erstellen und sich nicht um die Webtechnik kümmern müssen. Pages to the people!

Bei der Pflege von Internetseiten spielt das Thema Content Management die entscheidende Rolle. Webseiten ohne Programmier- oder Codierkenntnisse pflegen zu können, ist für die inhaltliche Führung und den Erfolg von Webprojekten von zentraler Bedeutung.

Wenn Sie Jimdo für Ihr Webprojekt einsetzen möchten, haben Sie sich dazu entschieden, eine Webseite zu führen, die Sie vor allem schnell, unkompliziert und mit professionellem Ergebnis pflegen können. Obwohl HTML – als die zentrale „Sprache" in der Webseitenerstellung – im Grunde nicht schwer zu erlernen ist, können Sie bei der Programmierung per Hand mühelos Hunderte Stunden mit der Frage verbringen: Warum sieht meine Webseite nicht so aus, wie ich es mir vorgestellt habe? Warum (zum Geier!) erziele ich nicht die gewünschten Ergebnisse?

Jimdo kennt seinen Markt genau. Der Vorstoß in die High-Performance-Lösungen für professionelle Businessanwendungen und individuelle Geschäftsprozesse ist sicher nicht zentraler Bestandteil des Geschäftsmodells, da die zahllosen daraus resultierenden Anforderungen mit einem Webbaukasten – der Jimdo nun einmal ist – nicht „out of the box" realisiert werden können. Mit bislang über vier Millionen erstellten Jimdo-Pages ist Jimdo aber zweifelsfrei der weltweit erfolgreichste Webbaukasten. Auch die Anzahl der ernsthaft geschäftlich genutzten Jimdo-Pages nimmt zu.

Jimdo ist eine perfekte Wahl für schnelle und ansprechende Resultate, die vor allem hervorragend in Google & Co. indiziert werden. Lesen Sie die Hinweise dieses Handbuchs und schöpfen Sie die Möglichkeiten aus, die Ihnen Jimdo bietet.

3 Was ist Jimdo?

Jimdo ist *der* Webbaukasten. Mit Jimdo können Sie Ihre eigene Webseite (ob privat, für den Verein oder für berufliche Zwecke) online mit wenigen und einfachen Klicks erstellen und natürlich online pflegen und erweitern.

Die Schritte, die damit verbunden sind:

- Jimdo-Page besuchen
- Eine kostenlose eigene Seite dort anlegen
- Design auswählen, nach eigenen Wünschen anpassen
- Texte, Bilder, Videos und viele Funktionen mit wenigen Klicks einfügen
- Fertig!

Jimdo gibt es in mittlerweile elf Sprachversionen. Diese sind Deutsch, Englisch, Spanisch, Französisch, Italienisch, Niederländisch, Polnisch, Portugiesisch, Russisch, Japanisch und Chinesisch.

Es gibt drei Jimdo-Versionen: *JimdoFree*, *JimdoPro* und *JimdoBusiness*. Die *JimdoFree*-Version ist tatsächlich völlig kostenlos und empfiehlt sich für ein erstes Ausprobieren der Funktionen. Allerdings wird in dieser Version eine Werbung eingeblendet, die sich nicht entfernen lässt. Vielen reicht das. Wer aber von Jimdo überzeugt ist, kann auf eine werbefreie und mit wesentlich mehr Funktionen und Designs gesegnete, kostenpflichtige höhere Version upgraden.

Die deutsche Jimdo-Seite finden Sie unter *http://de.jimdo.com* oder einfach unter *jimdo.de*.

Die Vorteile von Jimdo liegen in der Einfachheit und der hohen Qualität, mit der Ihre Gestaltungs- und Inhaltswünsche umgesetzt werden können. Eine Übersicht der Preise und der unterschiedlichen Funktionen der drei Jimdo-Pakete findet sich stets aktuell unter *http://de.jimdo.com/preise/*.

JimdoFree, JimdoPro und JimdoBusiness

Die wichtigsten Merkmale lassen sich schnell zusammenfassen:

JimdoFree ist hervorragend zum Anlegen einer ersten – automatisch mit Werbung versehenen – Seite geeignet. Sie verfügen hier über mehr als 40 Designs, die Sie auswählen und anpassen können. Eine eigene echte Domain wie www.meineseite.de ist nicht möglich, ebenso wie das Einrichten von E-Mail-Accounts und Weiterleitungen. Sie verfügen über 500 Megabyte Speicherplatz für Bilder, Downloads etc. Wenn Sie einen Shop auf Jimdo-Free einrichten, ist dieser auf fünf Produkte begrenzt und Sie zahlen 10% Umsatzprovision aus Ihren Verkäufen an Jimdo als Bestandteil des Lizenzmodells. Die Anzahl der nutzbaren Funktionen ist groß, aber beschränkt. Wenn Jimdo Sie überzeugt, können Sie jederzeit aus Ihrem JimdoFree-Account heraus auf eine höhere Version upgraden. Die bislang fehlenden Funktionen werden dann automatisch hinzugeschaltet und Sie verfügen zudem über deutlich mehr Designvorlagen und Anpassungsmöglichkeiten.

JimdoPro ermöglicht sowohl eine „echte Domain" als auch die Nutzung einer eingeschränkten Anzahl von Postfächern und Mail-Weiterleitungen. Es ist werbefrei und es stehen Ihnen nun mehr als 80 Designs zur Verfügung und ein großer Speicherplatz von fünf Gigabyte. Nutzen Sie den Shop von Jimdo, reduziert sich die Umsatzprovision auf 5%, die Anzahl der möglichen Artikel erhöht sich auf 15 und es stehen Ihnen neue Bezahlmethoden für Ihre Shop-Kunden zur Verfügung. Außerdem können Sie Tools wie z.B. den Newsletter (beschränkt auf 1.000 Empfänger) nutzen und haben einen deutlich beschleunigten E-Mail-Support bei Fragen und Hilfestellungen.

Bei JimdoBusiness können Sie alle – derzeit mehr als 120 – Layouts nutzen und anpassen. Zwei Domains, 20 E-Mail-Adressen und unbegrenzte Mail-Weiterleitungen sorgen für Kommunikationsfreiheit, die Shop-Provision entfällt, ebenso wie die Anzahl begrenzter Artikel im Online-Shop.

Einen Blog einrichten können Sie aber in *jeder* Jimdo-Version und der Support per E-Mail funktioniert wirklich schnell.

4 Eignung für private und gewerbliche Nutzer

Ob es sich bei Ihrer Homepage um eine für private Interessen, Hobby, die eigene Hochzeit, den Verein, eine Familienseite, einen Blog, einen kleinen Shop oder auch um eine berufliche Webpräsenz handelt, bleibt Ihnen überlassen.

Unabhängig von der Thematik Ihrer Seite: Jimdo eignet sich hervorragend für Webprojekte mit einer überschaubaren Anzahl von Inhaltsseiten und einer Navigationstiefe bis zur zweiten Unterebene. Ab dieser Inhaltstiefe können je nach gewählter Layoutvorlage und aufgrund der gestalterisch nicht beeinflussbaren Navigation Unschönheiten auftreten, die den professionellen Eindruck trüben, weil die Navigationszeilen aufgrund der Einrückung der Navigation umbrochen werden könnten.

Was ist eine „überschaubare Anzahl von Inhaltsseiten"? Das können 10, 20 oder auch 40 Seiten Inhalt sein. Sinnvoll verknüpft und eingängig strukturiert verfügt man so über eine übersichtliche Internetpräsenz, in der Sie alle Medienformen von Bild, über Video, Text etc. mit wenigen Klicks sehr einfach ausspielen können. Die Funktionen „Shop" und „Blog" sind in den jetzigen Versionen bereits so ausgereift, dass Sie auch hiermit sehr schnell professionelle Ergebnisse erzielen können.

Bei der Nutzung von Jimdo als System für die geschäftliche Webpräsenz sollten Sie sich vorab mit folgenden wichtigen Fragen auseinandersetzen:

- Welchen Stellenwert hat meine Webseite in meiner geschäftlichen Kommunikation?
- Wie groß ist meine Kompromissbereitschaft, von gegebenenfalls vorhandenen geschäftlichen Designvorgaben (Corporate Identity) abzuweichen?
- Wie wichtig ist das Thema Sicherheit für die hinterlegten Inhalte?
- Biete ich online Geschäftsprozesse wie Beratungstools, Kunden-Login-Bereiche, Kalkulatoren oder Transaktionen an?
- Welche Anforderungen stellen sich an Kundenbindungsinstrumente wie z.B. Newsletter?
- Ist es für meinen geschäftlichen Auftritt akzeptabel, wenn erkennbar ist, dass es sich um einen Webbaukasten handelt?
- Im Fall eines Online-Shops: Wie viele unterschiedliche Artikel, in welchen Varianten, mit welchen Zahlungsmethoden etc. werde ich in etwa einem Jahr anbieten?

Die damit verbundenen möglichen Problemstellungen erläutern sich wie folgt:

- **Performance:** Wenn Sie Ihre Webseite als zentrales Akquise-Instrument einsetzen, kann es beim Einsatz von Jimdo zu Situationen kommen, die Sie mit Jimdo nicht werden lösen können. Bei fünf bis 500 Besuchern am Tag mit einer durchschnittlichen Anzahl von fünf bis sieben abgerufenen Seiten je Besucher kann Jimdo die richtige Wahl sein. Wenn Sie allerdings mehrere zehntausend

Besucher am Tag erwarten oder größere Datenmengen als Download anbieten, kann es aufgrund des Serversystems von Jimdo passieren, dass der Seitenaufbau sich deutlich spürbar verzögert.

- **Design und CI:** Dazu kommt ein vielleicht gewünschtes hohes Maß an Flexibilität und Gestaltungsfreiheit, welches Sie aufgrund bestimmter grafischer Restriktionen nur unbefriedigend lösen können und sich damit in Ihren kommunikativen Möglichkeiten einschränken. Auch die Umsetzung einer mehrsprachigen Webseite mit Jimdo stellt ein strukturelles Problem dar. Benötigen Sie eine exakte CI-konforme Webpräsenz? Da kann es hakelig werden. Selbst wenn Sie sich agenturseitig ein eigenes Design als HTML-Gerüst liefern lassen, um es mit Jimdo zu verwenden, gibt es kreative Probleme in den mehr als 120 geschmackvoll gestalteten Layouts, die sich nicht beseitigen lassen. Das betrifft zum Beispiel eine individuelle Anpassung der Navigationsleiste mit Flyouts und Skripten, unterschiedliche Farbcodes in den Inhaltsbereichen der Webseite, je Seite ein unterschiedliches Header-Bild oder die seitenindividuelle Nutzung einer linken oder rechten Spalte.

- **Sicherheit:** Beim Thema Datensicherheit setzt Jimdo – zum Beispiel in den passwortgeschützten Bereichen – auf die gängigen Webstandards, die einen hohen Schutz bieten. Trotzdem sind sensible Daten, die Sie passwortgeschützt auf eine Jimdo-Page hochladen, nicht hundertprozentig geschützt und können ebenso wie der Passwortschutz für die Pflege der Seite mit Hackermethoden ausgehebelt werden.

- **Tools und Prozesse:** Sie werden bei Jimdo die Möglichkeit finden, z.B. Flash-Filme (die Zukunft von Flash ist übrigens keineswegs gewiss) mit integrierten Produktpräsentationen o.Ä. hochzuladen oder per iframe, im Pop-Fenster oder per HTML-Aufruf von einem anderen Webserver Funktionen auf eher unelegante Weise einzubinden. Sie haben als Jimdo-User keinen Zugriff auf Ihr Serversystem (auch nicht per FTP oder Shell-Zugang) und können auch keine MySQL-Datenbanken einrichten bzw. komplexe serverseitige Skripte, Schnittstellen, Cronjobs, Verzeichnisrechte oder Ähnliches einrichten, die es Ihnen gestatten, an Ihre Webpräsenz direkt mit individuellen Programmierungen und externen Quellen anzudocken.

- **Newsletter:** Wenn ein Newsletter bei Ihnen ein zentrales Umsatz- und Kundenbindungsinstrument darstellt, sollten Sie wissen, dass das Jimdo-Newsletter-Tool keine HTML-Newsletter ermöglicht. Damit sind Ihnen komplexe Gestaltungsmöglichkeiten genommen und das kostenintensive Ausweichen auf professionelle Systeme ist unausweichlich. Auch die Verwaltung der Newsletter-Adressen hinsichtlich rechtssicherer und branchenüblicher Vorgehensweisen ist eingeschränkt. Sie können z.B. weder doppelte Newsletter-Adressen automatisch herausfiltern noch eine An-/Abmeldehistorie einsehen. Auch das Anmeldeverfahren kann mangels Log-Dokumentation oder frei skalierbarem Bouncemanagement nicht als professionell betrachtet werden. Auch bedient der Newsletter nur maximal 1.000 Adressen. Es ist eben eine „kleine" Newsletter-Lösung.

- **Erwartungshaltung:** Mit einem Blick in den Quellcode sieht jeder, dass Ihre Webseite eine Jimdo-Page ist. Wenn das für Sie unerheblich ist: prima. Wenn man Sie aufgrund dieser Tatsache in Ihrer Branche als unprofessionell einschätzen könnte, sollten Sie es sich überlegen. Als Beispiel: Eine Kreativagentur sollte in der Lage sein, eine eigene Webseite zu gestalten und professionell programmieren zu lassen. Bei einem T-Shirt-Online-Shop ist die Herkunft unerheblich.

- **Online-Shop:** Ein netter kleiner und durchaus erfolgreicher Online-Shop mag heute zum Beispiel 30 Artikel enthalten. Wenn es im nächsten Jahr aber 800 Artikel sein müssen, um das Geschäftsmodell durchzuführen, gelangen Sie schnell an das Ende der Möglichkeiten, die Ihnen der Jimdo-Shop bietet. Fashion-Verkauf mit unterschiedlichen Größen, Farben, Varianten etc. findet ebenfalls seine Grenzen. Auch hier sollte lieber in eine professionelle, durch eine Agentur zu realisierende Shop-Umsetzung investiert werden, gerade wenn Sie am anderen Ende mehr als nur eine E-Mail über eine Bestellung erhalten wollen, Pack-, Liefer- und Retourenschein generieren müssen und eine komplexe Bestandsführung anbinden möchten. Auch Kundenkonten, individuelle Konditionen, Gutscheine oder Cross- und Upselling ("... Kunden, die *dies* gekauft haben, haben auch *das* gekauft ..." oder "dazu passt ...") können Sie hier (noch) nicht realisieren.

Stärken von Jimdo

- Webprojekte im Handumdrehen

- Content Management

- Suchmaschinenoptimierte Seiten

- Shop und Blog: einzigartig einfach

- Hervorragende Bearbeitungs-Tools

Schwächen von Jimdo

- Design- und Funktionsrestriktionen

- Eigenes Design: Hier muss der Profi ran!

- Eigene Sicherung des Webspace (nicht möglich – wird bei Jimdo gesichert)

- Nicht beeinflussbare oder belegbare Areale Ihrer Jimdo-Page

- Anbindung externer Prozesse kaum möglich

5 Vorbereiten eines Webprojekts

Strategie und Benutzerszenario

Bevor Sie eine Jimdo-Page anlegen, sollten Sie sich einige Gedanken darüber machen, was genau Sie eigentlich in Ihrer Webseite für wen abbilden möchten und was die Ziele Ihres Projekts sind.

In der Webkonzeption spricht man von einem *Use-Case* oder, auf Deutsch, von einem Benutzerszenario.

Dazu überlegen Sie sich, wer die Zielgruppe für Ihre Webseite sein soll. Zum Beispiel: alle Segelfluginteressierten. Als Kenner der Materie wissen Sie zum Beispiel, dass es sich überwiegend um männliche Interessierte im Alter zwischen 16 und 40 Jahren handelt.

Welche Ergebnisse verbindet diese Zielgruppe mit dem Besuch Ihrer Webseite? Einige Möglichkeiten: der Download einer stets gepflegten PDF-Datei mit Adressen von Segelflugplätzen in Deutschland und die Anmeldung zu einem „Schnupperkurs Segelfliegen" in Ihrem Verein.

So grenzen Sie ein, für wen Sie Ihre Webseite erstellen, wie die Erwartungshaltung dieser Klientel in Bezug auf Design und Inhalte ist und was Sie somit anbieten sollten.

Das hilft Ihnen bei den weiteren Gedanken zu Darstellung, Gestaltung und Texten weiter.

Sinnvolle Tools für die Webseitenerstellung

Nichts ist bei der Webseitenerstellung hinderlicher, als permanent zwischen Fotoordner, Grafikprogramm, Texteditor und verschiedenen Browserfenstern hin und her zu springen. Wenn Sie sich ein wenig vorbereiten, geht Ihnen die Arbeit viel leichter von der Hand.

Sie benötigen für Ihre Jimdo-Page neben Ihrem Internetzugang:

- eine E-Mail-Adresse (auf die Sie unmittelbaren Zugriff haben),
- einen aktuellen Webbrowser,
- eine schematische Layoutidee,
- Ihre Webseiten-Texte (schreiben Sie diese am besten, *bevor* Sie beginnen zu gestalten),
- Ihr Bildmaterial (in Form von z.B. JPG-, PNG-, GIF-, TIF- oder BMP-Dateien),
- Dateien, die Sie gegebenenfalls zum Download anbieten möchten, in Form von PDF-, Word- oder PowerPoint-Dateien,
- einen gemeinsamen Ordner auf Ihrem Rechner, den Sie schnell finden und in dem Sie alle Materialien für Ihre Webseite ablegen (Texte, Bilder etc.).

Ihr Ergebnis wird umso besser, wenn Sie vielleicht auch Folgendes besitzen und vorbereiten:

- ein Grafikprogramm (sofern Sie damit umgehen können),

- das kostenlose Programm IRFANVIEW, das Sie im Internet herunterladen und benutzen können,

- kurze Texte zu den Bildern, die Sie benutzen möchten,

- eine geprüfte Liste von Links zu anderen Webseiten, auf die Sie gegebenenfalls verweisen möchten,

- eine Liste von 20 bis 30, kommagetrennten Stichwörtern, unter denen Sie Ihre Seite gerne gefunden sehen möchten (z.B. Segelfliegen, Flugplatz, Köln, Nordrhein-Westfalen, Schnupperkurs, Segelflugzeug fliegen, Flugschein …).

Als geeigneten Browser empfehle ich unter *http://www.mozilla-europe.org/de/firefox/* den Download des Mozilla Firefox-Browsers.

6 Einrichtung und Erstellung Ihrer Jimdo-Page

Als Projekt-Webseite für die Arbeit in diesem Handbuch werden wir nachfolgend gemeinsam die Webseite, den Blog und den Online-Shop für dieses Handbuch erstellen. Anhand der einzelnen Schritte lernen Sie den vollständigen Umgang mit dem Jimdo-System und wichtige zusätzliche Kniffe.

Erstellen der Jimdo-Page

Zuerst erstelle ich meine Webseite bei Jimdo, was mit dem Anlegen eines Kundenkontos vergleichbar ist. Sie finden auf der Jimdo-Page unter jimdo.com ein gelbes Formularfeld mit der Möglichkeit, hier eine „Wunsch-Jimdo-Domain" und Ihre E-Mail-Adresse einzugeben, um die Seite erst einmal zu erstellen.

Achten Sie besonders darauf, dass Ihre E-Mail-Adresse richtig geschrieben und aktiv ist, denn an diese E-Mail-Adresse wird Ihnen anschließend automatisch das Passwort für Ihre Jimdo-Page zugestellt. Und wenn diese System-Mail ins Nirvana gesendet wird, werden Sie sich einen neuen Jimdo-Domain-Namen einfallen lassen müssen.

Geben Sie einen frei wählbaren Namen in die Zeile „Adresse auswählen" ein. Die Domain lautet dann: *ihredomain.jimdo.com*.

Sollte Ihre Wunsch-Jimdo-Domain bereits vergeben sein, werden Sie durch ein kleines Pop-up darauf hingewiesen und müssen leider eine andere Jimdo-Domain wählen.

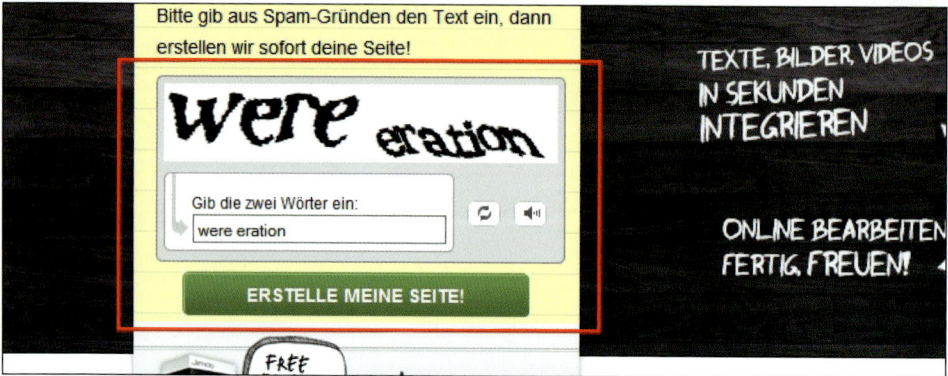

Sofern der gewählte Domain-Name noch frei ist, werden Sie auf Teil zwei der Anmeldung weitergeleitet, einem Spamschutz (sogenannter „Captcha"), der sicherstellt, dass ein Mensch und nicht eine boshafte Maschine diese Seite erstellt. Diesen Schutz kennen Sie sicherlich von Ihrem Online-Banking oder anderen Webseiten. Bestätigen Sie nun auf der Folgeseite Ihre Homepage mit der Eingabe der grafisch abgebildeten Begriffe. Nachdem Sie die beiden grafisch angezeigten Wörter mit einer Leerstelle dazwischen eingegeben haben und auf „Erstelle meine Seite" geklickt haben, ist Ihre Seite erstellt und kann von Ihnen bearbeitet werden.

Gucken Sie in Ihr Postfach, denn Sie haben Post von Jimdo. Da meine Jimdo-Domain „handbuch-fuer.jimdo.com" lautet, werde ich in dieser ersten automatischen Mail mit dem Subdomain-Namen angeredet. Stört aber keinen, denn sobald ich meine Jimdo-Page später eingerichtet habe, werde ich in zukünftigen Mails mit meinem Vornamen angesprochen.

Diese Bestätigungs-Mail enthält den Link zu meiner Jimdo-Page und das automatisch generierte Zugangspasswort.

Die Jimdo-Domain

Bei der Jimdo-Domain handelt es sich im eigentlichen Sinne um eine Subdomain unterhalb der Top-level-Domain „jimdo.com". Für das Paket JimdoFree (Ihre erstellte Seite ist automatisch ein kosten-loses JimdoFree-Paket) haben Sie auch keine Möglichkeit, diese „Arbeits-Domain" gegen eine echte Domain wie www.meine-wunschdomain.de einzutauschen. Sie ist völlig ausreichend, wenn Sie mal eben eine kleine Webseite erstellen wollen, um Freunden online ein paar Bilder zu präsentieren, aber professionellen Ansprüchen genügt sie sicher noch nicht.

Grundsätzlich gilt: erst die Jimdo-Domain erstellen. Eine echte Domain können Sie nach Fertig-stellung Ihres Jimdo-Projekts bestellen und Ihrem Paket hinzufügen, so dass Ihre Jimdo-Page unter *www.wunschdomain.de* erreichbar ist.

Versuchen Sie also nicht, beim obigen Anlegen Ihrer Jimdo-Page eine Kombination wie „*wunsch-domain.de*.jimdo.com" oder Ähnliches anzulegen, da es Ihnen vom System nicht gestattet wird.

Entscheidung: welches Jimdo-Paket?

Welches Jimdo-Paket Sie nutzen möchten, müssen Sie beim Anlegen der Jimdo-Page noch nicht entscheiden. Ihre Jimdo-Page ist zunächst einmal völlig kostenlos (ein JimdoFree-Paket mit Werbeeinblendung) und gibt Ihnen die Möglichkeit, Jimdo entspannt auszuprobieren.

Wenn Sie bereits sicher sind, dass Sie eine eigene Domain (*www.wunschdomain.de*) und eigene E-Mail-Adressen für Ihr Webprojekt nutzen möchten, sollten Sie – gemäß Seite 193 – ein Upgrade auf die Jimdo-Versionen JimdoPro oder JimdoBusiness durchführen.

Sie haben dann die Möglichkeit, direkt mit Beginn der Einrichtung Ihrer Internetseite auf wesentlich mehr Designs (anstelle von 40 nämlich derzeit auf mehr als 80 bzw. 120 Layoutvorlagen) zuzugreifen, um Ihrer Jimdo-Page bereits ab dem Start den richtigen Anstrich zu verpassen.

Erster Login

Es gibt drei Wege, um sich auf der eigenen Jimdo-Page einzuloggen: entweder über den Button „Login" auf der jimdo.com-Seite selbst (der kompliziertere Weg) oder durch Aufruf der eigenen Jimdo-Page in Ergänzung um /login in der Webadresse. Das sieht dann wie folgt aus: *http://das-handbuch-fuer.jimdo.com/login.*

Der dritte Weg ist der kleine Login-Link unten rechts auf der eigenen Seite, den man allerdings (bei JimdoPro und JimdoBusiness) in den Einstellungen ausblenden kann, weswegen er nicht unbedingt angezeigt wird.

Wichtig ist beim Login über die jimdo.com-Seite, dass Sie erstens zum Login auf den Button oben rechts auf der Jimdo-Homepage klicken und zweitens, dass Sie – in dem nun aufpoppenden Fenster – Ihre volle Jimdo-Domain in das Feld „Jimdo-Page" schreiben (das-handbuch.fuer.jimdo.com) und nicht etwa nur „das-handbuch-fuer".

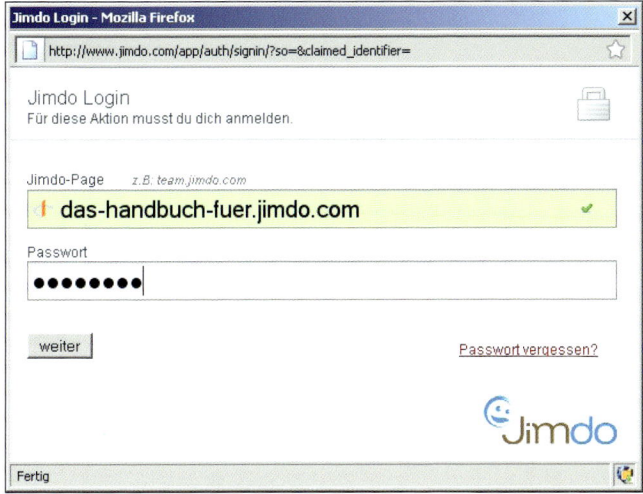

Sie gelangen nach Klick auf „weiter" in die erste Ansicht Ihrer Webseite, die von Jimdo bereits mit einem Startdesign, Musterseiten und einigen Inhalten versehen ist.

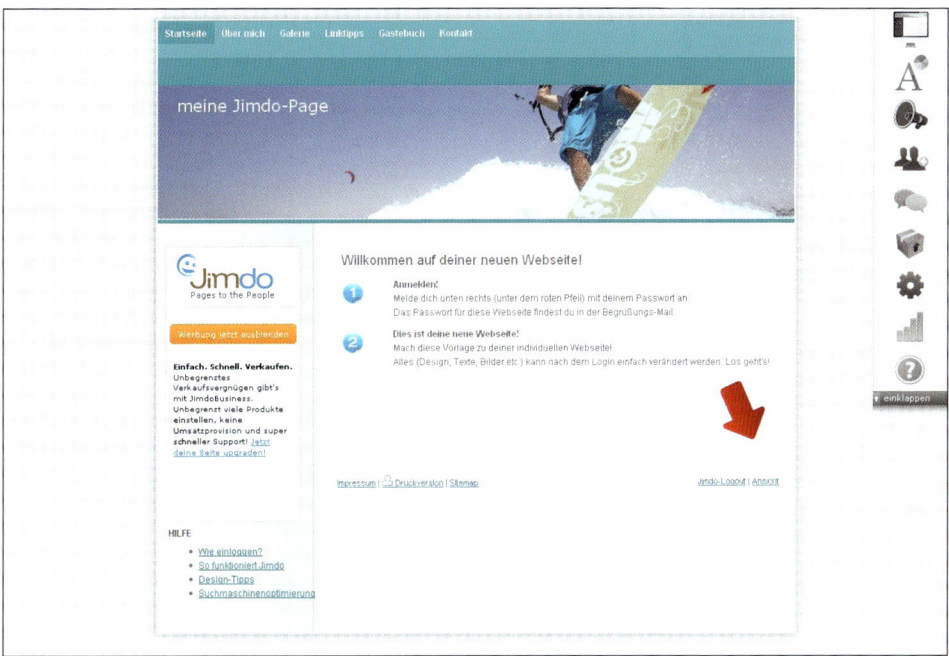

Wie geht das hier?

In dieser ersten Ansicht der Webseite lernen Sie direkt alle wesentlichen Funktionen von Jimdo kennen.

Hier einige wichtige Erläuterungen:

1. Es handelt sich um eine JimdoFree-Seite. Sie ist kostenlos und verfügt aber über eine Werbe-einblendung, die Sie nur entfernen können, wenn Sie ein Upgrade auf eine höhere und kosten-pflichtige Version von Jimdo durchführen (siehe Seite 193). Die angezeigten Menüpunkte wurden automatisch angelegt und können von Ihnen geändert werden. Durch Auswahl eines anderen Layouts (siehe Seite 36) können Sie Art und Position der Navigation – je nach gewähl-tem Layout – beeinflussen.

2. Rechts im Browserfenster befindet sich das Jimdo-Hauptmenü (Jimdo-Flyout). Sie brauchen es, um das Aussehen und die Funktionen Ihrer Webseite zu steuern, und Sie können es ein- und ausklappen. Sie sehen es nur, wenn Sie auf Ihrer Webseite eingeloggt sind.

3. „Jimdo-Logout" und „Ansicht" befinden sich am unteren Ende rechts auf jeder Seite im einge-loggten Zustand. Beim Klick auf „Logout" verlassen Sie die Administration Ihrer Jimdo-Page. Der Klick auf „Ansicht" ermöglicht es Ihnen, zwischen Bearbeitungsmodus und Ansichtsmodus hin- und herzuschalten, ohne sich auszuloggen. Das ist sehr hilfreich, da Sie beim Bearbeiten – um zu sehen, wie Ihre Seite für die Besucher aussieht – sich nicht ständig aus- und wieder einloggen müssen.

Orientierung in den Jimdo-Funktionen

Sie werden – eingeloggt auf Ihrer Jimdo-Page – feststellen, dass die Maus ein wichtiges Instrument bei der Bedienung der Seite ist, da der Mauszeiger beim Überfahren bestimmter Bereiche Funktionen offenbart, die Sie nutzen können.

Aufbau und Funktionen der Navigation

Wenn Sie die Maus in Richtung der Navigation bewegen, wird ein Symbol eingeblendet („Navigation bearbeiten"), das Sie anklicken können. Es öffnet sich der Navigationsbereich, mit dem nicht nur die Navigation betitelt, sondern auch Unterseiten angelegt, gelöscht oder ausgeblendet werden.

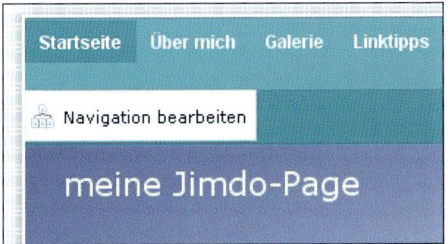

Bevor ich nun aber die – im Vorfeld überlegte – Inhaltsstruktur meiner Seite über „Navigation bearbeiten" aufbaue, sollten Sie noch die anderen Mouseover-Funktionen von Jimdo kennenlernen und das Start-Layout bereinigen.

Mouseover–Funktionen

Eine weitere Funktion neben der Navigation, die Sie mit der Maus aktivieren und dann bearbeiten können, ist der Header, den Sie mit einem Klick auf „Header bearbeiten" unterhalb der Kopfgrafik zum Bearbeiten ausklappen können. Führen Sie dazu den Mauszeiger über die Kopfgrafik.

Hier finden Sie alle Einstellungsmöglichkeiten, um

- Galeriebilder als Kopfgrafik zu nutzen,

- eigene Bilder als Kopfgrafik hochzuladen,

- Hintergrundmuster zu verwenden und farblich zu gestalten,

- den Titel der Webseite einzugeben, zu gestalten und auszurichten und

- ein Logo hochzuladen (nur JimdoPro- und -Business-Nutzer) und mit diversen Einstellungen, z.B. die Größe eines Headers, zu definieren.

Um die Inhalte der Webseite zu bearbeiten, führen Sie die Maus über die einzelnen dort abgebildeten Einträge. Sie werden feststellen, dass sich über jedem einzelnen Element (also Texte, Bilder etc.) ein sogenannter „Layer" einblendet, der Ihnen die Möglichkeit gibt, neue Inhalte hinzuzufügen, sie zu bearbeiten, die Elemente nach oben und unten zu verschieben oder diese zu löschen.

Dabei werden folgende Funktionen verfügbar:

- Pfeil nach oben anklicken: Das Element wird um eine Position nach oben verschoben (in diesem Fall würde es über der Überschrift landen).

- Pfeil nach unten anklicken: Das Element wird um eine Position nach unten verschoben, würde hier also unter das Element „2 – dies ist deine neue Webseite" geschoben.

- Mülleimer anklicken: Das Element wird – nach vorheriger Rückfrage, ob es „wirklich gelöscht" werden soll – gelöscht.

- Plus-Symbol: Ein neues Element wird unterhalb dieses markierten Elements hinzugefügt.

- Eine besondere Funktion kommt dem Kreuz auf der rechten Seite des Layers zu. Wenn man das Element hier mit angeklickter Maus greift, kann man es ausschneiden und es in einem sich öffnenden Container im oberen rechten Bildrand ablegen, um es auf einer anderen Seite aus diesem Zwischenspeicher wieder einzufügen.

- Ein Klick auf das Element selbst öffnet die Bearbeitungsoptionen des Elements. Doch dazu später mehr.

Mit dieser Methodik ist alles, was beim Überfahren mit dem Mauszeiger einen solchen Bearbeitungslayer erhält, bearbeitbar. Der vermutlich wichtigste Bearbeitungsbereich befindet sich in der rechten Hälfte der Jimdo-Page (im eingeloggten Zustand).

Die Jimdo-Leiste (Jimdo Flyout) selbst lässt sich ein- und ausklappen und fährt – je nach gewähltem Funktionsbereich – einen zusätzlichen Layer mit Bearbeitungsoptionen aus.

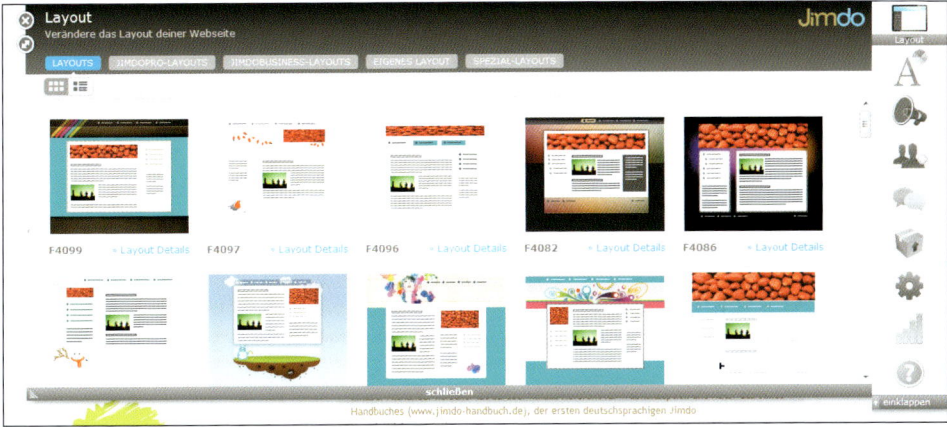

Um das Menü wieder einzuklappen, klicken Sie entweder auf „schließen" im unteren Bereich oder auf die X-Markierung oben links im Layer. Mit dem Symbol des diagonalen Pfeils vergrößern und verkleinern Sie die Ansicht.

> **Hinweis:** Es gibt zahlreiche wichtige Änderungen und Einstellungen, die Sie in diesem Jimdo-Menü vornehmen können. Lesen Sie die Kapitel zu den jeweiligen Menüeinstellungen durch und klicken Sie nicht auf „speichern", wenn Sie sich nicht sicher sind, ob das Ergebnis Ihren Vorstellungen entsprechen wird.

Da Sie sich zu diesem Zeitpunkt noch in einer JimdoFree-Version befinden, sind einzelne Menüpunkte und Funktionen dieses Jimdo-Menüs nicht aktiv und können erst nach dem Upgrade auf eine der kostenpflichtigen Jimdo-Versionen genutzt werden. Sie finden hier entsprechende Hinweise auf verfügbare und nicht verfügbare Funktionen, beim Wechsel und Anpassen des Layouts kann es jedoch ärgerlich sein, wenn man das Design aufwändig ändert und anpasst, um es dann – mangels höherer Version – nicht abspeichern zu können.

Bereinigen des Start-Layouts

Mit den oben gelernten Funktionen können Sie nun die ersten Schritte in *Ihrem* Jimdo machen, indem Sie

1. die Navigation (und damit die Inhaltsseiten) anpassen und

2. die vorgefertigten Inhalte löschen können.

Beginnen Sie mit der Navigation

Unabhängig davon, dass Sie diese jederzeit ändern, umbenennen und erweitern können, haben Sie sich vielleicht gemäß Ihrer Vorbereitung für Ihre Webseite Gedanken über die Sitemap, also die Seitenstruktur und die damit verbundenen Navigationsebenen gemacht.

Für die Beispielseite jimdo-handbuch.de soll diese folgendermaßen aussehen.

	A	B	C
1	**Art**	**Name Ebene 1**	**Name Unterseite**
2	Startseite	Das Jimdo Handbuch	
3			Zum Inhalt
4			Der Autor
5			Zielgruppen
6	Shop	Online kaufen	
7			"CheckOut 1"
8			"CheckOut 2"
9			"CheckOut 3"
10			"CheckOut 4"
11	Inhalt	Über Jimdo	
12	Blog	Updates	
13	Kontakt	Feedback	
14	Inhalt	Impressum	

Wir haben also sechs Hauptnavigationspunkte (Name Ebene 1) und sieben Unterseiten (Name Unterseite), von denen die vier Checkout-Seiten (Warenkorb, Bezahlmethode, Lieferadresse etc.) automatisch durch den Shop abgebildet werden.

Öffnen Sie jetzt durch Klick auf „Navigation bearbeiten" die Navigationsverwaltung. Auch hier können Sie wieder mit den

- Hoch- und Runter-Pfeilen die Reihenfolge verschieben,

- mit den Pfeilen links und rechts bestimmen, ob es sich um einen Haupt- oder einen Unternavigationspunkt handelt,

- mit dem Plus-Symbol eine neue Seite samt Navigationstitel anlegen,

- Seiten mit dem Mülleimer-Symbol löschen oder

- durch Klick auf das Augen-Symbol ein- und ausblenden.

Durch Klick in das Textfeld des Navigationspunkts können Sie den Titel der Seite und des damit verbundenen Navigationspunkts bearbeiten.

Einige wichtige Hinweise:

- Die grafische Gestaltung und die Positionierung der Navigation im Layout ist abhängig vom (später) gewählten Layout. Jimdo bietet Ihnen nur im Profi-Bereich mit „Eigenes Design" eine Möglichkeit, z.B. Schriftart oder Verhalten sowie bestimmte Gestaltungsmerkmale der Navigation zu ändern. Wenn Sie später das Layout wechseln, werden alle Inhalte und die Navigation übernommen, auch wenn sie – je nach Layout – anders dargestellt werden.

- Sie können einen Menüpunkt, der Unterseiten enthält, nicht mitsamt der Unterseiten löschen, sondern müssen erst die Unterseiten einzeln löschen, bevor Sie den Hauptmenüpunkt entfernen können.

- Wenn Sie sich nicht sicher sind, ob Sie Seiten behalten möchten, blenden Sie diese zunächst einmal mit dem Augensymbol aus. Diese Seiten sind dann erreichbar (wenn man den genauen Seitennamen kennt), werden aber im Menü nicht angezeigt. Seiten, die „geheim" sind, sollten Sie besser passwortgeschützt und ausgeblendet halten (dazu mehr ab Seite 162).

- Die Bezeichnung Ihrer Seiten (und damit der Navigationspunkte) ist sehr wichtig für Suchmaschinen. Da im gewählten Beispiel der Menübereich „Online kaufen" in der URL später wie folgt dargestellt wird: *http://www.jimdo-handbuch.de/online-kaufen/*, wird z.B. Google die Seite lieben, da die komplette Suchphrase bereits in der Domain gefunden wird. Google gibt ihr dann eine gute Position bei der Anfrage „Handbuch Jimdo kaufen", sofern die in der Seite selbst abgebildeten Texte als relevant für das Thema interpretiert werden.

- Gleichzeitig bedeutet es, dass Seiten, die Sie einmal benannt haben und später umbenennen, nicht mehr erreichbar sein können, wenn Sie den Link *http://www.jimdo-handbuch.de/online-kaufen/* zum Beispiel bei Partnern hinterlegt oder in einer Google-Adwords-Kampagne als Zielseite benutzt haben. In diesem Fall wird immer die Sitemap Ihrer Seite anstelle der fehlenden Seite angezeigt. Versuchen Sie also, möglichst Namen zu vergeben, die Sie beibehalten, wenn Sie mit Ihrem Projekt online gehen.

- Den Menüpunkt „Impressum" müssen Sie in der Navigation nicht extra anlegen, da diese Seite in jeder Jimdo-Page automatisch (zumeist in der sogenannten „Meta-Navigation") am Fuß Ihrer Webseite angelegt wird. Dort lässt sie sich dann auch bearbeiten.

Die fertig umgesetzte Navigation für mein Projekt jimdo-handbuch.de sieht dann wie folgt aus:

Nach Klick auf den Button „Speichern" können Sie das Menü zuklappen und jederzeit wieder für Erweiterungen oder Veränderungen verwenden.

Aufräumen der Seite

Jetzt können Sie Ihre neuen Fähigkeiten und das bis hierhin Erlernte einsetzen, indem Sie nun die mit automatischen Inhalten gefüllte Seite „entrümpeln". Dazu müssen Sie natürlich eingeloggt sein. Klicken Sie sich über die Navigation einfach auf die einzelnen nun angelegten Seiten Ihrer Webseite. Gehen Sie über jedes editierbare Objekt und löschen Sie es mit dem Mülleimer-Symbol.

Die fertig entrümpelte Webseite ist dann bereit für Ihre individuellen Inhalte und sieht folgendermaßen aus:

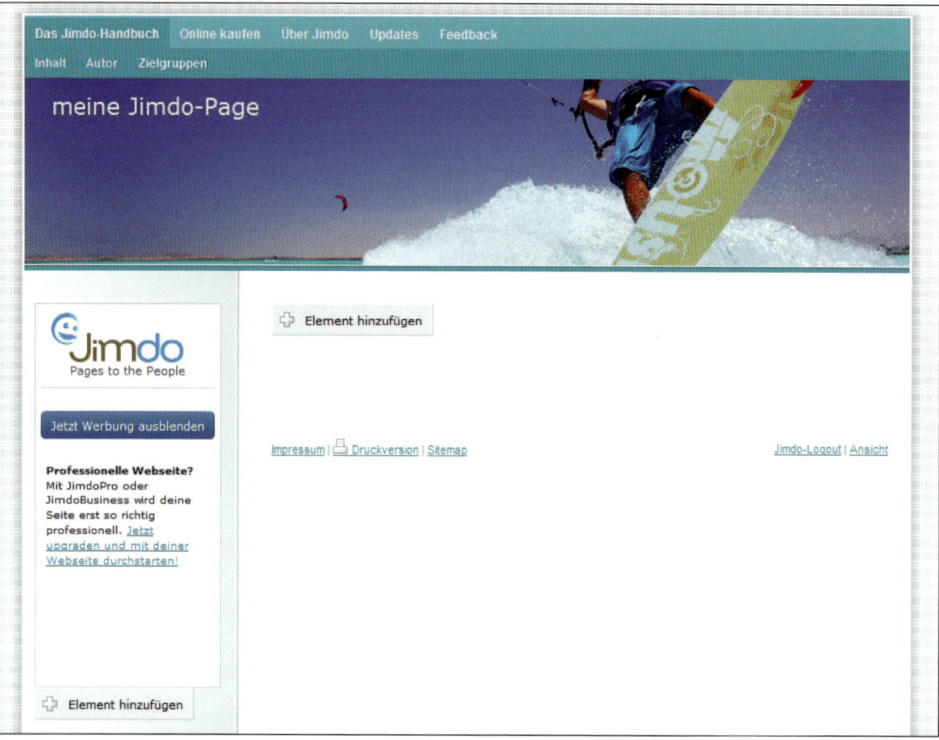

Wie Sie feststellen werden, ist in den leeren und belegbaren Bereichen (wobei es sowohl zwei- als auch dreispaltige Layouts gibt) ein Symbol verankert mit der Bezeichnung „+ Element hinzufügen".

Hier setzen Sie an, wenn Sie die Seite später mit Leben füllen. Beachten Sie bitte, dass bei den meisten Layouts Inhalte, die Sie in den linken bzw. rechten Spalten einsetzen, auf jeder Unterseite Ihres Webauftritts auftauchen. Inhalte im zentralen Content-Bereich sind für jede Seite unterschiedlich belegbar. An dieser Stelle Ihres Jimdo-Projekts sollten Sie eine bestimmte Reihenfolge einhalten, damit Sie nicht bestimmte Arbeitsschritte mehrfach umsetzen müssen.

Meine Empfehlung lautet:

- zuerst einige Voreinstellungen ändern,

- dann das Layout anpassen,

- erst dann den Header anpassen und

- schließlich die Inhalte auf die Seite bringen.

Durch die Änderung des Layouts ergeben sich auch unterschiedliche Maße der Header-Grafik, sofern Sie eine eigene einsetzen wollen. Auch bringt der Layoutwechsel unterschiedliche Bearbeitungsfunktionen für das jeweilige Layout mit sich.

Seit März 2011 sieht man den Jimdo-Layouts auch an, welche Funktionen und Gestaltungsmöglichkeiten sich dahinter verbergen.

Sinnvolle Voreinstellungen

Obwohl das Feintuning in den „Einstellungen" des Jimdo-Menüs am besten erst später vorgenommen wird, öffnen Sie jetzt im Jimdo-Menü den Bereich „Einstellungen", um die Bereiche „Persönliche Daten" und „Passwort" zu bearbeiten.

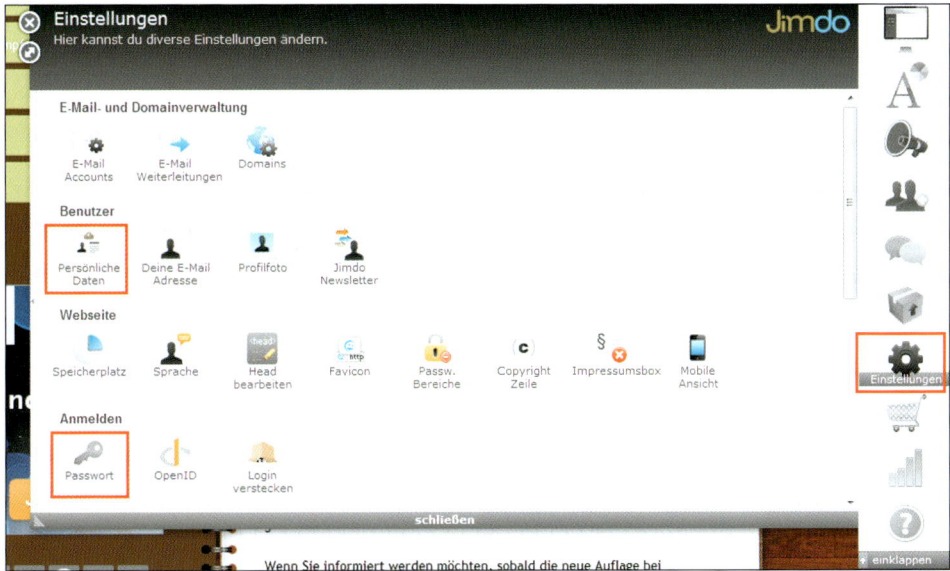

Persönliche Daten

Geben Sie unter „Persönliche Daten" Ihre Kontaktdaten an. Damit sind Sie ein Teil der Jimdo-Community und haben schon mal einen Namen anstelle eines Domain-Namens.

Mit Ihrem richtigen (Vor-)Namen werden Sie bei Jimdo bislang nur in den persönlichen Support-Mails des Jimdo-Teams angesprochen.

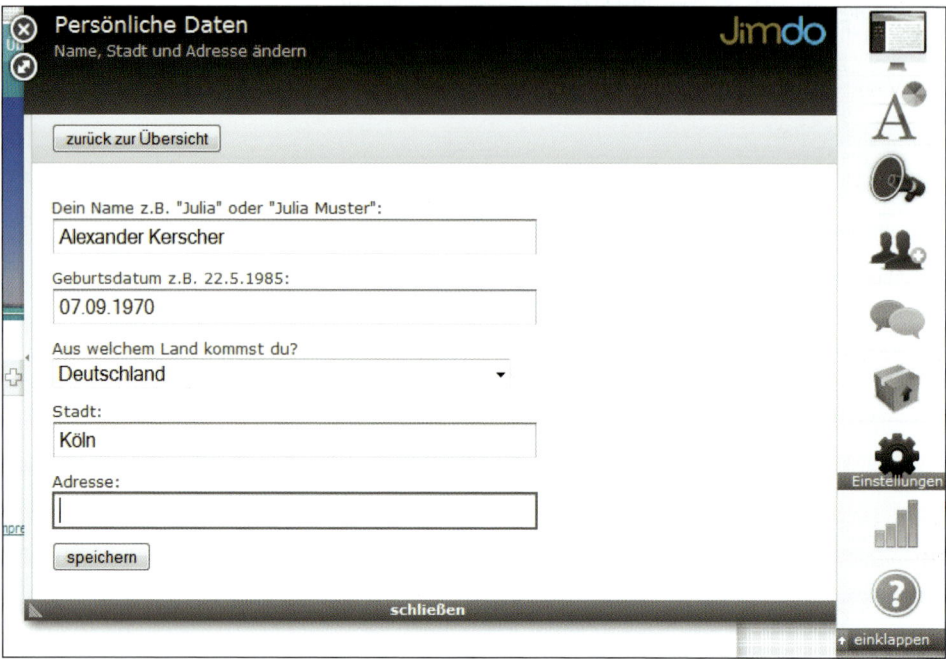

Passwort ändern

Weiterhin ist es empfehlenswert, das anfangs erhaltene, automatisch generierte Passwort zu ändern. Wenn Sie im obigen Layer auf „zurück zur Übersicht" geklickt haben, wählen Sie bitte unter „Anmelden" die Funktion „Passwort". Geben Sie das alte Passwort ein und vergeben Sie ein neues. Anschließend „speichern" Sie dieses. Sie erhalten eine E-Mail über diese Passwortänderung.

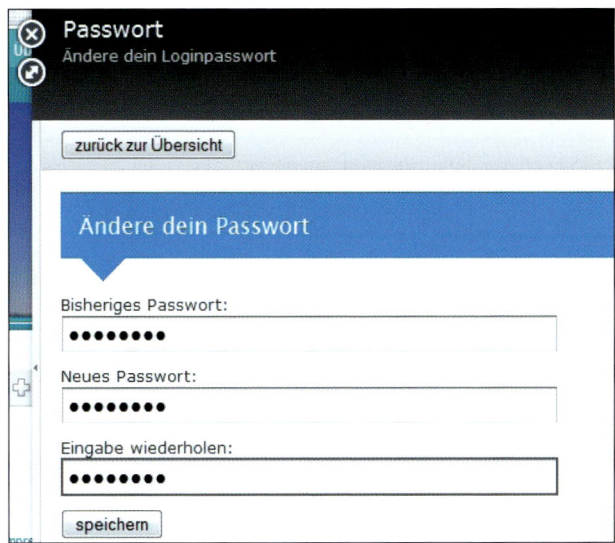

Eine andere wichtige Information haben Sie bereits beim Erstellen der Seite angegeben: Ihre E-Mail-Adresse. Sofern sich diese nicht ändert, müssen Sie diese in den Einstellungen auch nicht ändern.

Privatsphäre ändern

Wenn Sie zunächst einmal mit Ihrem Webprojekt in der Jimdo-Community nicht gefunden werden möchten, lesen Sie bitte auf Seite 157 den Eintrag zur „Privatsphäre".

7 Das Design Ihrer Seite

Nun kommen wir an den Punkt, an dem es anfängt, Spaß zu machen. Gemäß Ihrer Vorbereitung haben Sie jetzt eine Grundvorstellung davon, wie Ihre Seite aussehen soll. Nun können Sie überprüfen, inwiefern die Jimdo-Layouts – die Ihnen zur Verfügung stehen – auch Ihren Designvorstellungen entsprechen und wie Sie diese anpassen können.

Layout

Klicken Sie im Jimdo-Menü auf „Layout" und sehen Sie die zur Verfügung stehenden Layouts durch, ob Ihnen bei der schematischen Abbildung der Layouts eines zusagt, das Sie auswählen, um es zu bearbeiten. Denken Sie daran, dass Ihnen für JimdoFree alle „Layouts" plus die „Spezial-Layouts" zur Verfügung stehen, bei einer JimdoPro- oder JimdoBusiness-Version jedoch jeweils 43 „JimdoPro- Layouts" und 43 „JimdoBusiness-Layouts" mehr.

Sie können in der JimdoFree-Version diese Layouts ansehen und auch ausprobieren, jedoch nicht für Ihre Webseite speichern.

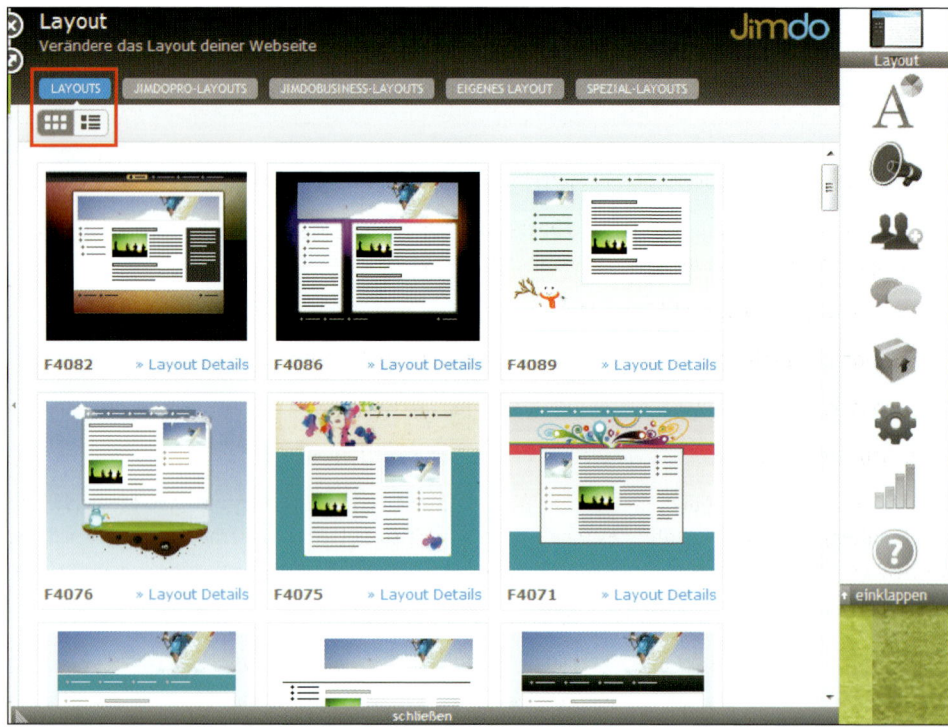

Durch Umschalten zwischen den Ansichtstypen erfahren Sie, welche Eigenschaften mit den Layouts verbunden sind, da diese inhaltlich und gestalterisch über unterschiedliche Funktionen verfügen.

Sie erkennen in der Übersicht der schematischen Darstellungen der Layouts

- die Positionierung der Navigation (Quer- oder Längsnavigation), gegebenenfalls mit Unternavigation der Menüpunkte in einer weiteren Spalte,
- den Einsatz des Headers (Bilddarstellung),
- Position und Breite des Contents (zwei- oder dreispaltige Layouts),
- grundsätzliche Farb- und Hintergrundgestaltung,
- gegebenenfalls Bereiche für weiteren Content in einer dritten Spalte.

Bei wenigen Navigationspunkten (also bei Webseiten mit verhältnismäßig wenigen Menüpunkten und Inhalten) können Sie – sofern es Ihnen gestalterisch zusagt – eine Quernavigation verwenden, die sich als Problem erweisen wird, wenn Sie versuchen, viele weitere Navigationspunkte abzubilden.

In letzterem Fall sollten Sie besser auf ein Layout mit Längsnavigation setzen.

Nehmen Sie – für einen ersten Versuch – das unten markierte Layout (F381), klicken Sie es an und bestätigen Sie die Designänderung mit „Ja". Die Seite hat jetzt ein neues Layout.

Wie Sie sehen, sind die Navigationspunkte, die angelegt wurden, übernommen worden und die Navigation wurde gemäß der Layoutvorlage als Quernavigation gesetzt.

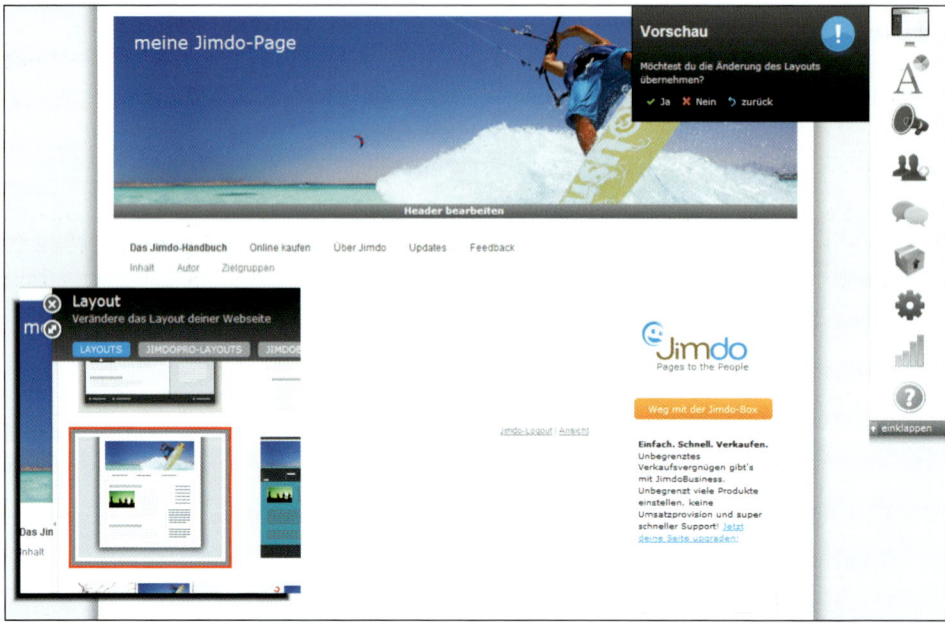

Weitere Einstellungen des Layouts

Nachdem Sie die Änderung des Layouts bestätigt haben, können Sie erneut im Menübereich „Layout" unter dem Kartenreiter „Einstellungen" nachsehen, ob und wenn ja welche Einstellungen Ihnen für dieses Layout möglicherweise zur Verfügung gestellt werden. Kurzangaben dazu finden Sie in der Listenansicht der Layouts wie z.B. „Schrift editieren" und „Titelbild skalieren".

In manchen Layouts lässt sich z.B. die Ausrichtung der Seite bestimmen. Bestimmen Sie, ob die Webseite links, rechts oder mittig im Browserfenster dargestellt werden soll. Mittig ist hierbei immer eine gute Wahl.

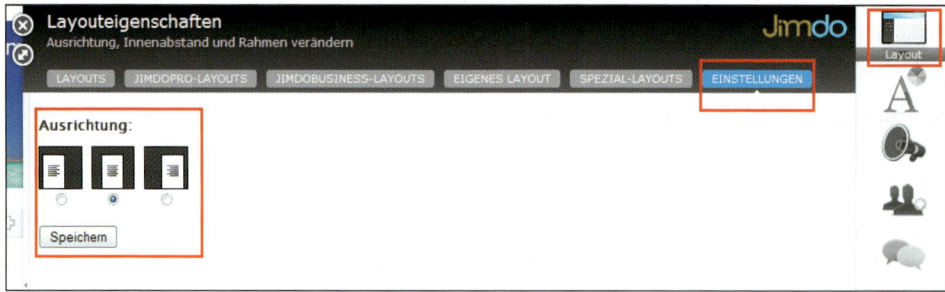

Bei anderen Layouts stehen Ihnen zuweilen auch weitere Einstellungsmöglichkeiten zur Verfügung, zum Beispiel die Definition des Innenabstands oder einer Rahmenstärke und Rahmenfarbe. Bei manchen Layouts gibt es auch überhaupt keine weiteren Gestaltungsmöglichkeiten.

Die Qualität der Gestaltung und die Anzahl der Einstellungsmöglichkeiten der Layouts nimmt merklich zu, wenn Sie sich für eine JimdoPro oder JimdoBusiness-Lizenz entscheiden und die damit verbundenen Layouts verwenden.

Innenabstand und Rahmenbreite

Beachten Sie, dass Sie Werte in „Pixel" (der kleinsten Einheit digitaler Rasterung) einsetzen und auf „Speichern" klicken. Der Wert für Innenabstände kann z.B. für ein merkliches Ergebnis auf 40 bis 60 Pixel gesetzt werden, bei den Rahmenstärken werden Sie bei dem Wert „1" eine haardünne Linie für den Rahmen Ihrer Webseite definieren, der Wert „10" entspricht dann bereits einer dicken Linie.

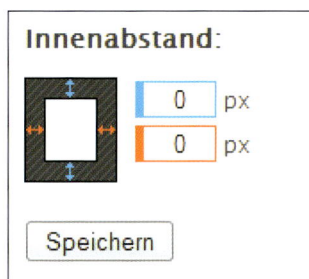 

Rahmenfarbe und hexadezimale Farbwerte

Bei der Rahmenfarbe wird erwartet, dass Sie den Farbwert in einem sogenannten „Hex-Wert" (also einer hexadezimalen Farbbestimmung) eingeben, wie er in der Webprogrammierung verwendet wird. So entspricht der Wert „FFFFFF" dem Farbwert „weiß", der Wert „000000" ist „schwarz".

Um den genauen Wert der gewünschten Farbe zu ermitteln, haben Sie in professionellen Bildbearbeitungsprogrammen die Möglichkeit, Farbwerte in „Hex-Werten" zu ermitteln („Picken").

Wenn Sie den genauen Wert nicht kennen (oder nur den sogenannten RGB-Wert), helfen Ihnen Webseiten wie *www.farb-tabelle.de* schnell und einfach weiter. Dort finden Sie eine Vielzahl von Farben und Farbfächern mit dem entsprechenden Hex-Wert, den Sie hier (und auch an anderer Stelle in Jimdo) verwenden können. Achten Sie darauf, dass Sie einheitliche und harmonierende Werte verwenden, um ein ansprechendes Ergebnis zu erzielen.

Sehr zu empfehlen ist an dieser Stelle auch die Webseite *www.colorblender.com*, bei der miteinander harmonierende Farbwerte ermittelt und in RGB- bzw. in Hex-Werten ausgegeben werden. Damit lässt sich schon sehr professionell arbeiten.

Daher benutzen wir nachfolgend ein JimdoPro-Layout, um möglichst viele Möglichkeiten auszuschöpfen (den Vorgang des Upgrades auf JimdoPro finden Sie beschrieben ab Seite 193).

Style

Im Bereich „Style" werden Ihnen alle Möglichkeiten geboten, Schriften, Überschriften, Links, Hintergrundmuster, Hintergrundbild Ihrer Webpräsenz zu gestalten. Je nach Layout haben Sie auch die wertvolle Möglichkeit, einen eigenen Hintergrund hochzuladen. Um diese Einstellungen zu verwalten, klicken Sie im Jimdo-Menü auf den Menüpunkt „Style".

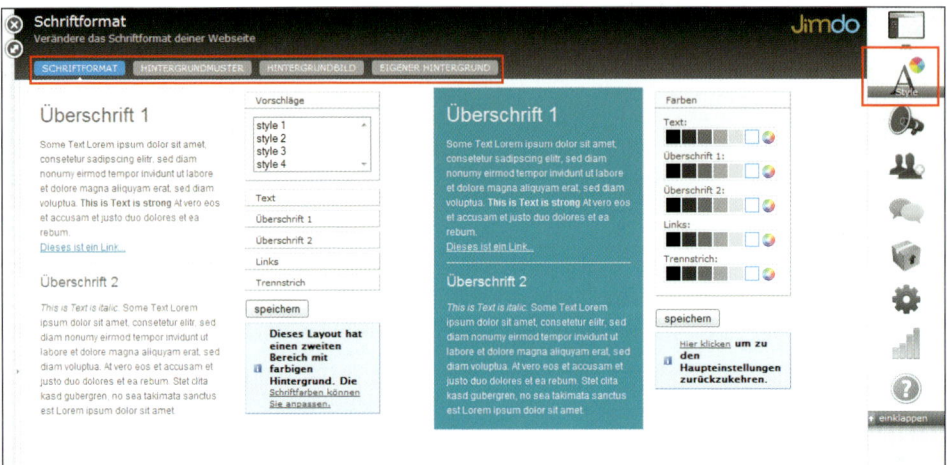

Da ich – für dieses Handbuch – mittlerweile das Layout in ein JimdoPro-Layout geändert habe, verfüge ich bei diesem Template (Layout) auch über die Möglichkeit, einen zweiten Bereich mit Schriften zu ändern.

Der Vorteil an dieser Style-Verwaltung ist, dass Sie im linken Bereich eine Live-Übersicht dessen erhalten, was Sie gerade geändert haben, und somit verfolgen können, wie sich das ganze Schriftbild verändert.

Damit müssen Sie nicht zwischen Webansicht und Bearbeiten hin- und herschalten, um das Ergebnis zu überprüfen. Erneut wurden alle bereits vorab angelegten Navigationspunkte und Seiten in das neue Layout übernommen.

Bevor Sie das Schriftbild Ihrer Webseite ändern, ist es ratsam, zunächst den Hintergrund anzupassen, um ein insgesamt harmonisches Bild zu erzeugen, in das Sie Ihr Schriftbild später integrieren.

Hintergrundmuster einstellen

Wenn Sie anstelle einer Grafik ein Hintergrundmuster einsetzen möchten, so stellt Ihnen Jimdo aktuell 67 verschiedene Hintergrundmuster zur Verfügung sowie die Option, einen einfarbigen Hintergrund zu wählen.

Beim Klick auf „Hintergrundmuster" im Bereich „Style" erhalten Sie folgende Ansicht, die Sie (kleines Fenster) durch Verschieben der Farbregler oder durch Eingabe eines Farb-Hex-Werts (siehe Seite 39) farblich ändern können.

Durch anschließenden Klick auf das gewünschte Muster erhält Ihre Jimdo-Page den entsprechenden Hintergrund. Durch Änderung des darunterliegenden Werts „weiß" und „schwarz" können Sie bestimmen, ob das Muster durch weiße oder schwarze Farbe definiert werden soll.

Bestätigen Sie anschließend die Designänderung.

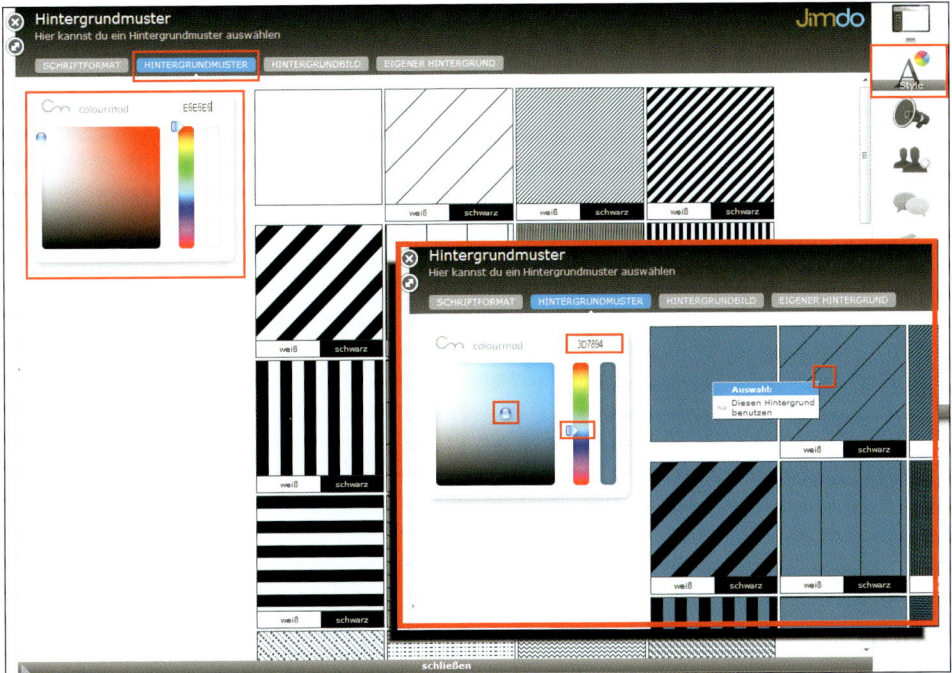

Auch hier gibt es mehrere Ansätze für eine harmonische Farbtonbestimmung:

- durch freie Webtools wie das eingangs erwähnte *www.colorblender.com*, wo Sie allerdings einen Ausgangsfarbwert eingeben müssen,

- durch „Picken" eines RGB-Farbwerts mit einem Grafikprogramm wie Photoshop, Photopaint und dadurch die Ermittlung des Hex-Werts,

- durch ein wenig Ausprobieren mit dem Jimdo-Farbregler. Am besten öffnen Sie in einem weiteren Browserfenster Ihre Jimdo-Page und vergleichen das gewählte Muster und die bestehenden Farben miteinander.

Unsere jimdo-handbuch.de-Seite sieht jetzt wie folgt aus, was zugegebenermaßen noch nicht besonders ansprechend ist, da der Blauton im Hintergrund und das Braun der Navigation und der Metabereiche nicht besonders gut miteinander harmonieren.

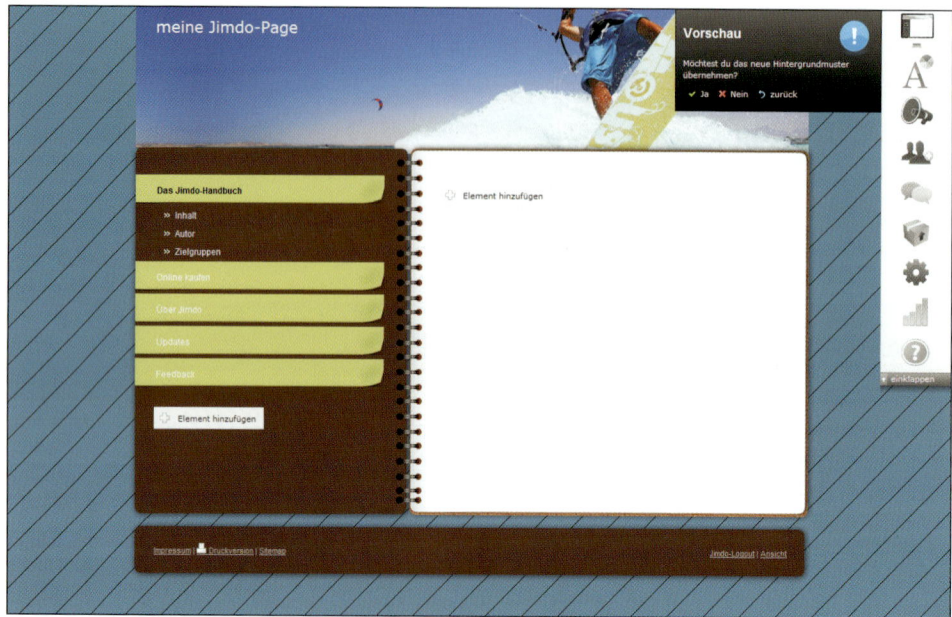

Achten Sie darauf, dass Sie Farben auswählen, die zueinander passen. Wenn Sie, wie in unserem Beispiel, ein Layout ausgewählt haben, das einen dunklen, nicht irritierenden Hintergrund als starken Kontrast zum Vordergrund der Webseite benötigt (damit erzeugen Sie einen Tiefeneffekt), wählen Sie lieber einen anderen Farbton. Zum Beispiel, wie in diesem Fall, einen einfarbigen Hintergrund ohne Muster, der wesentlich dunkler ist, als der Braunton im obigen Beispiel.

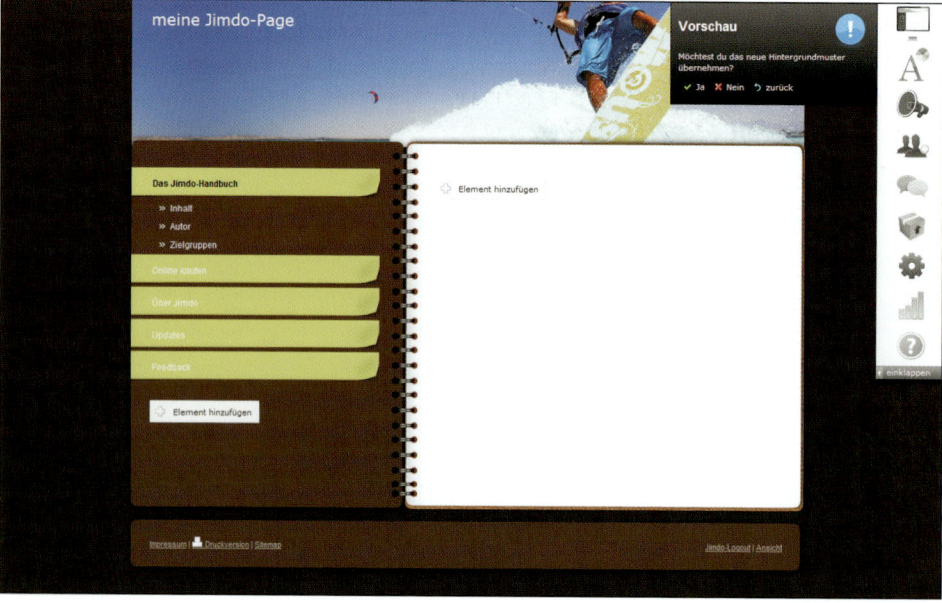

Der dunkle Hintergrund bringt dieses Layout zum Leuchten, rückt es in den Vordergrund, wobei wir uns einig sind, dass die Header-Grafik mit dem Snowboarder nicht so ganz zum Thema der Webseite „Jimdo-Handbuch" passt. Darum kümmern wir uns dann später.

Hintergrundbild

Wenn Sie für Ihre Webseite lieber eine Hintergrundgrafik auswählen möchten, klicken Sie im Jimdo-Menü unter „Style" auf „Hintergrundbilder" und wählen Sie eine Grafik. Bei JimdoPro- und Jimdo-Business-Paketen werden eine große Anzahl weiterer Hintergrundbilder freigeschaltet.

Da ich mich für einen dunklen Holzhintergrund entschieden habe, auf dem das Notizbuch, welches mein Layout darstellt, besonders hübsch zur Geltung kommt, klicke ich auf die entsprechende Grafik und bestätige die Designänderung.

Das Hintergrundmuster, das ich eben gestaltet habe, verschwindet damit und die ausgewählte Holz-grafik wird – gekachelt – in den Hintergrund gesetzt. Das Ergebnis kann sich sehen lassen. Meine Jimdo-Page liegt jetzt auf einem edlen Holztisch.

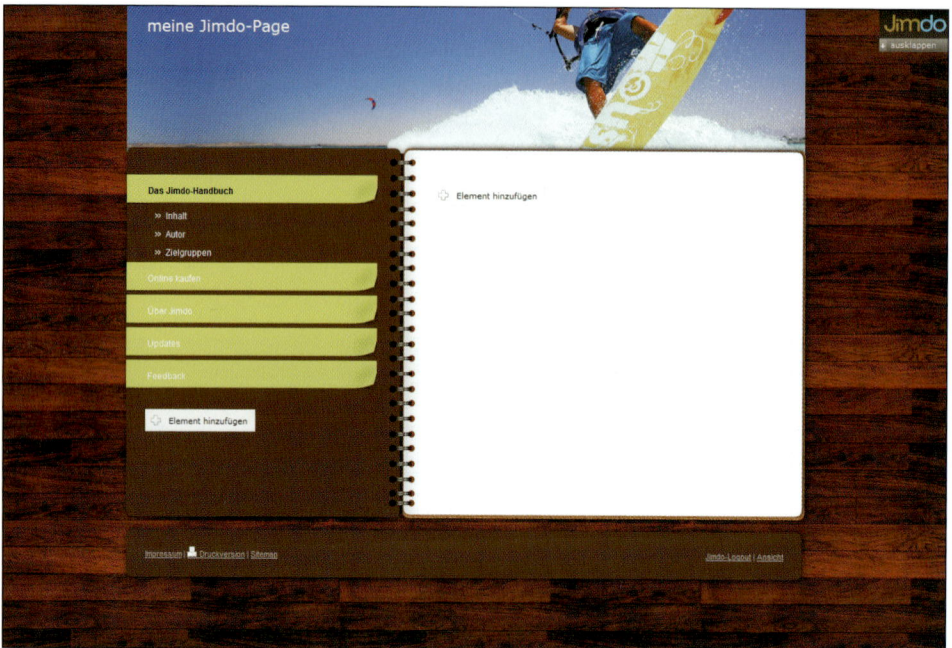

Eigener Hintergrund

Wenn Sie eine eigene Grafik in den Hintergrund laden wollen – das gestattet Ihnen nicht jedes Layout –, gibt es einige Informationen, die Sie dabei berücksichtigen sollten:

- Grafiken können – auch als Hintergrund – urheberrechtlich geschützt sein. Verwenden Sie also – sofern Sie nicht eine Grafik ordnungsgemäß bei Online-Bildagenturen wie zum Beispiel *fotolia.com* oder *istockfoto.com* erworben haben – nur eigenes Bildmaterial und achten Sie darauf, dass darauf abgebildete Personen ihr Einverständnis dazu gegeben haben. Ich empfehle ausdrücklich, keine Bilder aus z.B. der Google-Bildersuche zu verwenden, da Sie für eine Verwendung dieser Bilder wegen Urheberrechtsverletzungen mit hohen Geldbußen bedacht werden könnten.

- Hintergrundgrafiken dürfen maximal 1,00 MB groß sein.

- Verwenden Sie die Formate GIF, JPG oder PNG.

- Standardmäßig wird das Bild im Hintergrund „gekachelt". Das bedeutet, dass der Hintergrund aus dieser – immer wieder nebeneinander gesetzten – Grafik besteht, was ungemein hässlich und unsinnig wirken kann, wenn die Grafik nicht so erstellt wurde, dass sie nahtlos von links nach rechts und von oben nach unten immer wieder ineinander übergehen kann. Für die Erstellung solcher Grafiken benötigt man viel Erfahrung. Wählen Sie im Zweifelsfall eine der von Jimdo erstellten Hintergrundgrafiken im Bereich „Hintergrundbild" oder im Bereich „Hintergrundmuster" einen einfarbigen Hintergrund.

● Berücksichtigen Sie, dass nicht jeder Webseitenbesucher dieselbe Bildschirmauflösung hat wie Sie. Falls Sie sich für eine einzelne Grafik entscheiden, die Sie im Hintergrund fixieren, sollte diese mindestens 1920 x 1280 Pixel groß sein, um auch die derzeit (!) größten, halbwegs häufig verwendeten Bildschirme zu füllen. Das Problem dabei: Je mehr unterschiedliche Details und Farben ein Bild hat, desto größer ist der benötigte Speicherplatz.

Um eine eigene Grafik hochzuladen, rufen Sie den Bereich „Eigener Hintergrund" auf, suchen Sie mit dem Button „Durchsuchen" die entsprechende Grafikdatei auf Ihren Laufwerken und klicken Sie auf „Bild übertragen".

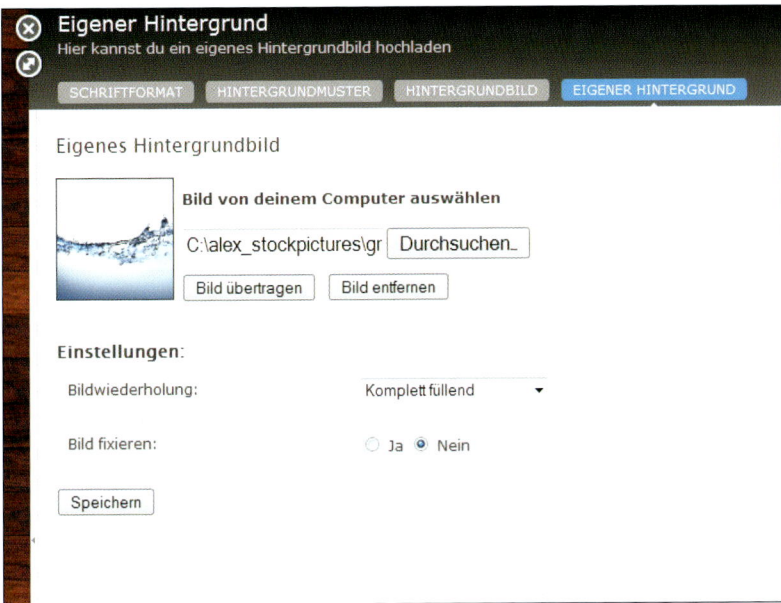

Bei den Einstellungen für „Bildwiederholung" können Sie das Verhalten des Bilds im Hintergrund bestimmen.

▸ „Komplett füllend" bedeutet: Das Bild wird immer wieder – sich selbst wiederholend – nebeneinander und untereinander gekachelt.

▸ „Keine Wiederholung": Das Bild wird einmal im Hintergrund abgebildet. Nicht durch die Grafik abgedeckte Flächen bleiben weiß.

▸ „Horizontal wiederholen" bedeutet, dass Ihre Grafik – je nach Breite – nur nebeneinander gesetzt wird, aber in keiner darunterliegenden Zeile gekachelt wird.

▸ „Vertikal wiederholen": Das Bild wird nur untereinander abgebildet wiederholt.

▸ „Bild fixieren" bedeutet, dass der Hintergrund im Browserfenster starr an derselben Stelle bleibt und nur die Seite selbst (solange sie weiter nach unten geht) vor dem Hintergrund heruntergescrollt wird. Das kann je nach Motiv und Eignung des Hintergrundbilds sehr ansprechend aussehen.

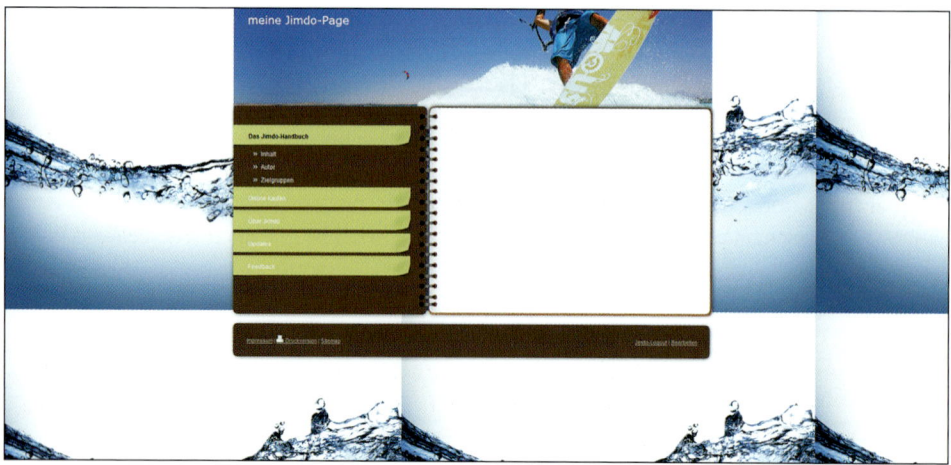

Hier sehen Sie das Verhalten einer ungeeigneten Grafik (Wasser), um dieses wichtige Thema zu verdeutlichen. Die Grafik ist zu klein, um bei einem breiten Bildschirm zu wirken, wenn sie wiederholt wird. Sie erreicht nicht einmal die Maße der Webseite. Dabei ist sie bereits 0,33 MB groß. Obwohl die rechts in der Grafik aufhörende Welle harmonisch in der Höhe des Wellenansatzes in der nächsten Wiederholung links ansetzt, wirkt der Hintergrund durch den Farbverlauf der Grafik wie ein aufgefalteter Prospekt, da wir diese insgesamt sechsmal „gekachelt" sehen, von der Farbgebung einmal ganz abgesehen.

Mit einer größeren Grafik (hier im Format 1740 x 1080 Pixel im JPG-Format bei 921 KB Dateigröße) erziele ich ein ungleich besseres Ergebnis, das ich auch im Hintergrund „fixieren" kann. Mit der Größe der Datei erwische ich auch die größeren am Markt befindlichen Bildschirme. „Ultraeinstellungen" von Monsterbildschirmen müssen Sie nicht unbedingt berücksichtigen.

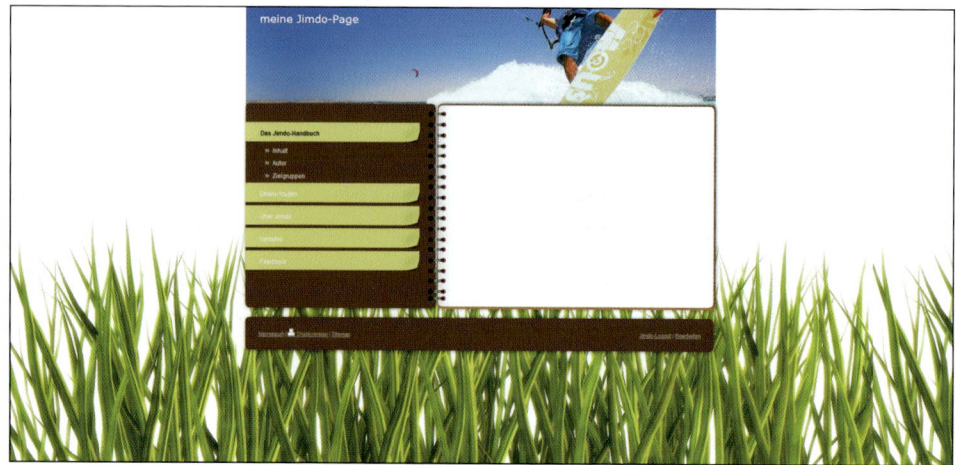

Dieses Thema bleibt speziell, allein dadurch, dass sich permanent neue Hardware (iPad, NetBooks etc.) auf dem Markt einfindet, die mit eigenen Bildschirmeinstellungen aufwartet und damit den Teil der Webseite definiert, den man auch beim Öffnen der Seite sehen kann.

Großformatige Hintergründe, Farbverläufe und geeignete Kacheln zu kreieren, bleibt Profi-Arbeit. Obwohl mir das Gras im obigen Beispiel gut gefällt, entscheide ich mich am Schluss wieder für die Holzgrafik im Bereich „Hintergrundbilder", wähle sie aus und entscheide mich, als Nächstes – und zwar vor der Anpassung des Schriftbilds (Seite 54) – den Header (die Kopfgrafik) zu bearbeiten.

Header bearbeiten

Um die Kopfgrafik Ihrer Jimdo-Page zu bearbeiten, müssen Sie im eingeloggten Zustand mit der Maus über die Kopfgrafik fahren. Es blendet sich die Funktion „Header bearbeiten" ein. Klicken Sie auf die Grafik, das Header-Menü öffnet sich. Je nach gewähltem Layout fällt die Kopfgrafik unterschiedlich groß aus.

In manchen Layouts ist sie eine verhältnismäßig kleine quadratische Grafik, bei anderen füllt sie den gesamten oberen Bereich.

Das „Header bearbeiten"-Menü umfasst unterschiedliche wichtige Funktionen:

- „Galerie" – Auswahl einer vorgefertigten Header-Gafik. Hier stellt Ihnen Jimdo neben den vorhandenen Designs durch Klick auf „weitere Bilder" Dutzende weiterer thematischer Designs zur Verfügung, die Sie als ZIP-Datei herunterladen, entpacken und über die Funktion „Eigenes Bild" hochladen können.

- „Eigenes Bild" – eine Funktion zum Hochladen eines bearbeiteten oder selbst gestalteten Header-Designs

- „Muster" – Sie wünschen ein Muster anstelle einer Grafik? Genau wie im Bereich „Hintergrundmuster" können Sie hier aus zahlreichen Vorlagen ein Muster auswählen und nach Ihren Wünschen farblich abstimmen.

- Mit der Funktion „Titel" schreiben Sie einen von der Suchmaschine lesbaren Titel in echter (beliebig vergrößerbarer) Schrift über Ihre Grafik und platzieren diese nach Ihren Wünschen horizontal und vertikal.

- „Logo" – wenn Sie einen vorgefertigten Hintergrund verwenden möchten und eine Logo-Grafik im Header platzieren wollen, wählen Sie diese Funktion.

- Über „Einstellungen" können Sie eine Grafik, die Sie hochgeladen und nicht pixelgenau angepasst haben, zurechtschneiden und das Format der Header-Leiste bearbeiten.

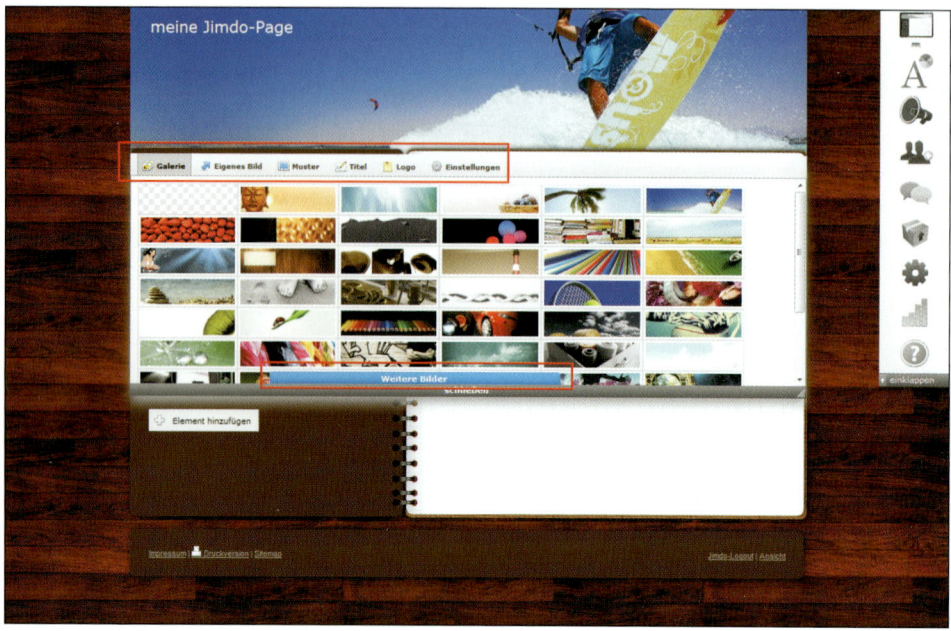

Galerie-Bild als Header-Grafik

Um eines der vorgefertigten Header-Bilder aus der Bildergalerie zu verwenden, klicken Sie einfach im Bereich „Galerie" auf die gewünschte Grafik. Diese wird automatisch in den Header-Bereich übernommen. Das erste Bild oben links mit den grau-weißen-Karos ist übrigens ein durchsichtiger Hintergrund. Wenn Sie diesen auswählen, wird der – in diesem Fall hölzerne – Hintergrund durchgängig den oberen Teil abdecken und Sie können ausschließlich mit den Schriften in der Funktion „Titel" arbeiten. Je nach Layout erzielen Sie damit sehr geschmackvolle Ergebnisse.

Eigenes Bild als Header-Grafik

Sie können hier auch die auf Seite 188 beschriebene Funktion „Dropbox" verwenden, um eine Grafikdatei aus Ihrem Dropbox-Account einzusetzen.

Dabei ist es wichtig, das individuelle Format (Größe) Ihrer Kopfgrafik für dieses Layout zu kennen, um eine optimale Grafik zu erstellen. Beim Klick auf „Eigenes Bild" öffnet sich der folgende Dialog:

Wichtig ist vor dem Hochladen Ihrer eigenen Grafikdatei, dass Sie die Pixelformate – wie rechts angegeben – verwenden, um ein gutes Ergebnis zu erzielen. Ihre Grafikdatei muss dementsprechend 950 Pixel Breite und 200 Pixel Höhe haben. Aus den Jimdo-Vorlagen „weitere Bilder" habe ich mir in diesem Zusammenhang eine passende Vorlage ausgewählt, die ich anpasse, so dass meine eigene Header-Grafik nun das gewünschte Endformat hat und folgendermaßen aussieht:

Diese Datei speichere ich im Format .GIF, wähle sie durch Klick auf „Durchsuchen" auf den Laufwerken meines Rechners aus und klicke auf „Bild übertragen".

Bei den Header-Grafiken sind Sie übrigens nicht an die Hochladegrenze von 1 MB gebunden (wie bei den Hintergrundgrafiken), da für den Header nur ein Ausschnitt aus einer großen Grafik verwendet wird, den Sie unter „Einstellungen" selbst definieren können.

Beachten Sie, dass in der aktualisierten Webansicht Ihrer Webseite oben noch immer der Start-Text „Meine Jimdo-Page" steht, den wir später entfernen bzw. bearbeiten.

Muster als Header-Grafik

Ebenso wie für den Hintergrund Ihrer Webseite haben Sie hier die Möglichkeit, als Header-Grafik ein Muster für den Hintergrund zu wählen. Wählen Sie das gewünschte Muster aus und geben Sie Ihrem Muster mit Farbregler oder Eingabe des Hex-Werts in das Ziffernfeld die gewünschte Farbe.

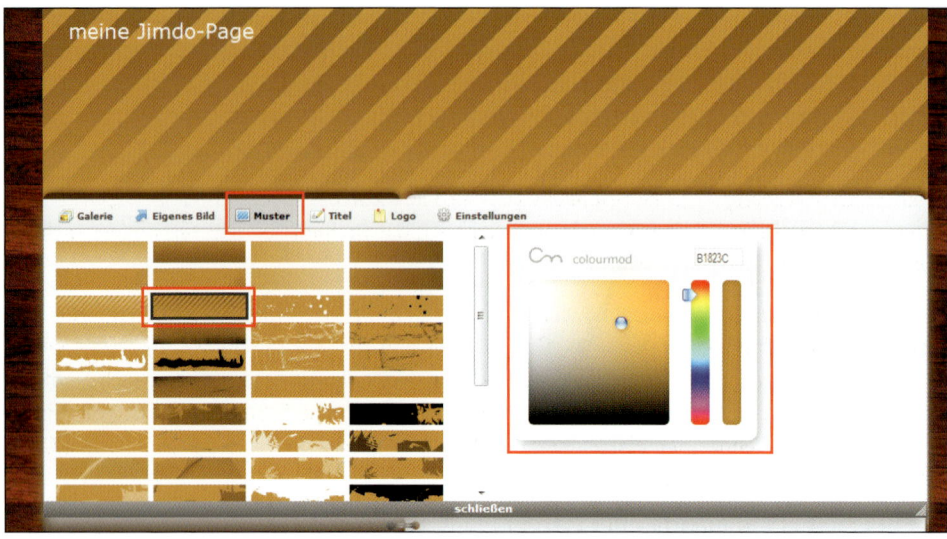

Wenn Sie anstelle des vorab erstellten Bilds ein Muster auswählen, wird die zuerst hochgeladene Titelgrafik überschrieben. Sie müssen diese Datei dann erneut unter „Eigenes Bild" hochladen, um das Muster wieder zu ersetzen, da es – obwohl Sie es vorher hochgeladen haben – nicht auf dem System gespeichert bleibt.

Titel bearbeiten

Der Klick auf die Funktion „Titel" ermöglicht es Ihnen, Texte in den Header Ihrer Webseite zu bringen.

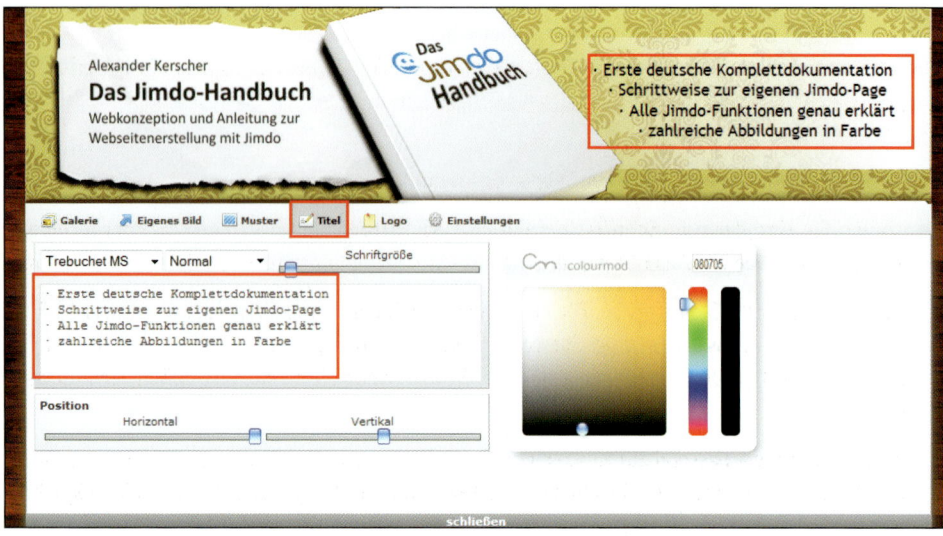

Bei dieser Funktion können Sie einige Vorteile des Titels nutzen, die Ihnen Jimdo bietet. Wie Sie am obigen Beispiel sehen, bestehen Teile des Headers aus der Grafik, die in den vorherigen Schritten erstellt und hochgeladen wurde, und andere Bestandteile aus *echtem Text* (im Vergleich zu dem in der Grafik gesetzten Text). Der *echte Text* wird natürlich von Suchmaschinen gefunden und ist damit ein wichtiger Bestandteil der Suchmaschinenergebnisse Ihrer späteren Webpräsenz.

Da im Beispiel-Webprojekt „Jimdo-Handbuch.de" die wichtigsten Suchwörter (nämlich „Jimdo" und „Handbuch") bereits Teil meiner Domain sind, kann ich die Titelfunktion hier für weitere wichtige Inhalte verwenden.

Zunächst einmal ein Hinweis zu den sogenannten „browsersicheren Fonts": Sie werden feststellen, dass Sie nur einen Bruchteil der auf Ihrem Computer installierten Schriften für die Titelzeile – ebenso wie für die späteren Inhalte Ihrer Jimdo-Page – nutzen können. Dabei handelt es sich nicht um Schikane, sondern um die Tatsache, dass nur bestimmte Fonts, also Schriften, im Internet „sicher" verwendet werden können, um eine einheitliche Darstellung Ihrer Webseite auf den meisten Computern in der Welt gewährleisten zu können.

Kurz gesprochen: Die Ihnen hier zur Verfügung gestellten Schriften Arial, Courier New, Georgia, Helvetica, Lucida Grande, Times New Roman, Trebuchet MS und Verdana sind auf so ziemlich allen Rechnern bereits per Betriebssystem weltweit installiert und garantieren eine verbindliche Schriftendarstellung.

Es gibt einige – technisch komplexe – Möglichkeiten, in der Programmierung von Webseiten mit anderen und künstlerisch ansprechenden Schriften zu arbeiten, die jedoch bei Jimdo keine Verwendung finden. Wenn Sie andere Schriften – zum Beispiel im Header Ihrer Webseite – einsetzen möchten, haben Sie nur die Möglichkeit, diese in einer Grafik zu setzen und darin abzuspeichern.

Schreiben Sie den Titel Ihrer Webseite oder den beschreibenden Text in das Textfeld und formatieren Sie ihn durch Leerzeilen und Zeilenumbrüche, sofern nötig, da Sie keine Funktion wie rechtsbündig, linksbündig oder mittig haben.

Sie verfügen über drei Schieberegler, die Sie dabei verwenden können: „Schriftgröße", „Horizontal" und „Vertikal". Im darüber liegenden Feld mit der Darstellung Ihres Headers sehen Sie live die Änderungen, die Sie vornehmen.

- Schreiben Sie zuerst den Titel bzw. Text in das Textfeld.

- Wählen Sie eine der acht Schriftarten und eine Schriftfarbe aus (Letzteres mit dem Farbregler rechts). Sorgen Sie an dieser Stelle für einen guten Kontrast zwischen Schrift und Hintergrund.

- Wählen Sie nun die Schriftgröße. Für eine Webseitenüberschrift sollten Sie mindestens 16 Pixel – eher größer – verwenden. Eine Überschrift, die zu klein ist, wird nicht als Überschrift wahrgenommen. Auf großen Bildschirmen wird die Schrift, wenn sie zu klein ist, später nicht gelesen werden können.

- Positionieren Sie – passend zur Header-Grafik – Ihre Überschrift mithilfe der Regler „Horizontal" und „Vertikal", die Ihnen ein Verschieben des Textes auf der Längs- und Querachse ermöglichen.

- Zudem haben Sie die Möglichkeit, Ihren Titel im Bearbeitungsmodus „Titel" direkt mit der Maus festzuhalten (linke Maustaste gedrückt halten), um ihn an die gewünschte Position zu ziehen.

Beachten Sie bei der Positionierung des Titels, dass Sie vielleicht noch eine Logodatei hochladen und im Header verwenden wollen. Planen Sie also ausreichend Platz dafür ein.

Logo im Header einfügen

Wenn Sie keine eigene Header-Grafik erstellen und hochladen möchten, empfiehlt es sich – für den persönlichen Touch Ihrer Jimdo-Page –, eine Logodatei hochzuladen, mit der Sie den Header personalisieren.

Dabei spielt es allenfalls eine kreative Rolle, ob Sie aus der Galerie von Jimdo eine der vorhandenen Header-Grafiken verwenden oder sich für ein Hintergrundmuster entschieden haben. Ihr Logo sollte harmonisch in das ausgewählte Header-Design passen.

Durch Klick auf „Logo" gelangen Sie in das Menü, innerhalb dessen Sie eine Grafik im Format JPG, GIF, PNG oder BMP auf Ihre Jimdo-Page hochladen und dort genau positionieren können. Dazu habe ich vorab in der „Galerie" den durchsichtigen (allererstes Bild, Schachbrettmuster) Header geladen.

Sobald Sie ein Logo hochgeladen haben, verändert sich das Logo-Menü, so dass Sie dort weitere Bearbeitungsoptionen zur Positionierung des Logos erhalten. Dies funktioniert genau wie die Titel-positionierung des vorangegangenen Abschnitts, indem Sie Ihre Datei horizontal, vertikal oder mit der Maus in Ihrem Header platzieren.

Auch die Möglichkeit, die Logodatei wieder zu löschen, ist als Funktion hinterlegt. Eine Änderung des Logos oder dessen Löschung hat keine weiteren Auswirkungen auf die bisher durchgeführte Gestaltung Ihres Headers.

Einstellungen im Bereich Header

Bei den „Einstellungen" im Bereich „Header" handelt es sich um ein sogenanntes „Crop-Tool", mit dem Sie einen Ausschnitt aus einem Bild ohne Grafikprogramm genau positionieren und für Ihre Zwecke automatisch zurechtschneiden können. Wenn Sie mit Ihrem Header (unabhängig davon, ob es sich um ein Galeriebild oder um eine eigene Grafik handelt) zufrieden sind, empfehle ich Ihnen, diese Einstellungen nicht zu verwenden, da die vorhandene Grafik dabei durch Zoomen und Ausschneiden qualitativ verschlimmbessert und in ihrer Positionierung unbrauchbar gemacht werden kann. Sie müssen in diesem Fall die bereits hochgeladene oder ausgewählte Grafik erneut hochladen bzw. auswählen.

Wenn Sie sich dafür entschieden haben, eine große Grafikdatei als „eigenes Bild" hochzuladen, um in dieser Grafik einen Ausschnitt auszuwählen (in unserem Layoutbeispiel ist dieser Ausschnitt für den Header 950 x 250 Pixel groß), werden Ihnen die Funktionen des Bereichs „Einstellungen" gute Dienste leisten. Auch bei Grafikdateien, die nicht ganz der Breite und Höhe Ihres Headers nach dem Hochladen entsprechen, kann man mit der Funktion „Zoom" den Header-Bereich komplett ausfüllen.

Beachten Sie hierbei, dass durch das Heranzoomen die Bildqualität – je nach Ausgangsqualität und Größe der verwendeten Grafik – sich verschlechtern kann. Beim Verkleinern – also dem Herauszoomen – erleben Sie den umgekehrten Effekt, d.h. die Bildqualität nimmt zu.

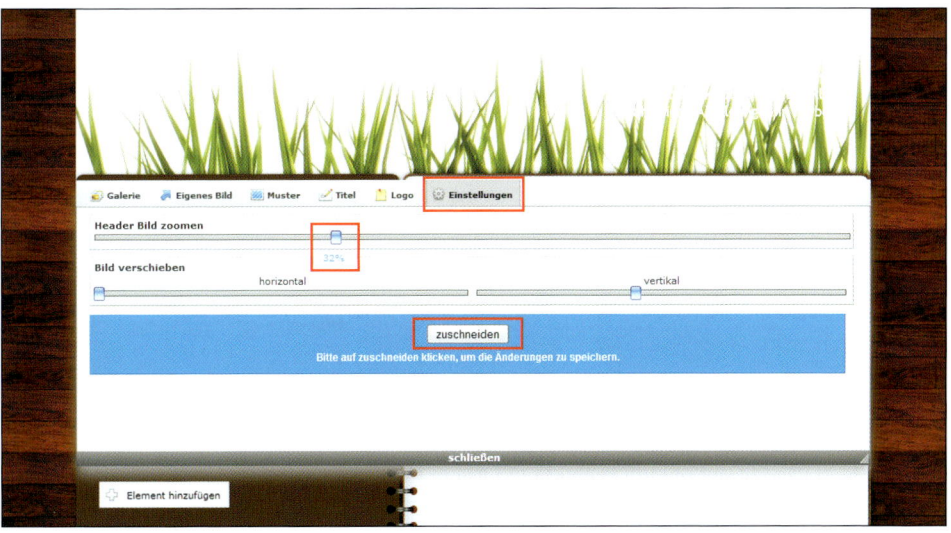

Wenn Sie den geeigneten Ausschnitt für Ihren Header zurechtgezoomt und die gewünschte Positionierung mittels „horizontal" und „vertikal" bestimmt haben, klicken Sie auf „zuschneiden", um den Bildausschnitt für den Header zu übernehmen.

Schriftformat definieren

Nach erfolgreicher Bearbeitung des Headers nun zurück zu den „Style"-Einstellungen im Jimdo-Menü, mit denen Sie das Schriftbild Ihrer Jimdo-Page definieren können. Zur Erinnerung: Die Navigationsleiste und die darin verwendeten Schriften und Größen können Sie auch mit dieser Funktion nicht beeinflussen.

Sie bestimmen mit der Funktion „Schriftformat" ein durchgängiges Schriftkonzept für Ihre Jimdo-Page. Es ist nicht möglich, auf einzelnen (Unter-)Seiten Ihres Webauftritts eine individuelle Schriftgestaltung vorzunehmen.

Die Funktion „Schriftformat" ermöglicht es Ihnen, folgende Bestandteile zu definieren:

- Text (Fließtext Ihres Webauftritts)
- Überschrift Typ 1 (Hauptüberschrift)
- Überschrift Typ 2 (Untertitel)
- Links
- Trennstriche

Bei einzelnen Layouts verfügen Sie gegebenenfalls über einen zweiten Bereich, der Ihnen weitere Schriftformatierungen ermöglicht.

Wie bereits beim „Titel" bietet Ihnen Jimdo hier eine sehr anschauliche Live-Übersicht Ihrer Änderungen in der linken Spalte neben den Änderungsfeldern.

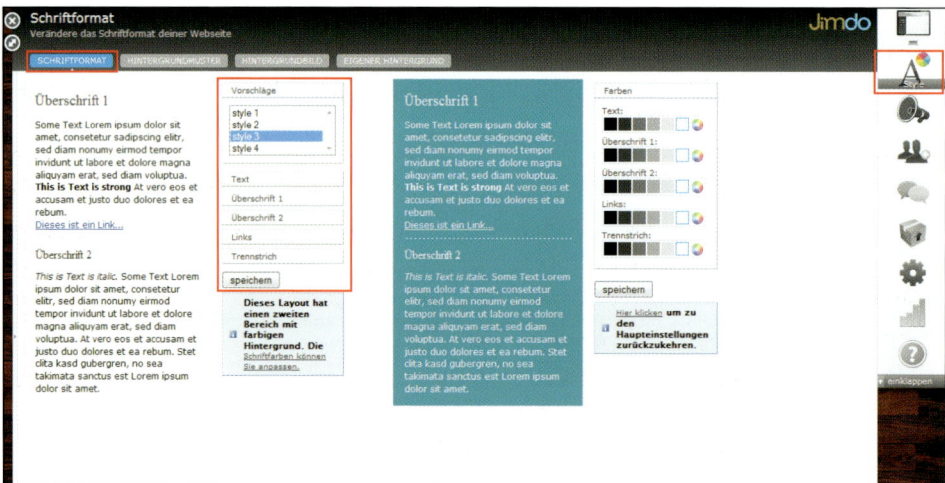

Die einzelnen Bereiche der Toolbox (beginnend mit Vorschläge) sind anklickbar und öffnen sich, um die Bearbeitungsfunktionen freizugeben. Dabei macht es durchaus Sinn, einmal über die sehr stimmigen Vorschläge für das jeweilige Layout zu klicken, um zu sehen, ob Ihrem Wunsch für die Schriftgestaltung etwas nahekommt.

Die Änderungen verfolgen Sie auf der linken Seite. Zur Schriftlogik im Web können Sie folgende Grundregeln verwenden, sofern es Ihre eigene kreative Idee nicht stört: Eine Überschrift Typ 1 sollte größer sein als eine Überschrift Typ 2. Überschriften sollten größer sein als der Fließtext (Text) und Links sollten sich harmonisch ins Schriftbild einfügen, aber trotzdem als Link mit dem Auge erkennbar sein.

Verwenden Sie im Webauftritt nicht mehr als zwei unterschiedliche Schriftarten und -farben. Auch zu viele Auszeichnungen wie fett oder kursiv verwirren das Auge. Setzen Sie diese Elemente lieber für Betonungen innerhalb des Fließtextes ein. Überschriften sollten Sie zwischen 16 und 20 Pixeln groß setzen, Fließtext idealerweise nicht unter 11 Pixeln.

Öffnen Sie die Toolbox im Bereich „Text", um die Bearbeitungsfunktionen zu sehen.

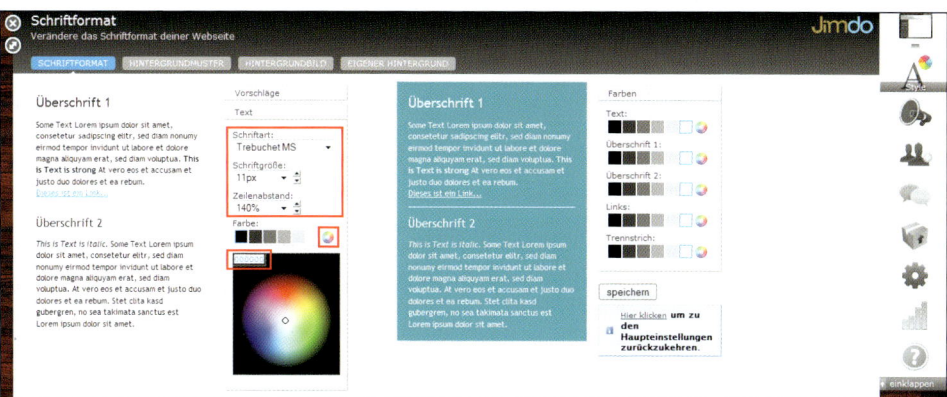

Wie bereits im Bereich „Titel" bei der Header-Gestaltung sind Sie hier auf die acht browsersicheren Fonts beschränkt, die Ihnen Jimdo im Drop-down-Menü „Schriftart" bietet. Die Schriftgröße können Sie darunter im Drop-down oder mit den Hoch- und Runter-Tasten einstellen. Beim Zeilenabstand handelt es sich um den sogenannten „Durchschuss", der den Abstand zwischen zwei Zeilen des Fließtextes bestimmt. Ein Durchschuss von 150% ist ein häufig verwendeter Standard zur Orientierung.

Im Bereich „Farbe" haben Sie die Möglichkeit, einen der sechs gewählten Schwarz- bis Grautöne direkt anzuwählen, über das Farbkreissymbol den Farbregler zu öffnen oder den Hex-Wert Ihrer Farbe ganz professionell direkt in die kleine Ziffernbox links oberhalb des Farbreglers einzugeben. Die Änderung wird direkt übernommen.

Diesen Vorgang – achten Sie auf einheitliche Schriften – wiederholen Sie individuell nach Ihren Wünschen für alle fünf Schriftbereiche inklusive des Trennstrichs, den man in der späteren Inhaltsbearbeitung als guten Akzent für Abschnitte verwenden kann.

Im Bereich „Links" können Sie keine gesonderte Schriftart verwenden, da die Links als Teil des Fließtextes betrachtet werden. Die Links kennzeichnen später jene Textbestandteile, hinter denen Sie einen Verweis auf eine externe Webadresse, eine Querverlinkung auf eine Seite Ihrer eigenen Jimdo-Page oder den Mail-Link auf eine E-Mail-Adresse hinterlegt haben.

Fertiges Design

Für das fertige Design wurde am Ende nur eine einzige eigene Grafikdatei (der Header) angefertigt. Alle anderen Inhalte und Designelemente stammen aus meiner Jimdo (Pro)-Webseite selbst.

Design zu Beginn des Projekts:

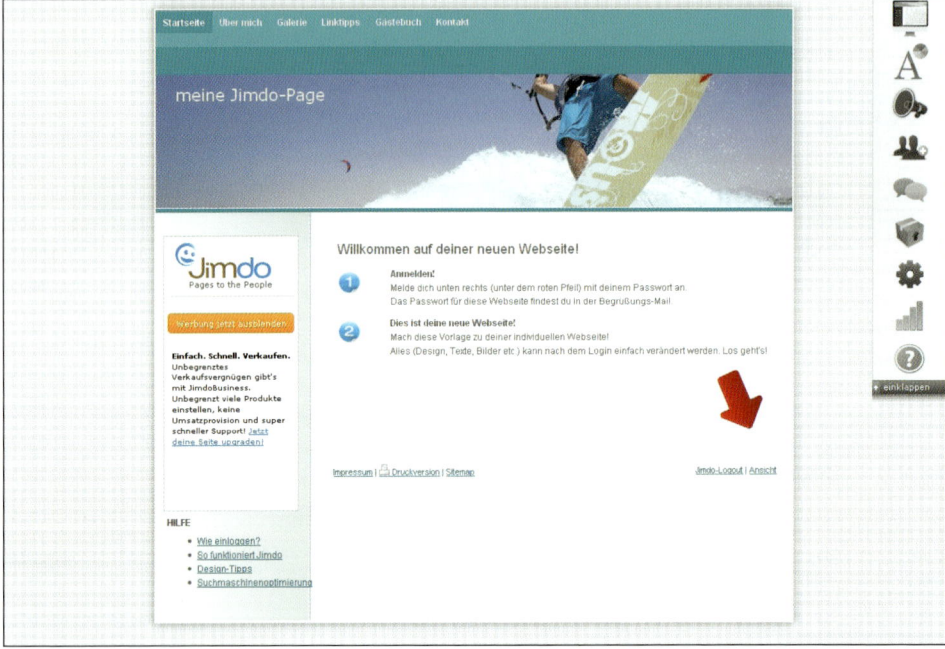

Design nach Anpassung von Layout und Style:

8 Inhalte in Ihre Seite bringen

In den vorangegangenen Kapiteln haben Sie sich mit dem Design Ihrer Jimdo-Page beschäftigt. Die Idee des Content Managements – bei Webseiten wie im Print-bereich – besteht grundsätzlich darin, Gestaltung und Inhalte voneinander getrennt zu halten und eine Inhaltspflege auch ohne Kenntnis von Codier- und Programmier-techniken zu ermöglichen.

Welche Gestaltung auch immer Sie für Ihre Webseite zu einem späteren Zeit-punkt wählen, die Inhalte (also Navigation, Seiten und Seiteninhalte) bleiben dabei erhalten.

Im Abschnitt „Mouseover-Funktionen" auf Seite 27 haben Sie bereits gesehen, wie man mit der Maus über die Inhalte einer Jimdo-Page fährt und die Funktionen

- Pfeil nach oben,
- Pfeil nach unten,
- Mülleimer und
- Plus-Symbol

benutzt. Wenn Sie, wie eingangs beschrieben, das Start-Layout Ihrer Jimdo-Page geleert haben, werden Sie auf Ihrer Seite im Inhaltsbereich nur einen einzigen Button sehen. Beginnen Sie nun mit einem Klick auf den Button „+ Element hinzufügen".

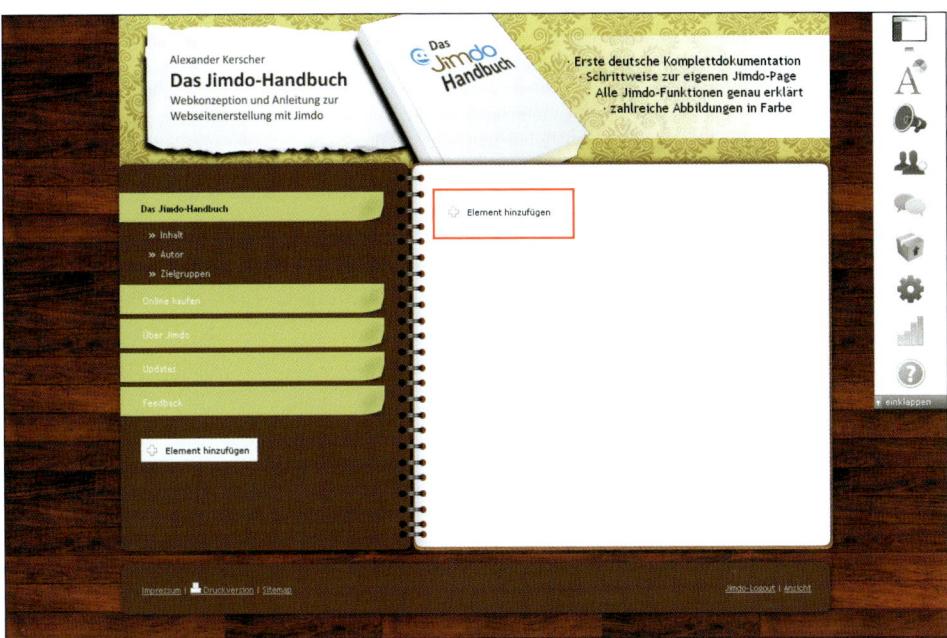

Es öffnet sich ein weiterer Layer mit einer Reihe von Optionen, unterschiedliche Inhaltsobjekte hinzuzufügen.

Dabei spielt es keine Rolle, in welcher Reihenfolge Sie Inhalte hinzufügen, da Sie alle Elemente einer Seite jederzeit nach oben oder unten auf der Seite verschieben können.

Auch im eingeloggten Zustand können Sie die angelegte Navigation Ihrer Seite nutzen (also die Seitennamen anklicken), um auf die Seite zu springen, deren Inhalt Sie bearbeiten möchten.

Bei manchen Navigationen (z.B. bei Quernavigationen mit direkt darunter angelegtem Untermenü) kann es vorkommen, dass sich der Layer „Navigation bearbeiten" etwas unvorteilhaft vor den Seitenlink schiebt, den Sie anklicken möchten.

Wenn es hier zu Navigationsschwierigkeiten kommt, klicken Sie einfach unten rechts in Ihrer Jimdo-Page auf „Ansicht". Klicken Sie dann auf den Seitenlink in Ihrer Navigation und unten rechts auf „Bearbeiten". Dann befinden Sie sich in Ihrer zu bearbeitenden (Unter-)Seite.

Sinnvoller Text-/Grafikeinsatz

Noch einmal an dieser Stelle der Hinweis, dass in der Jimdo-Seitenstruktur – je nach gewähltem Layout – nicht nur der zentrale Inhaltsbereich der Seite mit Inhalten gefüllt werden kann, sondern auch die Seitenbereiche, wie etwa unterhalb einer Linksnavigation oder bei dreispaltigem Layout auch der rechte Bereich. Inhalte, die Sie in diese Bereiche einpflegen, werden auf jeder Seite sichtbar sein und können nicht einzelnen Seiten zugeordnet werden.

Nur der zentrale Inhaltsbereich Ihres Layouts ist in jeder Seite unterschiedlich. Nutzen Sie daher die umgebenden Bereiche links oder rechts allenfalls für Bildteaser, Links oder Inhalte, die Sie bewusst auf jeder Seite sehen wollen.

Achten Sie auf eine einheitliche Seitengestaltung durch alle Seiten Ihrer Jimdo-Page und auf einen harmonischen Wechsel zwischen Text, Bild und anderen Funktionen. „Textwüsten" will und wird keiner lesen, sofern Sie hier nicht einen unglaublich spannenden Inhalt anbieten.

Wenn Sie längere Texte hinterlegen möchten, bietet sich Ihnen die Möglichkeit (z.B. mit dem kostenlosen Programm PDFCreator), eine PDF-Datei aus dem Langtext einer z.B. Word-Datei zu erzeugen und diese zum Download anzubieten.

Sie können den Text aus der PDF-Datei dann „anteasern", indem Sie zwei oder drei Absätze daraus in Ihrem Web abbilden und mit dem Verweis „mehr lesen" die PDF-Datei als kompletten Text hinterlegen. Wenn Sie Bild und Text über längere Passagen miteinander kombinieren, sorgen Sie für einen Wechsel der jeweiligen Bildposition in den unterschiedlichen Abschnitten. Verwenden Sie dafür die Option „Bild mit Text".

Überschrift einfügen

Klicken Sie auf den Button „Element hinzufügen" bzw. auf das „+" beim Mouseover eines bestehenden Inhaltselements und wählen Sie in dem sich öffnenden Menü den Bereich „Überschrift".

Schreiben Sie Ihre Überschrift in das Textfeld, wählen Sie, ob es sich um eine Überschrift Typ 1 (Hauptüberschrift) oder Überschrift Typ 2 (Untertitel) handelt, und klicken Sie auf „speichern". Sie können die Überschrift jederzeit bearbeiten, indem Sie diese – im eingeloggten Zustand – anklicken, löschen, bearbeiten oder verschieben.

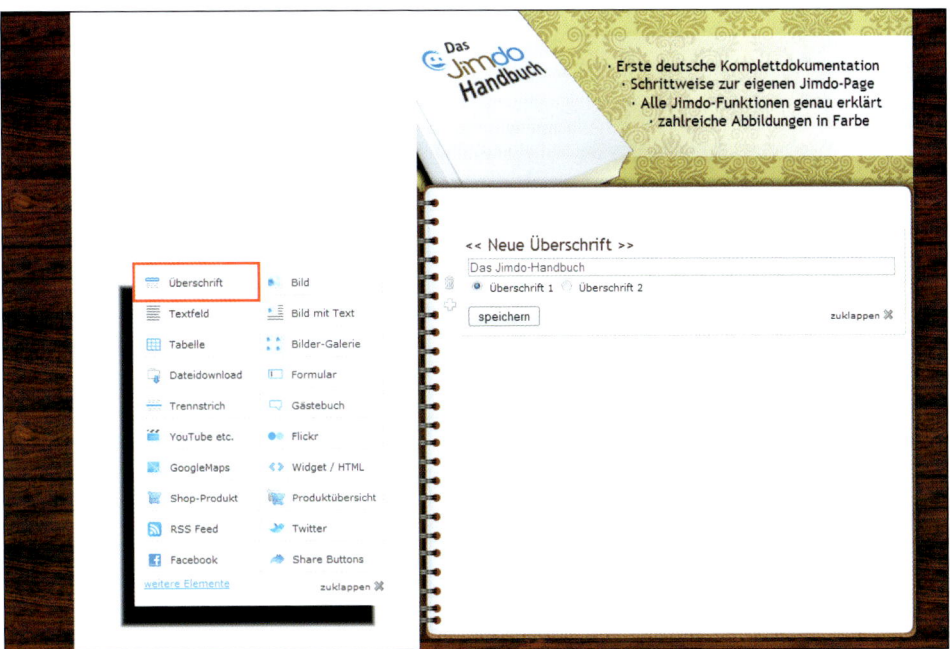

Klicken Sie erneut auf „speichern", um die Änderung zu übernehmen. Beim Löschen werden Sie gefragt, ob Sie das Element auch wirklich löschen möchten.

Text(felder) einfügen

Eine der Hauptarbeiten bei der Befüllung von Webseiten mit Inhalten ist der Umgang mit Text. Hier bietet Ihnen Jimdo einen sehr übersichtlichen und funktionalen Texteditor. Sie können in diesen Texteditor sowohl Text aus einem anderen Dokument hineinkopieren oder ihn direkt dort schreiben und editieren. Öffnen Sie den Texteditor, indem Sie auf das „+" beim Mouseover eines bestehenden Inhaltselements (zum Beispiel der vorab gesetzten Überschrift) klicken, und wählen Sie in dem sich öffnenden Menü den Bereich „Textfeld".

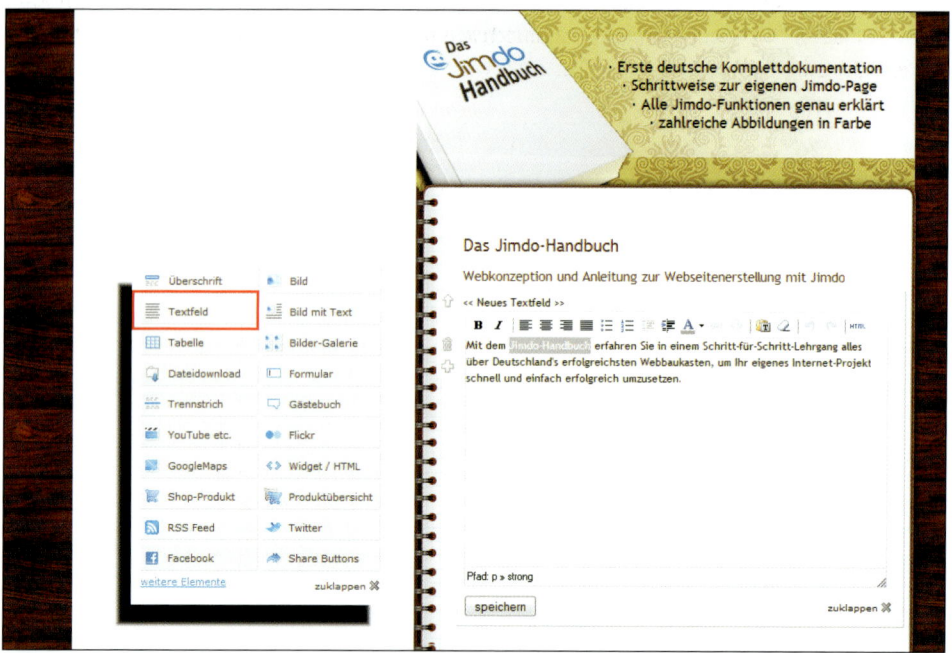

Der Texteditor funktioniert genauso, wie Sie es aus der Arbeit mit Textverarbeitungssystemen gewohnt sind. Sie können Texte schreiben, hineinkopieren und mit einfachen logischen Funktionen bearbeiten, formatieren und Funktionen (z.B. Links) hinterlegen.

Beim Hineinkopieren von Texten werden – in den meisten Fällen, je nach Herkunft der kopierten Inhalte – Formatierungen des Textes übernommen und sie können im Text Ihrer Webseite abgespeichert werden. Dazu gehören auch kopierte Tabellen, Bilder, farbige Schriften, Umbrüche etc. Das muss nicht immer zu gewünschten Ergebnissen führen, zumal es keine Garantie dafür gibt – etwa beim Einfügen eines in einer bestimmten Schrift formatierten Textes –, dass auf einem anderen Computer als dem Ihren die Darstellung auch tatsächlich genau wie bei Ihnen zu sehen übernommen wird. Wenn Sie Text hineinkopieren, versuchen Sie möglichst, unformatierten Text (etwa aus einem

Texteditor) zu verwenden. Natürlich liefert Ihnen der Jimdo-Texteditor auch eine Funktion zum Entfernen der eingefügten Formatierungen.

Funktionen des Jimdo-Texteditors

Der Texteditor zeigt Ihnen im oberen Teil des Funktionsfelds eine darstellungsgetreue Ansicht des von Ihnen geschriebenen Textes an, sofern Sie einen bereits geschriebenen Text editieren. Links vom Editor sehen Sie die Funktionen zum Verschieben des Textblocks (Pfeile nach oben und – hier deaktiviert – nach unten), den Mülleimer zum Löschen des Objekts und das +-Symbol zum Einfügen eines anderen Inhaltsobjekts.

Geschriebene Texte werden unmittelbar in der für „Text" im Bereich „Style" zugewiesenen Schriftart und -größe übernommen. Der Text lässt sich mit großem Absatz (Return) oder einfachem Absatz Alt + ⏎ bzw. ⇥ + ⏎ in Abschnitte unterteilen und kann für die Zuweisung bestimmter Formatierungen oder Funktionen mit der Maus markiert werden.

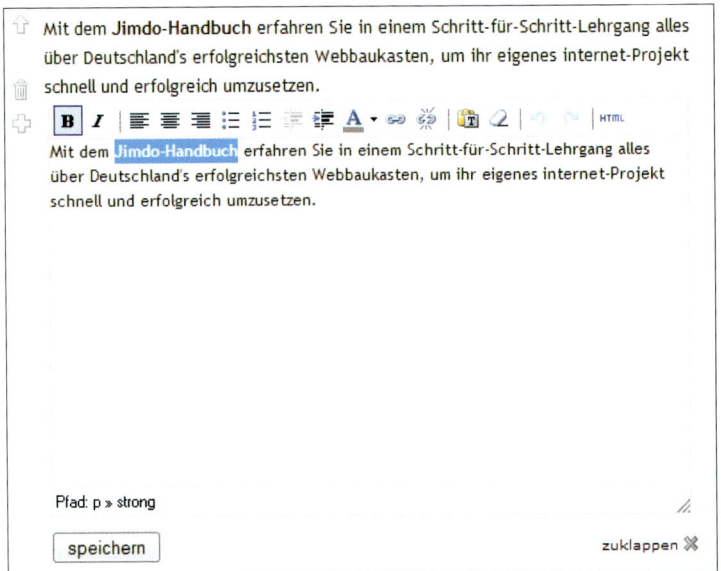

Die Funktion „speichern" muss betätigt werden, um vorgenommene Änderungen sicher abzuspeichern. Texte können ohne das Speichern verloren gehen, wenn Sie aus der Bearbeitung heraus ohne zu speichern z.B. ein neues Objekt anlegen oder sich aus der Seite ausloggen.

„Zuklappen" schließt das Editor-Fenster, der eingegebene Text ist so lange noch vorhanden, bis Sie das Objekt wieder geöffnet und „speichern" gewählt haben. Unterhalb des Textfensters im geöffneten Zustand befindet sich eine Statuszeile, die – für Kenner der HTML- und CSS-Materie – die Formatierungen und Klassen des aktuell bearbeiteten Bereichs anzeigt.

Folgende Funktionen können Sie im Jimdo-Texteditor nutzen:

Schriften formatieren und auszeichnen

① Halbfette Schrift (bold) – markieren Sie den Text im Texteditor und klicken Sie diese Option.

② Kursiv (italic) – Text vorher markieren; lässt sich auch mit anderen Auszeichnungen wie „halbfette Schrift" kombinieren

③ Schrift linksbündig. Lässt sich nur für den gesamten Textblock und nicht abschnittsweise zuweisen. Für einen Wechsel zwischen z.B. linksbündiger und rechtsbündiger Schrift müssen Sie unterschiedliche Textblöcke als Einzelelemente untereinander aufbauen, um diesen eine individuelle Ausrichtung zu geben.

④ Schrift mittig (siehe ③)

⑤ Schrift rechtsbündig (siehe ③)

⑥ Schrift im Blocksatz

Aufzählungslisten

⑦ Unsortierte Aufzählung: Markieren Sie durch Absatz getrennte untereinander stehende Aufzählungspunkte mit der Maus und klicken Sie diese Funktionen für eine mit Bulletpoints versehene Liste.

⑧ Sortierte Aufzählung: Markieren Sie durch Absatz getrennte untereinander stehende Aufzählungspunkte mit der Maus und klicken Sie diese Funktionen für eine automatisch durchnummerierte Liste.

Einzug verändern

⑨ Einzug verringern: Ein Textblock, den Sie mit der Tabulatortaste oder mit Funktion ⑩ tiefer eingerückt haben, kann hier wieder zurückgestellt werden.

⑩ Einzug erweitern: Markieren Sie einen Absatz, um ihn mit dieser Funktion weiter in den Textblock einzurücken. Das gilt auch für Aufzählungen oder andere Content-Elemente innerhalb des Texteditors.

Schriftfarbe im Texteditor verändern

⑪ Schriftfarbe: Wenn Sie – unabhängig von der Schriftgestaltung, die Sie unter „Style" eingerichtet haben – Texte gesondert farblich gestalten möchten, können Sie für den markierten Text diese Funktion wählen, um eine Standardpalette mit Farben zu erhalten, aus der Sie frei wählen können. Unter „weitere Farben" finden Sie zudem die Möglichkeit, den Hex-Wert einer Farbe direkt einzugeben (Achtung: in diesem Fall müssen Sie das #-Symbol voranstellen), sowie drei weitere Farbpaletten.

Links einfügen, verändern und entfernen

⑫ Link einfügen/verändern: eine besonders wichtige Funktion, mit der Sie externe Links (also auf andere Webseiten), interne Links (also auf Seiten Ihrer eigenen Jimdo-Page) und mailto:-Links einrichten können, also den Aufruf einer Mail-Nachricht an eine vorgegebene E-Mail-Adresse.

Interner Link: Markieren Sie den Text, der den Linkaufruf enthält, und klicken Sie auf das Kettensymbol (⑪) und Sie erhalten den folgenden Dialog zur Link-Verwaltung:

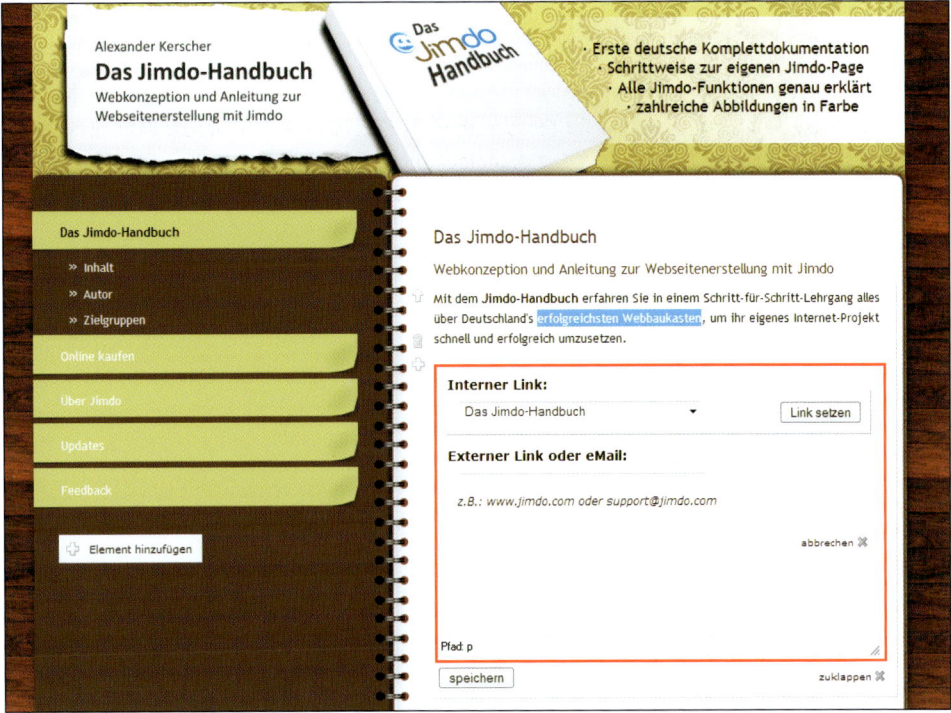

Wählen Sie das Drop-down-Menü „Interner Link" und eine der dort von Ihnen durch die Einrichtung der Navigation und Seitenbereiche bereits angelegten Seiten aus. Klicken Sie anschließend auf „Link setzen". Nach dem Abspeichern des so bearbeiteten Textfelds steht der Link im vormals von Ihnen im Texteditor markierten Textteil zur Verfügung.

> **Tipp:** Interne Links öffnen sich in Jimdo immer im selben Browserfenster wie die verweisende Seite. Wenn Sie einen internen Link in einem neuen Browserfenster öffnen wollen, müssen Sie hierzu den Text, in dem der Link bereits gesetzt ist, mit der Funktion „HTML-Quellcode bearbeiten" (⑰) aufrufen und die Syntax <a href="linkzurseite/"> um den entsprechenden Aufruf erweitern, indem Sie Folgendes ergänzen: <a href="linkzurseite/" target="_blank">. Anschließend „aktualisieren" Sie mit dem entsprechenden Button den Quellcode. Die verlinkte Seite wird nun beim Aufruf in einem neuen Browserfenster geöffnet.

Externer Link: Markieren Sie den Text, der den Link-Aufruf enthalten soll, und klicken Sie auf das Kettensymbol (⑪). Wählen Sie im Drop-down-Menü den Bereich „externer Link oder E-Mail" und geben Sie eine URL („http://" muss nicht Teil davon sein) ein: z.B. *www.externeseite.de*. Nach dem Abspeichern des so bearbeiteten Textfelds steht der Link im vormals markierten Textteil zur Verfügung.

> **Tipp:** Externe Links öffnen sich immer in einem neuen Fenster. Wenn Sie den externen Link im selben Browserfenster öffnen wollen (und den User damit von Ihrer Seite entlassen), rufen Sie die Funktion „HTML-Quellcode bearbeiten" (⑰) auf, suchen Sie die Syntax <a href="http://www.externeseite.de" target="_blank"> und entfernen Sie den Teil target="_blank". Anschließend aktualisieren Sie den HTML-Code mit dem entsprechenden Button und speichern den bearbeiteten Text mit „speichern" ab.

E-Mail-Adresse: Markieren Sie den Text, der den Mail-Aufruf enthalten soll, und klicken Sie auf das Kettensymbol (⑪), wählen Sie im Drop-down-Menü den Bereich „externer Link oder E-Mail" und geben Sie eine E-Mail-Adresse im Format „info@mailempfaenger.de" ein.

Nach dem Abspeichern des so bearbeiteten Textfelds ist die E-Mail-Adresse als Direktaufruf für ein auf dem Rechner des Webseitenbesuchers installiertes E-Mail-Programm hinterlegt.

Erweiterte Funktion „Links"

Sobald Sie einen Blog angelegt und den ersten Blog-Eintrag geschrieben haben, verfügen Sie zusätzlich über die Funktion „Blog Link", die es Ihnen ermöglicht, nicht nur auf interne oder externe Seiten, sondern direkt auf einen Blog-Eintrag zu verlinken.

⑬ Link entfernen: Um einen Link (egal, ob intern, extern oder E-Mail-Adresse) zu entfernen, klicken Sie auf den Textbereich, der den Link enthält. Es öffnet sich der Texteditor mit dem sichtbar hinterlegten Link im bearbeitbaren Text. Markieren Sie erneut die verlinkte Stelle und klicken Sie auf das Symbol der zerbrochenen Kette „Link entfernen". Der hinterlegte Link wird automatisch entfernt. Speichern Sie anschließend das bearbeitete Textfeld.

Formatierungen entfernen

Wie auf Seite 61 erwähnt, kann es beim Kopieren von Texten aus z.B. einer Textverarbeitung oder einer Webseite gewollt oder ungewollt zur Übernahme der darin enthaltenen Formatierungen wie Schriftarten, -farben, -größen, Auszeichnungen, Links, Aufzählungen etc. kommen. Um solche Formatierungen erst gar nicht zu übernehmen, bietet Ihnen Jimdo zwei Möglichkeiten der Texteingabe bereits formatierter Texte:

⑭ Als normalen Text einfügen: Wenn Sie kopierten Text in der Zwischenablage (Markierung, Strg + C) halten und auf das Symbol des Klemmbretts (⑭) klicken, öffnet sich ein weiteres Texteingabefenster mit der Überschrift „Als normalen Text einfügen". Drücken Sie nun auf Ihrer Tastatur ⬚Strg+⬚V (bzw. beim PC rechte Maustaste: einfügen), um den Text einzugeben, aktivieren Sie (sofern gewünscht) die Checkbox „Zeilenumbrüche beibehalten" und klicken Sie auf den „Einfügen"-Button. Der Text wird ohne Formatierungen in Ihr Textfeld eingefügt. Anschließend „speichern" Sie.

⑮ Formatierungen zurücksetzen: Wenn Sie einen formatierten Text bereits in Ihr Textfeld eingefügt haben, können Sie die darin enthaltenen Formatierungen nachträglich entfernen. Markieren Sie dazu mit der Maus den eingefügten Text, der die Formatierungen enthält, und klicken Sie das Radiergummi-Symbol „Formatierungen zurücksetzen" an. Der Text wird ohne weitere Statusmeldung bereinigt. Anschließend „speichern" Sie die Inhalte.

Schritt zurück/Schritt wiederherstellen

⑯ Rückgängig: Mit einem Klick auf „Rückgängig" annullieren Sie die letzte Aktion.

⑰ Wiederholen: Mit „Wiederholen" stellen Sie eine rückgängig gemachte Eingabe oder Änderung wieder her.

HTML-Code bearbeiten

⑱ HTML-Quellcode bearbeiten: Diese Funktion ermöglicht es Ihnen, den Quellcode eines Textfelds, das Sie bearbeiten, direkt zu beeinflussen. Ein Beispiel, das man selbst einfach ausprobieren kann, finden Sie unterhalb des Punkts ⑪ „Links verwalten". Sie sollten den HTML-Quellcode Ihrer Webseite nur bearbeiten, wenn Sie darin Erfahrung haben. Wie immer lautet an dieser Stelle für alle, die HTML lernen oder etwas Bestimmtes nachschlagen wollen, der empfohlene Weblink *http://de.selfhtml.org/*.

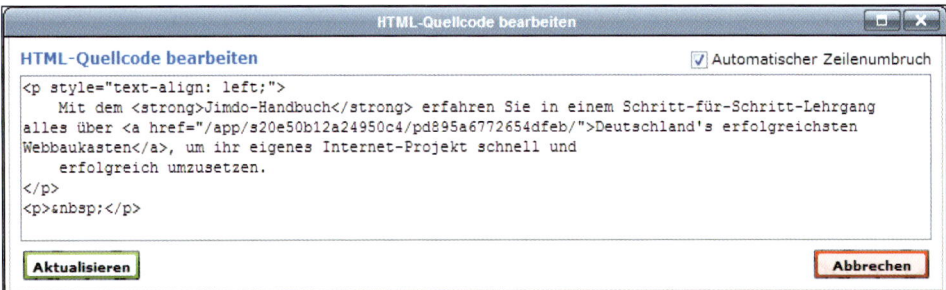

Bild einfügen

Wieder zurück auf Ihrer Jimdo-Page im eingeloggten Zustand, klicken Sie auf den Button „Element hinzufügen" bzw. auf das „+" beim Mouseover eines bestehenden Inhaltselements. Wählen Sie in dem sich öffnenden Menü den Bereich „Bild".

> **Tipp:** Beim Hochladen von Bildern müssen Sie – wie beim Hochladen der eigenen Header-Grafik auf Seite 48 – auf das Format Ihrer Grafikdatei achten. Zugelassen sind JPG, GIF, PNG und BMP. Beachten Sie auch die Größe (Maße) des Bilds, das Sie hochladen möchten. Ein winzig kleines JPG beansprucht vielleicht wenig Speicherplatz, wird sich aber auf Ihrer Seite weder sinnvoll vergrößern lassen noch irgendwelchen qualitativen Mehrwert bieten. Bei großformatigen Bildern (z.B. Digitalfotos, die mit einer hochauflösenden Kamera geschossen wurden) stellt sich eher das Problem der Dateigröße. Obwohl es kaum eine Begrenzung der MB-Größe für die Bilder gibt und obwohl das Bild nach dem Hochladen für die Darstellung im Internet optimiert wird, kann sich die Geschwindigkeit, mit der sich Ihre Seite beim Webseitenbesucher im Bildschirm aufbaut, deutlich verringern.

BMP-Dateien benötigen deutlich mehr Speicherplatz als z.B. JPG-Dateien oder GIF-Formate. Für Grafiken empfehlen sich daher die Formate GIF und PNG besonders, JPG ist ein ideales Format, um Fotografien im Web hochzuladen. Beim Hochladen kann es allerdings durch die automatische Komprimierung der Dateien leichte qualitative Abstriche geben.

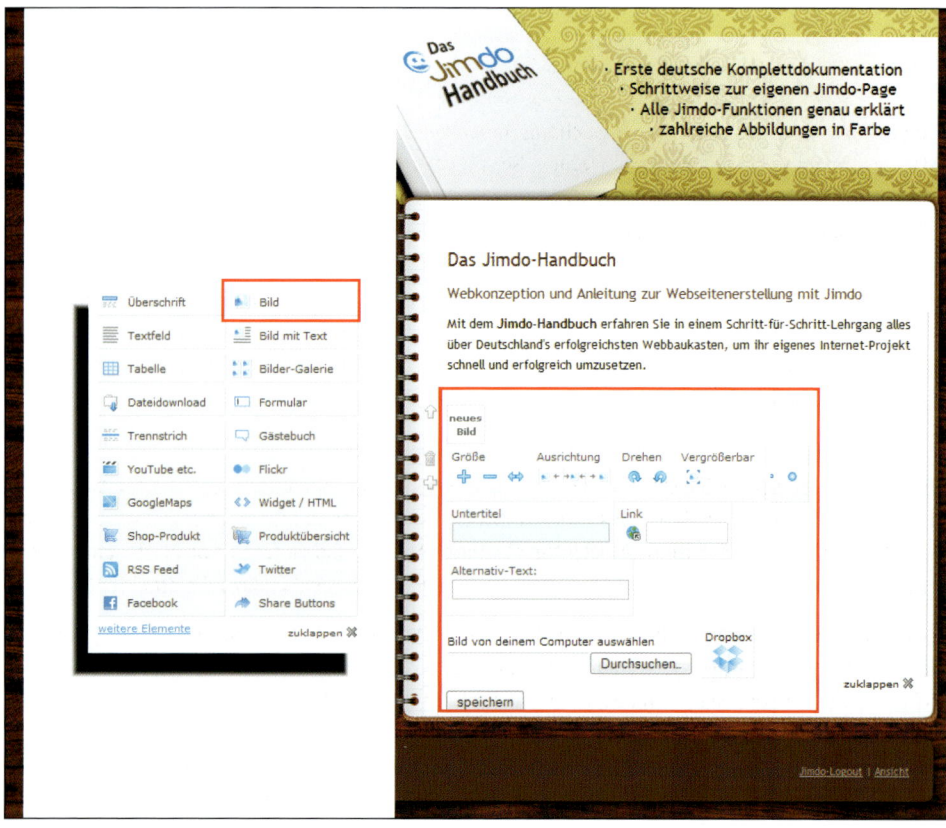

Zurück zum Hochladevorgang: Achten Sie im Bildmenü auf die blauen Ziffern 1 und 2, die Ihnen die ersten beiden Arbeitsschritte vorgeben. Bevor Sie die Eigenschaften und das Verhalten des Bilds einstellen, müssen Sie zunächst eine geeignete Grafikdatei von Ihren Laufwerken aussuchen und diese mit der Funktion „Bild übertragen" hochladen, so dass diese anstelle des Platzhalters „neues Bild" in der Toolbox angezeigt wird.

Sobald Sie das Bild ausgesucht und übertragen haben, können Sie die weiteren Funktionen

- Untertitel,

- Ausrichtung,

- Größe,

- Link,

- vergrößerbar und drehen

benutzen, mit denen Sie das Bild vervollständigen und in Ihr Seitenlayout einpassen. Sie können hier auch die auf Seite 188 beschriebene Funktion „Dropbox" verwenden, um eine Grafikdatei aus Ihrem Dropbox-Account einzusetzen.

> **Tipp:** Unter „Einstellungen" > „Suchmaschinen" > „Alt-Attribute" (siehe auch Seite 172) haben Sie die Möglichkeit, sogenannte Alt-Tags für Ihre Bilder zu aktivieren. Die Alt-Tags fließen unmittelbar in die Ergebnisse der Suchmaschinen ein und helfen somit Ihrer Seite, besser positioniert (neudeutsch: gerankt) zu werden. Sie sind primär Bestandteil des „Barrierefreien Internets", mit dem vor allem gehandicapte User die Darstellung auf dem Bild interpretieren können. Das Alt-Tag eines Bilds erscheint in Webseiten (sofern es gepflegt wurde), wenn Sie mit der Maus über ein Bild eines Internetauftritts streifen. Ein Text des Alt-Tags wird dann kurzzeitig eingeblendet. Geben Sie daher Alt-Tags ein, die das Bild genau und kurz beschreiben, also nicht den Bildernamen „DCM18765.JPG", sondern „Kölner Dom gesehen vom Roncalliplatz". Ihre Bilder werden damit auch leichter zu sinnvollen Ergebnissen in den Bildersuchfunktionen der Suchmaschinen.

Beim „Untertitel" sollten Sie sich auf wesentliche Informationen zum Bild beschränken, etwa Angabe des Rechteinhabers „Foto: Max Mustermann, Stuttgart" oder auch hier „Kölner Dom gesehen vom Roncalliplatz". Mit der Funktion „Ausrichtung" können Sie das Bild (sofern es nicht die ganze Breite füllt) nach ganz links, mittig oder ganz rechts bewegen. Verwenden Sie dazu die drei Pfeiltasten.

Die drei Buttons im Bereich „Größe" geben Ihnen die Möglichkeit, das Bild (so wie angezeigt) stufenweise kleiner, größer oder „genau auf den Punkt", also Größe = Größe der ursprünglichen Datei, zu stellen. Dabei wird das Bild, wenn es breiter als Ihr Content-Bereich ist, automatisch am Rand rechts abgeschnitten. Die Höhe wird beibehalten. Sie können sich mit einem zu großen Bild das Layout nicht zerschießen, werden aber gezwungen sein, das Bild zu verkleinern, wenn Sie es vollständig darstellen wollen. Zudem können Sie ein Bild – wenn es in der genauen Größe der ursprünglichen Datei dargestellt wird – nicht mehr weiter vergrößern.

Der „Link" ermöglicht es Ihnen, die hochgeladene Grafik als Link zu einer externen oder internen Seite oder auch als Mail-Link zu verwenden. Wenn Sie diese Funktion anklicken, erhalten Sie das gleiche Menü wie auf Seite 63 beschrieben, innerhalb dessen Sie einen Link im Text verwalten können. Beachten Sie, dass Sie entweder die Funktion „Link" oder die Funktion „vergrößerbar" auf das Bild legen können, nicht beides. Mit dem Button „vergrößerbar" aktivieren Sie einen sogenannten Lightbox-Effekt. Sofern Sie das Bild kleiner skalieren (mit der Funktion „Größe"), als die hochgeladene Datei in Wirklichkeit ist, können Sie durch Aktivieren dieses Buttons für Ihre Webseitenbesucher eine Bildvergrößerung aktivieren, welche die Datei im Vordergrund der Webseite in der Originalgröße zeigt. Das ist vor allem für schematische Darstellungen, Fotografien oder Diagramme geeignet, bei denen die Details in einer Kleindarstellung eher schwer wahrnehmbar sind. Mit der Funktion „drehen" können Sie (ähnlich der bekannten Funktion aus Bildbetrachtungsprogrammen) Ihre Grafik im oder gegen den Uhrzeigersinn drehen, um sie in der richtigen Position einzustellen. Anschließend klicken Sie auf „speichern", damit alle Ihre Angaben und das Bild selbst in der Webseite abgespeichert werden. Um es anschließend wieder mit den zur Verfügung stehenden Funktionen neu zu bearbeiten, klicken Sie das Bild einfach an.

Bild mit Text

Im obigen Beispiel wurde auf jimdo-handbuch.de eine Werbegrafik des Jimdo-Buchs so hochgeladen, dass diese nun eine ganze Zeile des Webauftritts blockiert. Eigentlich sollte Text neben der Grafik stehen, den man in der obigen Konstruktion nicht einfach *irgendwie* danebenbasteln kann. Bevor man hier eine umständliche Tabelle (links Text, rechts Bild) konstruiert, ist die Verwendung der Funktion „Bild mit Text" empfehlenswert.

Dabei öffnet sich eine Funktion, in der man beide Elemente (Bild und Text) gleichzeitig bearbeiten und miteinander kombiniert einstellen kann. Löschen wir also das obige Bild und verwenden es in dieser Bild-Text-Kombination, die gerade bei längeren Texten sehr wirkungsvoll sein kann, da das Auge immer einen Orientierungspunkt findet.

Wieder zurück auf Ihrer Jimdo-Page im eingeloggten Zustand, klicken Sie auf den Button „Element hinzufügen" bzw. auf das „+" beim Mouseover eines bestehenden Inhaltselements. Wählen Sie in dem sich öffnenden Menü den Bereich „Bild mit Text".

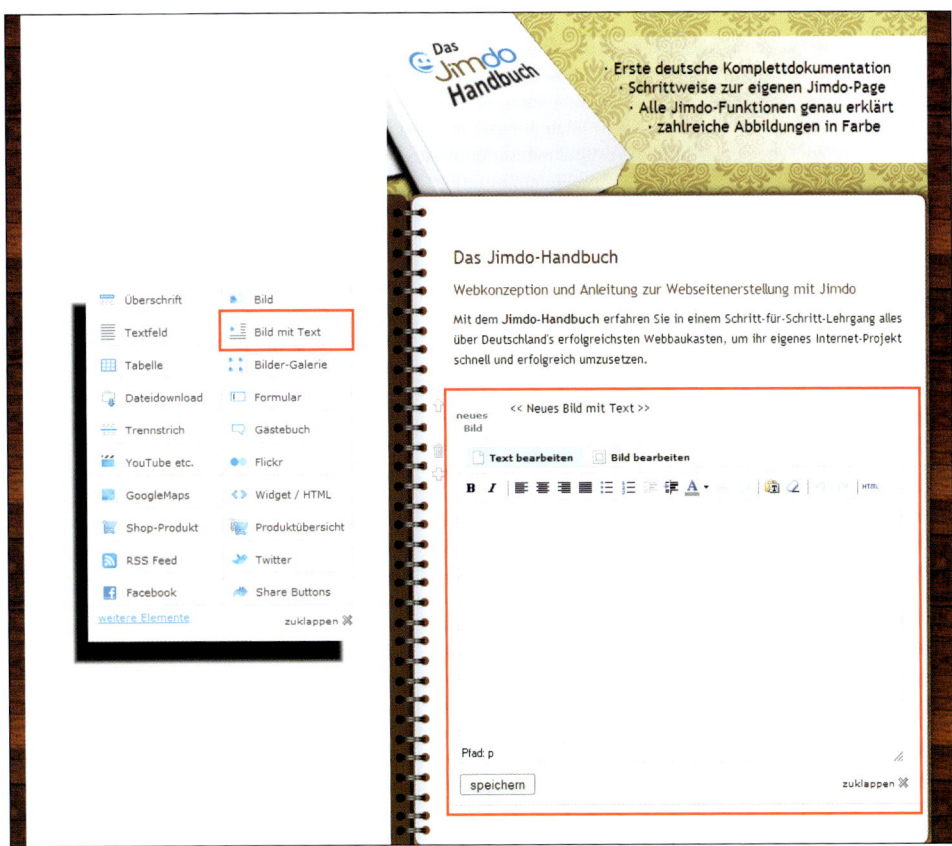

Wichtig ist dabei der Kartenreiter „Text bearbeiten" (aktiviert) neben „Bild bearbeiten". Sie können damit die Arbeitsschritte aus den Kapiteln „Text(felder) einfügen" (Seite 60) und „Bild einfügen" miteinander kombinieren.

Bei dieser Funktion wird der Umbruch des Textes entlang der Ausrichtung und Skalierung des Bilds automatisch vorgenommen. Da Sie im Vergleich zur Funktion „Bild" hier nur die Wahl zwischen „Bild links" und „Bild rechts" haben, entfällt die Möglichkeit einer mittigen Positionierung oder einer Positionierung unten.

Sie werden feststellen, dass der Text bei dieser Funktion beliebig lang sein kann, da er unterhalb des Bilds wieder die volle Zeilenbreite einnehmen wird.

Ein Hinweis noch zu den auf Seite 39 erwähnten Farbwerten von Bildern. Für die Darstellung im Internet benötigen Sie Bilder, die in der RGB-Skala angelegt sind. Viele Bilder, insbesondere wenn diese für den Druck optimiert wurden, werden Ihnen gegebenenfalls in CMYK geliefert. Mit einem Grafikprogramm können Sie Bilddateien mit wenigen Klicks in die RGB-Skala konvertieren. Falls Sie für Ihre Webseite Bilder geliefert bekommen, verlangen Sie eine RGB-Konvertierung der Bilder vorab. Beim Hochladen von CMYK-optimierten Bildern werden Sie feststellen, dass sich seltsame Farbmischungen und Falschwiedergaben, manchmal auch grobkörnige Pixelungen im hochgeladenen Bild ergeben.

Sie werden also merken, wenn ein Bild nicht korrekt konvertiert ist. Die hochgeladene Bilddatei unmittelbar vor dem Speichern sieht dann im Bildhochlade-Tool von Jimdo wie unten gezeigt aus. Es wurde ein Untertitel angelegt, die Alt-Tags sind aktiviert (und betextet) und ein Link auf die interne Seite „Inhalt" ist gesetzt. Sie kann jetzt gespeichert werden. Auch hier können Sie die Funktion „Dropbox" (siehe Seite 188) verwenden.

Trennstriche

Trennstriche sind wertvolle Elemente zum Absetzen ausgewählter Seitenelemente. Für den Einsatz von Trennstrichen gibt es nicht wirklich Regeln, aber sparsamer Einsatz erzielt den besseren Effekt. Um einen Trennstrich zu setzen, klicken Sie auf den Button „Element hinzufügen" bzw. auf das „+" beim Mouseover eines bestehenden Inhaltselements und wählen „Trennstrich". Wenn Ihnen Ihr Trennstrich nicht gefällt: Sie bearbeiten ihn unter „Style" > „Schriftformat" > „Trennstrich".

Das fertige Ergebnis nach Bearbeiten des Textes und des Bilds (gewählt „Bild rechts" mit Link auf die interne Seite „Online kaufen"), einem hinzugefügten Trennstrich und einem weiteren darunterliegenden Text mit den Hauptinformationen zum Buch sieht dann folgendermaßen aus:

Tabellen

Tabellen auf Webseiten sind ein Thema, das seit jeher für jeden Programmierer ein nervendes Ärgernis darstellt. Interessant zu wissen, dass Webseiten früher ausschließlich – nachdem man sich von der unseligen Frame-Technik verabschiedet hatte – in Tabellen codiert und zusammendesignt wurden. Das Thema ist deshalb nervenaufreibend, weil Tabellen (sei es in der Textverarbeitung, Tabellenkalkulationen und besonders als HTML-Code) so oft nicht tun, was wir von ihnen wollen, einmal menschlich betrachtet.

Da Tabellen ein sehr wertvolles Element zur übersichtlichen Informationsvermittlung sind, kann man sie gerade beim Thema Webseite nicht wegdenken. Jimdo ist hierbei einen sicheren Weg gegangen, indem Sie beim Aufruf des Elements „Tabelle" direkt eine Mustertabelle erhalten.

Auf Ihrer Jimdo-Page im eingeloggten Zustand klicken Sie auf den Button „Element hinzufügen" bzw. auf das „+" beim Mouseover eines bestehenden Inhaltselements. Wählen Sie in dem sich öffnenden Menü den Bereich „Tabelle".

Da Sie aus dem Abschnitt „Text(felder) einfügen" von Seite 60 den Jimdo-Texteditor kennen, bemerken Sie, dass dieser nun eine zweite neue Zeile zum Bearbeiten der Tabelle erhalten hat.

Tipp: Wenn Sie mit den nachfolgend erläuterten Funktionen Schwierigkeiten haben sollten, so gibt es einen netten kleinen, völlig unprofessionellen, aber funktionierenden *Workaround* für das Thema Tabellen: Schreiben Sie Ihre Tabelle in einem Programm, mit dem Sie sich auskennen, wie zum Beispiel MS Word oder MS Excel, gestalten Sie die Tabelle dort nach Ihren Vorstellungen und kopieren Sie diese einfach per Markieren und Kopieren (drag & drop) in den Tabellen-editor hinein. Der Code, der dabei erzeugt wird, ist zwar nicht im klassischen Sinne valide, aber das sichtbare Ergebnis heiligt an dieser Stelle die Mittel.

Achten Sie vor dem Kopieren und Einfügen darauf, dass die verwendete Schriftart in Ihrer Tabelle der Schriftart Ihrer Jimdo-Page entspricht. Funktionen, Autoberechnungen, Hintergrundfarben und Makros etc. finden sich anschließend natürlich nicht in der Jimdo-Page wieder, da es sich nur um ein Abbild der Tabelle ohne Funktionen handelt. Die Mustertabelle löschen Sie, indem Sie mit der Maus alle Zellen markieren und die Funktion „Spalte löschen" (⑨) anklicken.

Die Tabellenfunktionen sind folgende:

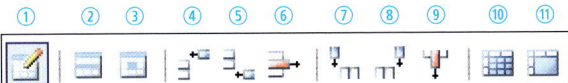

① **Tabelle erstellen/bearbeiten:** Der Klick auf diese Funktion öffnet den Tabelleneditor, der mit den Kartenreitern „Allgemein" und „Erweitert" versehen ist. Da Sie in einem angelegten Tabellenelement auch immer nur eine Tabelle bearbeiten können, beziehen sich die im Tabelleneditor angegebenen Werte auch immer auf die aktuelle Tabelle. Auch wenn Sie Tabellen aus einer Textverarbeitung oder einer Tabellenkalkulation in das Tabellenfeld hineinkopieren, werden die daraus resultierenden Werte in den Tabelleneditor übernommen.

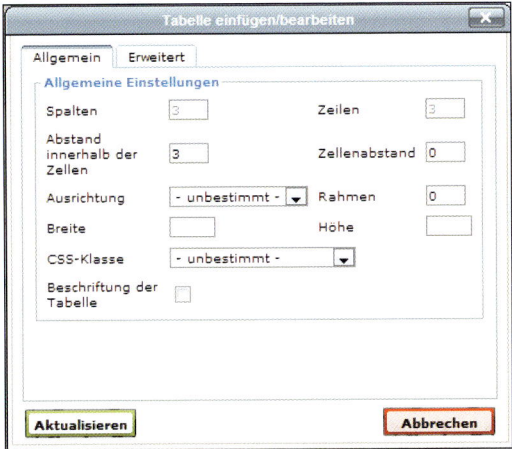

Allgemein: (Anmerkung vorweg: Hier sind für die Programmierer unter Ihnen in Klammern die entsprechenden Tags vermerkt.) Die Einstellungen „Spalten" und „Zeilen" können nicht editiert werden, da die bestehende Tabelle nur mit den Funktionen 4 bis 9 außerhalb dieses Editors erweitert werden kann. Der „Abstand innerhalb der Zellen" (cellspacing) definiert (in Pixeln) den Abstand, den der Wert einer Zelle (im obigen Beispiel der Zellenwert „Max") mindestens vom Zellenrand hat.

Der „Zellenabstand" (cellpadding) definiert wiederum in Pixeln den Abstand, den die Tabellenzellen von Randbegrenzung zu Randbegrenzung der Zellen haben. Mit der „Ausrichtung" (align) definieren Sie, wie sich die gesamte Tabelle verhält, ob sie linksbündig, mittig oder rechtsbündig sitzen soll.

Der Wert „Rahmen" (border) definiert in Pixeln die Breite des Tabellenrahmens. Der Wert „Breite" (width) kann in Prozent (also z.B. 80%) oder auch in Pixeln (z.B. 250) gesetzt werden, wobei für beide Werte wie immer gilt: Wenn die Tabelle durch den eingegebenen Text breiter ist als befohlen wurde, nimmt sie sich einfach den Platz, den sie minimal benötigt.

Die Funktion „Beschriftung der Tabelle" legt für die Tabelle den Wert Tabellenüberschriften (<thead>) an, wobei diese später in den *Zeilen*eigenschaften explizit zugewiesen werden müssen. Klicken Sie auf „Aktualisieren", um Änderungen an der Tabellenstruktur zu speichern.

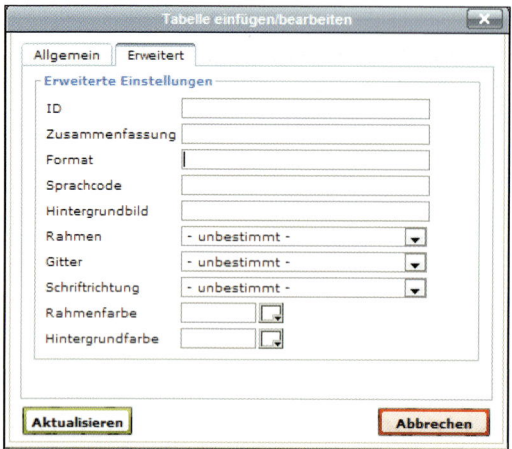

Erweitert: Bei den erweiterten Einstellungen haben Sie (vielmehr die Codier-Profis) die Möglichkeit, z.B. durch Einsatz einer eigenen CSS-Klasse für die Tabelle bestimmte Formatbefehle zu vergeben. Sie können hier als Erstes eine „ID" für die Tabelle vergeben, was für unterschiedliche Skriptfunktionen sinnvoll sein kann.

„Zusammenfassung" (summary) ist eine Art Alt-Tag für Ihre Tabelle, um auch hier Suchmaschinen zu beeindrucken. Platzieren Sie hier eine kurze Beschreibung. Beim „Format" können alle Werte des <table style> hinterlegt werden, womit Sie auf eine externe CSS-Datei verzichten können (z.B. „border: 10px solid #442ed1; height: 160px; width: 78px; background-color: #90ee90;").

Der Sprachcode (lang) gibt die Inhaltssprache der Tabelle an, z.B. „de" für Deutsch.

Mit „Hintergrundbild" (background-image) belegen Sie die Tabelle (nicht die Zellen bei individueller Vergabe der Zellenhintergründe) mit Verweis auf eine z.B. externe URL mit einem Hintergrundbild. Der Wert lautet dann „url(background.gif)".

„Rahmen" (frame) verfügt über diverse Drop-down-Funktionen für die Definition der Rahmengestaltung (äußere Markierung) und ebenso den Wert „Gitter" (rules), der die Markierungen zwischen den Zellen bestimmt. Die Schriftrichtung (dir) ist für die Inhalte der Zellen zuständig und kann links nach rechts („ltr") oder rechts nach links („rtl") definiert sein.

Sehr hilfreich (zumal aus kopierten Tabellen keine Farbwerte übernommen werden) ist die Farbwahl für Rahmenfarbe und Hintergrundfarbe. Hier verfügen Sie wieder über einen Farbregler, der es Ihnen ermöglicht, Farben entweder direkt per Farbwahl, Palette oder benannten Farben auszuwählen. In jedem der drei Farbmodi können Sie gemäß der Darstellung auf Seite 39 auch direkt den Hex-Wert bestimmter aus Ihrem Layout entnommener Farben eingeben und abspeichern. Hierzu ist es wichtig, dem Hex-Wert das Raute-Symbol „#" voranzustellen.

Ein wichtiger Hinweis: Manche Änderungen an der Tabelle (ebenso wie an der Zelle) werden bei diesem Editor erst nach dem Speichern der Tabelle sichtbar.

② Eigenschaften der Zeile: Die „Eigenschaften der Zeile" sind eine Miniaturversion der Tabelleneigenschaften und geben Ihnen die Möglichkeit, einzelnen Zeilen (nicht Zellen) individuelle Werte
und Verhalten zuzuweisen. Um diese Funktion zu nutzen, klicken Sie in eine der Zellen und bearbeiten damit die Eigenschaften der Zeile, in der sich diese Zelle befindet.

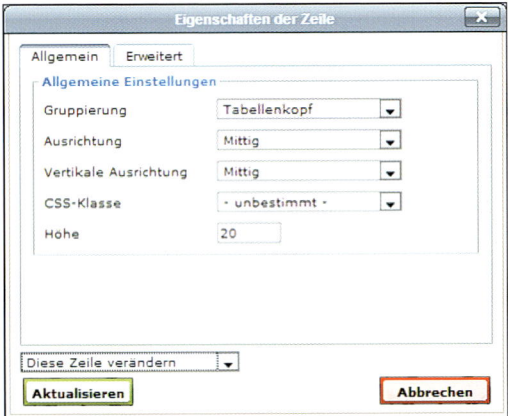

Allgemein: „Gruppierung" (thead/tbody/tfoot) definiert die Eigenschaft der Zeile als Tabellenkopf
(der eine Überschriftenfunktion wahrnimmt), als Tabelleninhalt (der die Werte zu den Überschriften
enthält) oder als Tabellenabschlusszeile (in der meistens Ergebnisse liegen). Diese Definition muss
nicht explizit vorgenommen werden, steigert aber deutlich die Qualität des von Ihnen erzeugten
Quellcodes.

Die „Ausrichtung" (tr align) definiert die Textausrichtung der Zeileninhalte als linksbündig, mittig
oder rechtsbündig. Die „Vertikale Ausrichtung" (tr valign) ist wiederum die Höhenposition der Zeileninhalte oben, mittig oder unten im Zellenraum.

Sofern Sie eine eigene CSS-Klasse vergeben möchten, können Sie hier durch Auswahl des Werts
„value" eine eigene Klasse (tr class) eintragen und mit „Höhe" einen Höhenwert in Pixeln angeben.
Der Eintrag sieht im html-Code dann z.B. so aus: <tr class="trfooter" style="height: 20px;">.

Sehr hilfreich am unteren Ende dieses Editors ist die Auswahl, welche Zeilen verändert werden sollen,
denn hier lässt sich ein Schema auf nur diese, jede ungerade, jede gerade oder alle Zeilen übertragen.

Erweitert: Auch hier vergeben Sie – sofern sinnvoll – eine „ID" (tr id) für Ihre Tabellenzeile und die
damit verbundenen CSS- oder Skriptklassen.

Im „Format" lassen sich alle Gestaltungswerte entsprechend einem Eintrag in der CSS-Datei direkt
unterbringen (als Beispiel: <tr id="idzeile" class="footer" style="height: 20px; background-image:
url(trhintergrund.gif); background-color: #3988c6;" dir="ltr" lang="de">) .

Genau wie in den „Tabelleneigenschaften" können hier die Werte „Schriftrichtung", „Sprachcode"
und „Hintergrundbild" eingestellt werden. Die Schriftrichtung (tr dir) ist für die Inhalte der Zeile relevant und kann auch hier wieder links nach rechts („ltr") oder rechts nach links („rtl") definiert sein.

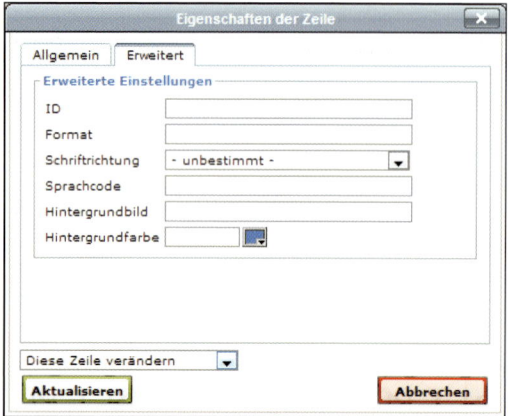

Der Sprachcode (lang) gibt die Inhaltssprache der Zeile an (sofern diese abweicht) wie „de" für Deutsch. Mit „Hintergrundbild" (background-image) belegen Sie die Zeile mit Verweis auf eine z.B. externe URL mit einem Hintergrundbild. Der Wert lautet dann „tr url(background.gif)".

Zuletzt kann die „Hintergrundfarbe" der Zeile mit dem Farbtool gepickt, ausgewählt oder mit dem Hex-Wert exakt definiert werden.

③ Eigenschaften der Zelle: Was für die Tabelle selbst und die Zeilen gilt, gilt selbstverständlich auch für jede einzelne Zelle, die hier bis ins Detail definiert werden kann. Klicken Sie also in die Zelle, die Sie formatieren möchten, und aktivieren Sie den Button „Eigenschaften der Zelle" (③).

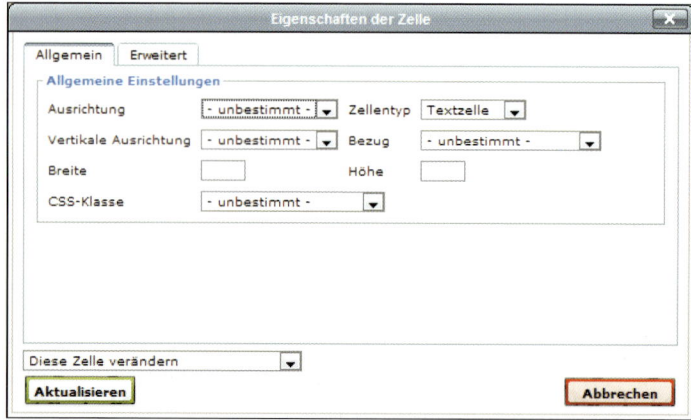

Allgemein: Ausrichtung (td align) definiert das Verhalten des Zelleninhalts als linksbündig, rechtsbündig oder mittig. Dementsprechend definiert die „Vertikale Ausrichtung" (td valign) die Positionierung des Zelleninhalts oben, mittig oder unten. Die „Breite" (width) wird in Pixeln angegeben, hat dementsprechend aber in jedem Fall eine Auswirkung auf eine gesamte Spalte, sofern die eingegebene Breite durch den Zelleninhalt mindestens erreicht wird. „Höhe" (height) übernimmt entsprechend den Pixelwert für die Höhe der Zelle.

Die Definition des „Zellentyps" beinhaltet die Optionen „Textzelle" (td) oder „Überschrift" (th), womit integrierte Überschriften für die im Feld „Bezug" (th scope bzw. td scope) zu definierenden Zellbereiche definiert werden.

Erweitert: Vergeben Sie – wenn gewünscht – eine „ID" (td id) für Ihre Tabellenzelle und die damit verbundenen CSS- oder Skriptklassen.

Im „Format" lassen sich alle Gestaltungswerte entsprechend einem Eintrag in der CSS-Datei für die Zelle direkt eincodieren (z.B. in folgender Schreibweise <td style="width: 50px; height: 10px;" align="center" valign="top"><span style="color: #ff0000;">).

Genau wie in den „Tabelleneigenschaften" können hier die Werte „Schriftrichtung", „Sprachcode" und „Hintergrundbild" eingestellt werden. Die Schriftrichtung der Zelle (td dir) ist für die Inhalte der Zeile relevant und kann auch hier wieder links nach rechts („ltr") oder rechts nach links („rtl") definiert sein.

Der Sprachcode (lang) gibt die Inhaltssprache der Zeile an, z.B. „de" für Deutsch. Mit „Hintergrundbild" (background-image) belegen Sie die Zeile mit Verweis auf eine z.B. externe URL mit einem Hintergrundbild. Der Wert lautet dann „td url(background.gif)". Zuletzt kann die „Hintergrundfarbe" der Zelle auch hier mit dem bekannten Farbtool gepickt, ausgewählt oder mit dem Hex-Wert exakt definiert werden.

④ **Zeile oberhalb einfügen:** Klicken Sie auf eine Zelle (oder markieren Sie die ganze Zeile), oberhalb derer Sie eine neue Zeile hinzufügen möchten, und klicken Sie „Zeile oberhalb einfügen". Die neue Zeile hat automatisch ebenso viele Spalten wie die Referenzzeile.

⑤ **Zeile unterhalb einfügen:** Klicken Sie auf eine Zelle (oder markieren Sie die ganze Zeile), unterhalb der Sie eine neue Zeile hinzufügen möchten, und klicken Sie „Zeile unterhalb einfügen". Die neue Zeile hat automatisch ebenso viele Spalten wie die Referenzzeile.

⑥ **Zeile löschen:** Um eine Zeile zu löschen, müssen Sie nur mit der Maus in eine Zelle der Zeile, die Sie entfernen möchten, und auf den Button „Zeile löschen" klicken. Die Zeile wird ohne Rückfrage gelöscht.

⑦ Spalte links einfügen: Klicken Sie auf eine Zelle, neben der Sie links eine neue Spalte hinzufügen möchten. Aktivieren Sie „Spalte links einfügen". Die neue Zelle wird – da sie leer ist – mit einer minimalen Breite angezeigt. Wenn Sie das ändern wollen, obwohl die Zelle leer ist, klicken Sie in eine der leeren Zellen der neue Spalte, gehen Sie auf „Eigenschaften der Zelle" (3) und geben Sie (unter allgemeine Eigenschaften) eine Breite von z.B. „100" ein.

⑧ Spalte rechts einfügen: Klicken Sie auf eine Zelle, neben der Sie rechts eine neue Spalte hinzufügen möchten. Aktivieren Sie „Spalte rechts einfügen".

⑨ Spalte löschen: Um eine Zeile zu löschen, klicken Sie mit der Maus in eine Zelle der Spalte, die Sie entfernen möchten, und auf den Button „Spalte löschen". Die Spalte wird ohne Rückfrage gelöscht.

⑩ Verbundene Zellen trennen: Diese Funktion sollte meines Erachtens eher rechts von der nächsten Funktion (11) stehen. Markieren Sie mit der Maus die Zelle, die aus zwei oder mehr vormals miteinander verbundenen Zellen besteht, und klicken Sie auf „Verbunde Zellen trennen". Die ursprüngliche Tabelle wird wieder hergestellt. Jetzt müssen Sie nur noch die in der ehemals verbundenen Zelle zusammengeführten Inhalte wieder auf die neue(n) Zelle(n) verteilen, da beim Verbinden der Zellen der Content in einer Zelle zusammengeführt wird.

⑪ Zellen verbinden: Markieren Sie mit der Maus zwei Zellen, die Sie miteinander verbinden möchten, und klicken Sie auf „Zellen verbinden". Der Content der beiden Zellen wird in einer gemeinsamen Zelle zusammengeführt, die nun die Gesamtbreite der beiden zusammengeführten Zellen hat. Da die Inhalte zusammengespielt werden, müssen Sie den gemeinsamen Text anschließend noch mit Leerstellen nachbearbeiten.

Bildergalerie (Bilder und Slideshows)

Bei der Funktion „Bildergalerie" spielt Jimdo eine absolute Stärke aus, da die damit verbundenen Features wirklich einzigartig leicht zu bedienen sind und sehr professionelle Ergebnisse liefern.

Wichtiger Hinweis: Wie bereits auf Seite 48 erläutert, achten Sie bitte darauf, nur Bilder hochzuladen, deren Bildrechte Sie besitzen oder gekauft haben. Auch Personen, die auf den Bildern zu sehen sind, sollten grundsätzlich mit der Darstellung ihrer Person im Internet einverstanden sein. Laden Sie keine Bilder hoch, die Sie z.B. im Internet aus anderen Webseiten kopiert haben. Im Zweifelsfall bitten Sie den Inhaber der Bildrechte, Ihnen sein schriftliches Einverständnis zu geben. Wenn Sie sogenannte Stockpictures von Bildagenturen verwenden, kann mit der Online-Stellung auch die Nennung des Rechteinhabers im Impressum unter einem Absatz „Bildrechte" oder „Bildnachweis" verbunden sein. Die Verwendung eines nicht lizensierten Bilds auf einer Homepage – unabhängig von deren Thematik – kann Strafen von einigen hundert Euro bis zu fünfstelligen Beträgen nach sich ziehen. Professionelle Bildagenturen verfügen zudem über Webcrawler, die das Internet nach den in ihrem Rechtebesitz befindlichen Bildern sehr erfolgreich durchsuchen.

Auf Ihrer Jimdo-Page im eingeloggten Zustand klicken Sie auf den Button „Element hinzufügen" bzw. auf das „+" beim Mouseover eines bestehenden Inhaltselements. Wählen Sie in dem sich öffnenden Menü den Bereich „Bildergalerie". Es gibt zwei Arten, eine Bildergalerie aufzubauen. Bei Möglichkeit 1 werden alle Bilder untereinander gekachelt dargestellt und lassen sich einzeln anklicken. Möglichkeit 2 liefert einen *Viewer*, in dem die Bilder wie in einem kleinen Bildschirm hintereinander mit sanften Übergängen abgespielt und mit einer sogenannten Thumbnail-Auswahl (unterer Bereich) auch einzeln angesteuert werden können. Die beiden Arten der Darstellung (Kachel und Flash-Player) innerhalb Ihrer Webseite sehen Sie hier:

 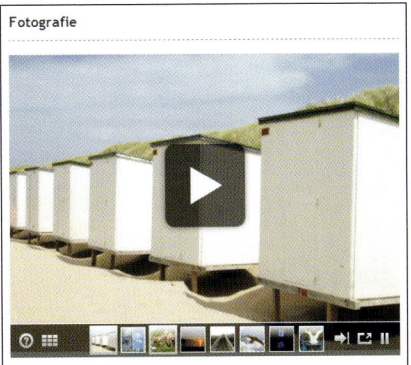

Beide Arten der Darstellung verfügen zudem über die Option der Groß- bzw. Vollbildanzeige. Um eine Bildergalerie zu erstellen, sammeln Sie zunächst – unabhängig davon, dass Sie jederzeit Bilder hinzufügen, verschieben oder löschen können – die hochzuladenden Bilder in einem Ordner auf einem Laufwerk Ihres Rechners im Format JPG, GIF oder PNG. Auch in diesem Bereich sind in das Hochlade-Menü die Ziffern 1 und 2 integriert, um die Reihenfolge der Schritte zu verdeutlichen.

Klicken Sie 1 auf „Durchsuchen" und wählen Sie im aufklappenden Fenster die Bilder, die Sie aus Ihrem Bildordner hochladen möchten, oder verwenden Sie die Funktion „Dropbox" zum Einsetzen von Bildern und Grafiken, die Sie in Ihrem Dropbox-Account gespeichert haben. Klicken Sie anschließend auf „Upload", um die Bilder hochzuladen. Die Sortierung der Bilder können Sie später vornehmen.

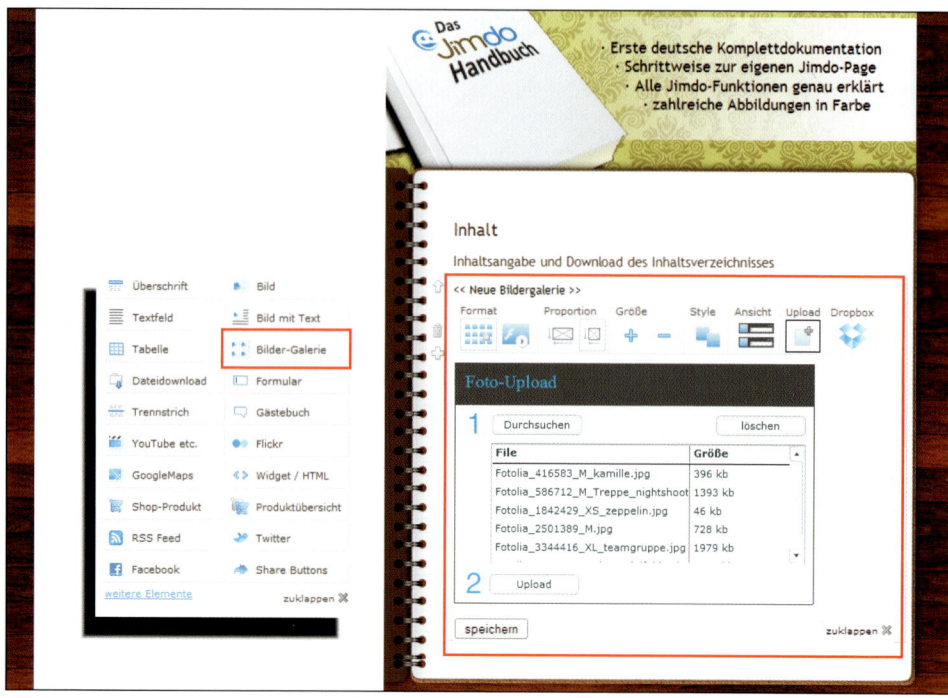

Der Fortschritt des Hochladevorgangs wird mit einem blauen Ladebalken dargestellt. Je nach Menge und Größe der Bilder kann es einige Minuten dauern, bis alle Bilder hochgeladen sind.

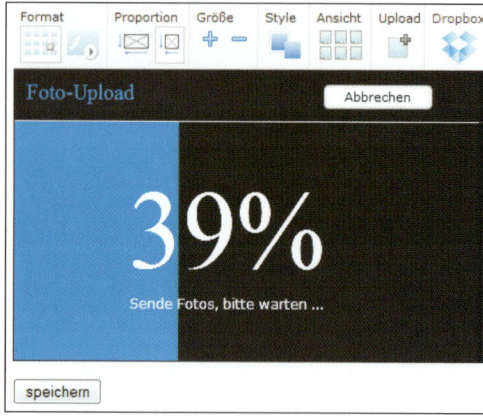

Speichern Sie in jedem Fall zunächst die hochgeladenen Bilder mit dem Button „speichern". Nach dem Hochladen der Bilder sehen Sie die Darstellung Ihrer Bilder in der automatischen Standardeinstellung als Bilderkacheln mit darunterliegendem Bedienfeld und den Einzeloptionen der Bilder.

Die Bedienleiste der Bildergalerie gibt es in zwei Versionen: eine für die Einrichtung der Kachelansicht und eine für die Einrichtung des Flashplayers. Sie besteht aus folgenden Funktionen:

Bedienleiste bei „Kachelansicht":

① „Format": Wählen Sie zwischen diesen beiden Einstellungen, um entweder alle Bilder gekachelt und zum einzeln Draufklicken darzustellen (dies ist die gewählte Einstellung) oder um zur Darstellung mit einem Flash-Player zu wechseln, der Ihre Bilder in einer Slideshow hintereinander abspielt. Je nach Anzahl der Bilder, die Sie hochladen, kann die zweite Option des Flash-Players sinnvoll sein, da die Bilder in der gekachelten Version alle angezeigt werden.

② „Proportion": Möchten Sie die Bilder gekachelt in ihrem Originalformat (meistens ein Hoch- oder Querformat) anzeigen oder sollen alle Bilder für die Kachelansicht auf ein sauberes und gemeinsames, quadratisches Format gesetzt werden? Auf die Darstellung Ihres Bilds in der Vollansicht hat dies keinen Einfluss, denn dort werden alle Bilder im hochgeladenen Bildformat und in ihrer Originalgröße wiedergegeben.

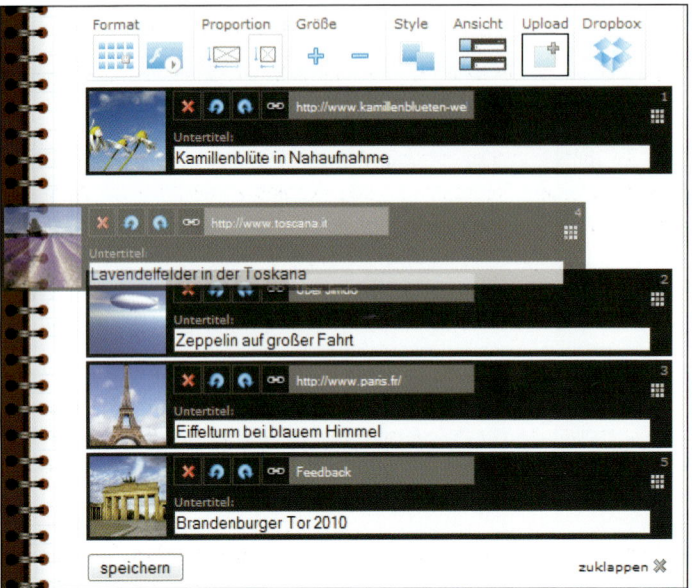

③ „Größe": Stellen Sie hier die Größe der angezeigten Bildkacheln ein und passen Sie diese optimal in Ihr Seitenlayout ein. Mit den Funktionen + und – können Sie die Kacheln stufenweise vergrößern und verkleinern, bis die Ansicht stimmt.

④ „Style": Hier können Sie wechseln zwischen rahmenloser und eingerahmter Ansicht der Bildkacheln.

⑤ „Ansicht": Hier verwalten Sie die Einzelinformationen zu Ihren Bildern, wie „Alt-Tag" (also Benennung und Inhaltsangabe Ihrer Bilder für die Suchmaschinen), individueller Link je Bild, Bild löschen (x), Bild drehen. Zusätzlich können Sie die Bilder per „drag and drop" verschieben.

⑥ „Upload" bietet Ihnen die Möglichkeit, weitere Bilder zu Ihrer Bildergalerie hochzuladen, ohne eine neue Bildergalerie anlegen zu müssen.

⑦ „Dropbox" öffnet Ihr Online-Repository bei dropbox.com (siehe Seite 188) zur Verwendung bzw. zum Upload von online gespeicherten eigenen Bildern.

Speichern Sie alle Änderungen ab, da sie sonst nicht übernommen werden.

Bedienleiste bei „Flash-Player":

① Um zur Darstellung „Kachelansicht" zu wechseln, klicken Sie auf die linke Option.

② „Verzögerung": Mit dem Wert „Verzögerung" geben Sie ein, wie viele Sekunden ein Bild angezeigt wird, bis es im Flash-Player in das nächste Bild übergeblendet wird.

③ „Vorschauleiste": Aktivieren Sie diese Funktion, um die Vorschauleiste mit den Thumbnails der weiteren Bilder Ihrer Slideshow anzuzeigen. Sie ist dann fester Bestandteil des Viewers. Wenn Sie diese Funktion nicht aktivieren, wird die Vorschauleiste nur beim Überfahren des Players mit der Maus ein- und wieder ausgeblendet. Die Funktionen der Vorschauleiste sind sehr sinnvoll. Hier kann Ihr Webseitenbesucher zwischen Hilfefunktion (leider nur in Englisch), Thumbnail-Ansicht der verarbeiteten Bilder, Full-Screen-Mode der Bildershow und Start/Stopp (Abspielen und Stoppen der Slideshow) wählen.

④ „Start sofort?": Soll Ihre Slideshow im Flash-Player direkt nach Aufbau der Seite starten oder soll Ihr Webseitenbesucher auf den mittig platzierten Play-Button klicken, um die Slideshow zu starten? Aktivieren oder deaktivieren Sie die Checkbox in diesem Feld nach Ihren Vorstellungen. In der Standardeinstellung ist sie aktiviert.

⑤ „Ansicht": Hier verwalten Sie die Einzelinformationen zu Ihren Bildern, wie „Alt-Tag" (also Benennung und Inhaltsangabe Ihrer Bilder für die Suchmaschinen), individueller Link je Bild, Bild löschen (x), Bild drehen. Zusätzlich können Sie die Bilder per „drag and drop" untereinander verschieben.

⑥ „Upload" bietet Ihnen auch in diesem Modus die Möglichkeit, weitere Bilder zu Ihrer Slideshow hochzuladen, ohne einen neuen Flash-Player anlegen zu müssen.

⑦ „Dropbox" öffnet Ihr Online-Repository bei dropbox.com.

Dateidownloads

Wenn Sie Ihren Webseitenbesuchern Dateien zum Download anbieten, können Sie den Informationsgehalt Ihrer Jimdo-Page deutlich steigern. Viele Formate, die Sie zum Download anbieten, werden (je nach technischer Eignung der Dateien) zudem von den Suchmaschinen als Bestandteil Ihrer Webseite indiziert und die Relevanz Ihrer Seite erhöht sich.

Die Jimdo-Funktion „Dateidownload" arbeitet zudem sehr zuverlässig und erkennt automatisch Dutzende von Formaten, um Ihre Downloads in optimaler Darstellung anbieten zu können. Dabei stellt das Download-Symbol – bei Erkennung des Dateityps – den Dateityp sofort dar. Nutzen Sie idealerweise Formate, die optimal für die Dokumentenverteilung geeignet sind, wie z.B. PDF oder (insbesondere, wenn Sie mehrere Dateien in einem Paket bündeln) mit ZIP oder RAR komprimierte Datenpakete. Wieviel Speicherplatz Ihnen zur Verfügung steht, erfahren Sie auf Seite 158.

Auf Ihrer Jimdo-Page im eingeloggten Zustand klicken Sie auf den Button „Element hinzufügen" bzw. auf das „+" beim Mouseover eines bestehenden Inhaltselements. Wählen Sie in dem sich öffnenden Menü den Bereich „Dateidownload".

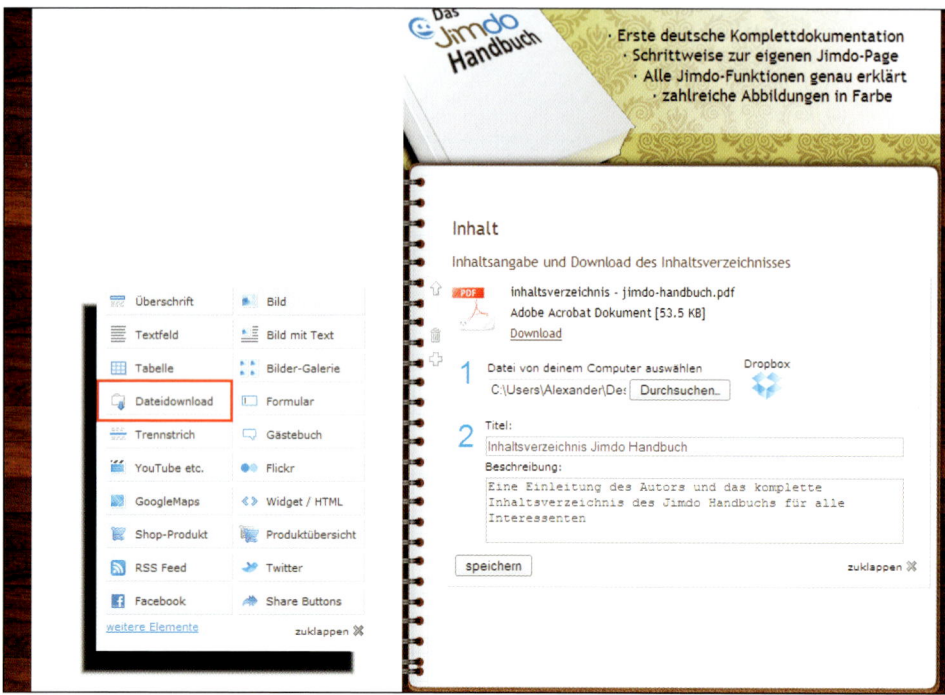

Auch hier finden Sie wieder die Ziffern 1 bis 3 für die korrekte Reihenfolge der Abläufe des Dateidownloads.

① Durchsuchen Sie im ersten Schritt die Laufwerke Ihres Rechners nach der Datei, die Sie hochladen möchten, oder rufen Sie mit dem Button „dropbox" Ihre online gespeicherten Dateien zum Download auf.

② Übertragen Sie das Dokument auf Ihre Jimdo-Page. Je nach Größe der Datei kann dies bei einem Upload von Ihrer Festplatte aus mehrere Minuten dauern. Entscheiden Sie, ob Sie sehr große Dateien besser in mehrere Downloads einteilen. Nach dem erfolgreichen Hochladen verändert sich das Download-Symbol oben links im Hochlade-Menü, sofern das Dateiformat erkannt wurde.

③ Vergeben Sie einen Titel und gegebenenfalls eine Beschreibung Ihres Downloads.

Anschließend „speichern" Sie Ihren Dateidownload, der nun Bestandteil der Seitendarstellung ist. Um den Download nachträglich zu ändern, klicken Sie im eingeloggten Zustand einfach wieder auf den entsprechenden Eintrag, um das Menü für den Datei-Download erneut zu öffnen.

Formulare

Ein weiteres – bislang für Hobbyprogrammierer wegen der komplexen Anpassung der freien Skripte ärgerliches bis kompliziertes – Thema hat Jimdo ebenfalls sehr überzeugend und einfach bedienbar umgesetzt: das Thema „Kontaktformulare".

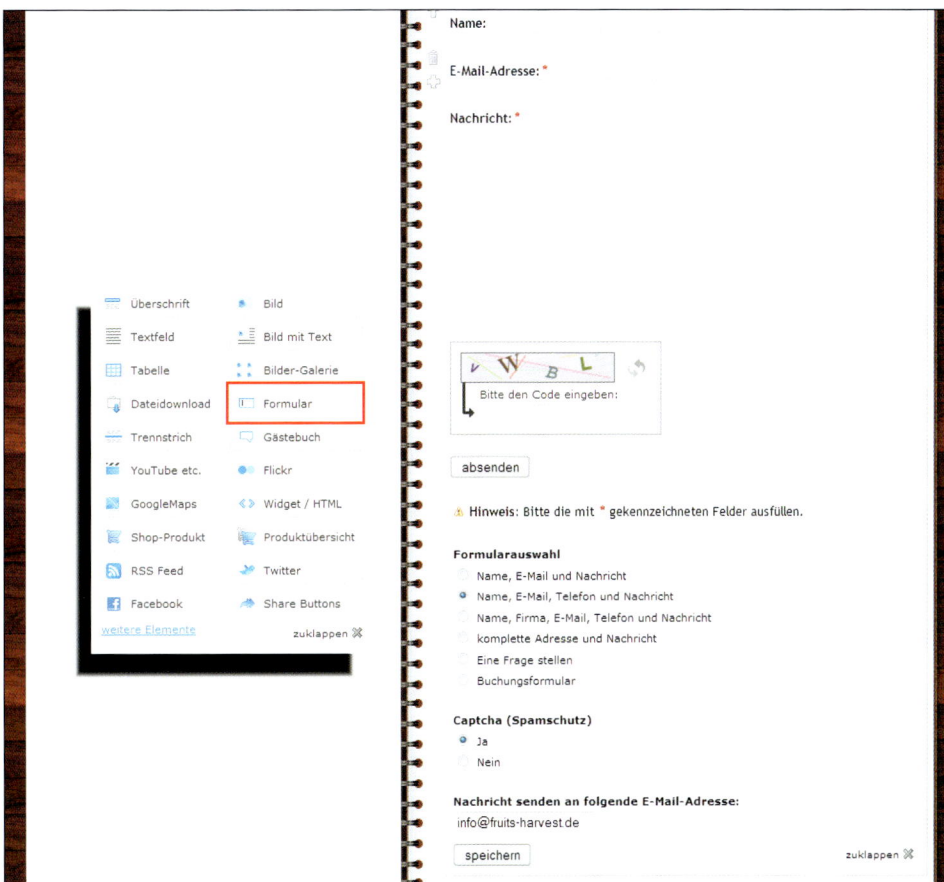

Auf Ihrer Jimdo-Page im eingeloggten Zustand klicken Sie auf den Button „Element hinzufügen" bzw. auf das „+" beim Mouseover eines bestehenden Inhaltselements. Wählen Sie in dem sich öffnenden Menü den Bereich „Formular".

Hier müssen Sie nur noch eingeben, welchen Formulartyp Sie wünschen (die Angaben beziehen sich auf die Inhaltsfelder des Kontaktformulars), ob Sie einen „Captcha" integrieren möchten und an welche E-Mail-Adresse die abgesendeten Kontaktformulare versendet werden sollen.

Der Begriff „Captcha" bezeichnet ein System zur Eingabe grafisch generierter Zufallsziffern, die sicherstellen, dass Ihr Formular nicht sinnlos von darauf programmierten Robots als Spamversender verwendet wird. Der Einsatz des Spamschutzes ist eine wirklich sinnvolle Maßnahme. Kontaktformulare machen Sinn, wenn Sie es Ihren Besuchern ermöglichen wollen, ein Feedback oder eine Anfrage ohne das – oft als aufwändig empfundene – Schreiben einer E-Mail abzusenden. Daher sollten Kontaktformulare auch nur aus den nötigsten Feldern bestehen.

Bei den in Jimdo zur Verfügung stehenden Kontaktformularen werden Sie feststellen, dass diese nur die notwendigsten Formulartypen darstellen bzw. ein Formular sogar speziell für die Buchung von Ferienwohnungen entworfen wurde. Leider kann keine individuelle Betreffzeile je eingesetztem Formular formuliert werden. Bei der Formularauswahl können Sie zwischen folgenden Inhaltsfeldern wählen, wobei die vom System gesetzten Pflichtfelder mit einem * gekennzeichnet sind. Der Webseitenbesucher kann das Formular so lange nicht absenden, bis er alle Pflichtfelder ausgefüllt hat.

- Name, E-Mail und Nachricht
  - Name
  - E-Mail-Adresse*
  - Nachricht*
- Name, E-Mail, Telefon und Nachricht
  - Name
  - E-Mail-Adresse*
  - oder Telefonnummer
  - Nachricht*
- Name, Firma, E-Mail, Telefon und Nachricht
  - Name
  - Firma
  - E-Mail-Adresse*
  - Telefon
  - Nachricht*

- komplette Adresse und Nachricht
  - Name
  - Firma
  - Straße
  - Postleitzahl
  - Stadt
  - Telefon
  - Fax
  - E-Mail*
  - Nachricht*
- Eine Frage stellen
  - Name
  - E-Mail*
  - Telefon
  - Frage*
- Buchungsformular
  - Vorname*
  - Nachname*
  - Straße, Nr.*
  - PLZ, Ort*
  - Telefon*
  - E-Mail*
  - Land
  - Urlaub von: (Datumseinstellung)
  - bis: (Datumseinstellung)
  - Anzahl der Erwachsenen
  - Anzahl der Kinder
  - Alter der Kinder

Im Fall von Fehlermeldungen (wie z.B. nicht ausgefüllte Pflichtfelder oder falsche Captcha-Eingabe) wird der Besucher auf die auszufüllenden Felder hingewiesen. Ebenso erhält er nach erfolgreichem Versand des Formulars eine automatische Dankeseite mit Bestätigung.

Diese ist wie folgt formuliert:

Die Nachricht wurde erfolgreich übermittelt.

Folgende Daten wurden eingegeben:

{Feld 1} :   {Inhalte}

{Feld 2} :   {Inhalte}

{Feld 3} :   {Inhalte}

etc.

Als Empfängeradresse des Kontaktformulars erhalten Sie folgende Text-E-Mail:

Betreffzeile: Nachricht über {IhreDomain.de}

Hallo,

du hast eine Nachricht über deine Webseite erhalten.

Die Nachricht wurde von der Seite http://www.ihredomain.de/ihrmenupunkt/ abgesendet.

Falls du e-Mails mit Nachrichten über das Kontaktformular nicht mehr unter dieser Adresse erhalten möchtest, logge Dich auf deiner JimdoPage ein, klicke auf das Kontaktformular und ändere im sich aufklappenden Bearbeitungsfeld deine e-Mail-Adresse.

Folgende Daten wurden übermittelt:

Name: {Angaben des Users}

E-Mail-Adresse: mail@kundenadresse.com

Nachricht: {Angaben des Users}

Gästebuch

Getreu der Devise „Don"t make me think!" sollten Sie ein Gästebuch auf Ihrer Seite nicht verstecken, sondern mit einem eigenen Menüpunkt namens „Gästebuch" in der Navigation segnen, sofern Sie Wert auf regelmäßige Einträge legen.

Auf Ihrer Jimdo-Page im eingeloggten Zustand klicken Sie auf den Button „Element hinzufügen" bzw. auf das „+" beim Mouseover eines bestehenden Inhaltselements. Wählen Sie in dem sich öffnenden Menü den Bereich „Gästebuch".

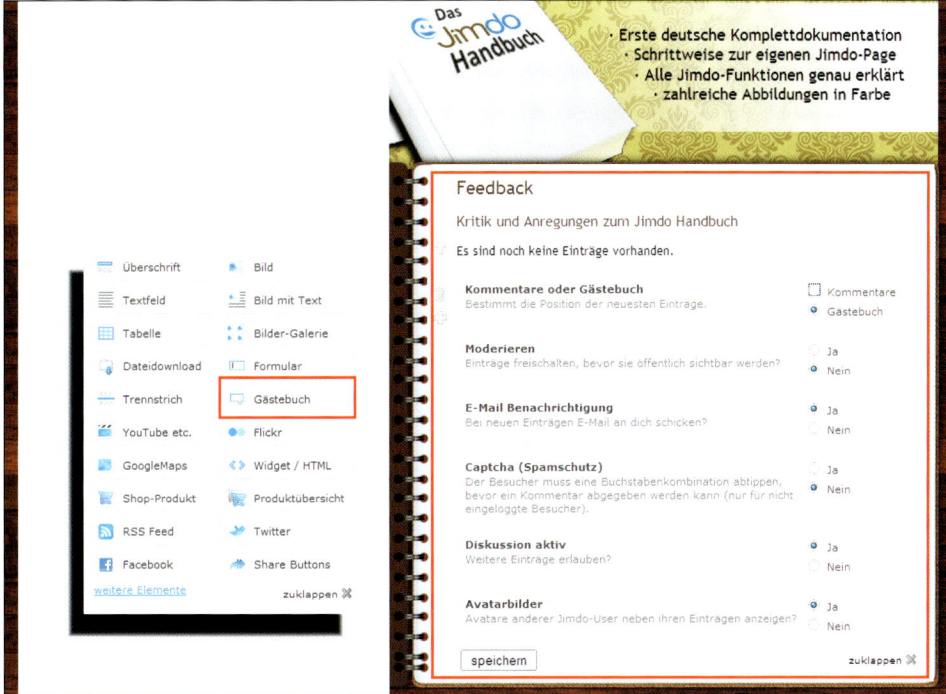

Das Jimdo-Gästebuch bietet Ihnen die wesentlichen Funktionen, um professionell geführt zu werden. Dazu gehören:

- Einrichtung als „Kommentare" oder als „Gästebuch". Bei den „Kommentaren" geht die Reihenfolge der Einträge von oben nach unten, das heißt: ältester Eintrag zuerst, neue Kommentare unten. Beim „Gästebuch" ist der oberste Eintrag immer der neueste. Gästebücher hat man üblicherweise nur eines – Kommentare können Sie zu bestimmten Themen oder Seiten Ihrer Jimdo-Page immer wieder ermöglichen.

- Einträge „moderieren". Sie haben die Möglichkeit, Einträge, die auf Ihrer Webseite im Gästebuch bzw. bei den Kommentaren hinterlassen werden, erst zu lesen, um sie dann freizuschalten. Wenn Sie diese Einstellung deaktivieren, erscheinen die Einträge sofort.

Der Webseitenbenutzer „erfährt" von dieser Freischaltungsfunktion erst, wenn er seinen Eintrag bereits hinterlassen hat, und muss sich bis zur Freischaltung gedulden.

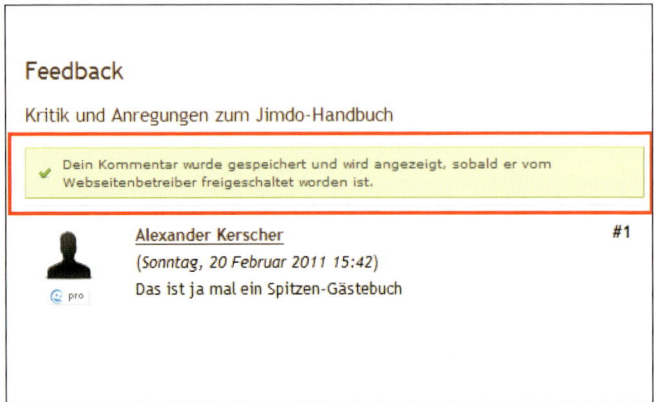

Um den Eintrag Ihres Besuchers freizuschalten, müssen Sie sich wieder in Ihre Jimdo-Page einloggen und die Freischaltung im Gästebuch veranlassen, das Sie zu diesem Zweck aufrufen. Sie können freigegebene Einträge auch jederzeit wieder verbergen, ohne sie zu löschen.

- „E-Mail-Benachrichtigung": Lassen Sie sich automatisch per E-Mail an Ihre hinterlegte Stammadresse benachrichtigen, wenn ein neuer Kommentar oder Gästebucheintrag eingetroffen ist und – je nach Einstellung – darauf wartet, von Ihnen freigeschaltet zu werden.

- „Captcha (Spamschutz)": Aktivieren Sie diese Funktion, um Ihr Gästebuch vor automatischen Ramscheinträgen zu schützen. Ihr (nicht bei Jimdo eingeloggter) Besucher muss zum Absenden seines Eintrags eine Buchstabenkombination eingeben.

- „Diskussion aktiv": Manche Kommentarlisten oder Gästebücher sind nur temporär zu bestimmten Themen zugänglich. Sie können über den Button „Diskussion aktiv" Ihr Gästebuch oder Ihre Kommentarliste schließen. Oberhalb der immer noch vorhandenen bisherigen Einträge steht dann automatisch „Diskussion geschlossen" und das Formular zur Beisteuerung neuer Beiträge ist ausgeblendet.

● „Avatarbilder" ist eine Funktion, die sich nur auf Mitglieder der Jimdo-Community bezieht. Wenn diese Funktion aktiviert ist, wird der Name und – sofern eines hochgeladen wurde – sein Bild automatisch zu seinem Eintrag gesetzt. Diesen Eintrag können Sie eingeloggt auf Ihrer Seite unter (Jimdo-Menü rechts) „Einstellungen" > „Benutzer" > „Profilfoto" vornehmen.

Mit Gästebüchern sind immer wieder gewisse Problemstellungen verbunden. Durch die Funktion der Freischaltung haben Sie die Möglichkeit, Spameinträge oder Einträge, die gegen die guten Sitten verstoßen oder die Sie schlicht nicht auf Ihrer Webseite sehen wollen, zu zensieren.

Oftmals ist es gewünscht, die früheren Einträge des Gästebuchs zu migrieren, also hinüberzukopieren, wenn Ihre Jimdo-Page die Nachfolgeseite einer älteren Homepage mit Gästebuch darstellt. Sie haben hierzu zwei Möglichkeiten.

Nicht empfohlen bei vielen Einträgen: Sie kopieren aus der alten Webseite alle Einträge 1:1 in Ihr neues Jimdo-Gästebuch, was vermutlich mehrere Stunden dauern wird. Außerdem werden alle alten Einträge mit dem tagesaktuellen Datum als Eintragsdatum versehen.

Möglichkeit zwei (empfohlen): Sie fügen unter Ihrem Navigationspunkt „Gästebuch" einen Untermenüpunkt „Gästebuch-Archiv" ein und füllen diese Seite (die Sie als „Text" anlegen) mit den aus dem alten Gästebuch seitenweise herauskopierten Einträgen. Auf diese Art bleiben die Einträge erhalten, auch wenn sie nicht im eigentlichen Gästebuchformat angelegt sind.

YouTube etc. (Videos einbinden)

Mit dem integrierten Videoplayer von Jimdo haben Sie die Möglichkeit, Videos aus den Portalen YouTube und MyVideo spielend einfach in Ihre Jimdo-Präsenz zu integrieren. YouTube und MyVideo können Sie – sofern Sie selbst produzierte Videos abspielen möchten – nutzen, um Ihre Videos dort hochzuladen und im nächsten Schritt in Ihre Jimdo-Page zu integrieren.

Besuchen Sie zuerst YouTube oder MyVideo, um die URL des von Ihnen gewünschten Videos zu kopieren:

Auf Ihrer Jimdo-Page im eingeloggten Zustand klicken Sie auf den Button „Element hinzufügen" bzw. auf das „+" beim Mouseover eines bestehenden Inhaltselements. Wählen Sie in dem sich öffnenden Menü den Bereich „YouTube etc.".

Es öffnet sich die folgende Eingabemaske, in der Sie zunächst zwischen den Kartenreitern „YouTube" und „MyVideo" wählen und die auf dem jeweiligen Videoportal kopierte URL einfügen:

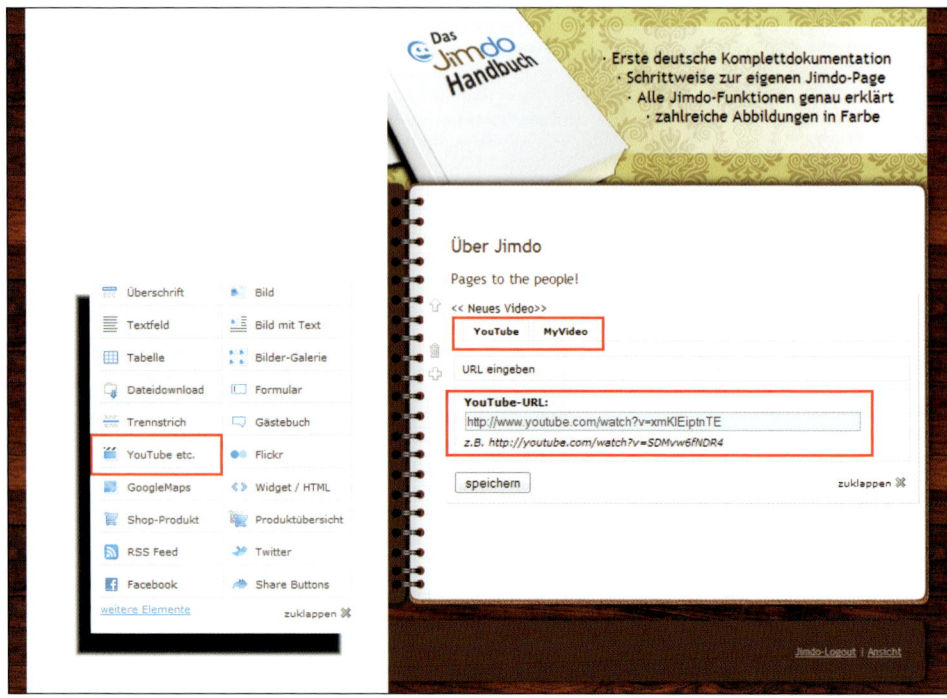

Anschließend klicken Sie auf „speichern". Das Video ist nun in Ihre Webseite integriert. Die Größe der Darstellung wird automatisch den Größenverhältnissen Ihres Layouts angepasst. Wenn Sie viele Videos untereinander auf Ihrer Webseite integrieren, kann sich die Aufbaugeschwindigkeit der betreffenden Seite deutlich verlangsamen, da für Ihre Seite mehrere Anfragen gleichzeitig an YouTube oder MyVideo gesendet werden.

Flickr

Wenn Sie Ihre Fotografien auf Flickr.com mit anderen Menschen teilen, können Sie in Ihrer Jimdo-Page Ihren Flickr.com-Zugang einrichten und bis zu 30 Bilder pro Seite in einem Bildtool ausgeben. Sie können aber auch die (frei verfügbaren) Bilder anderer Flickr-User auf Ihrer Jimdo-Page anzeigen.

Auf Ihrer Jimdo-Page im eingeloggten Zustand klicken Sie auf den Button „Element hinzufügen" bzw. auf das „+" beim Mouseover eines bestehenden Inhaltselements. Wählen Sie in dem sich öffnenden Menü den Bereich „Flickr".

Tipp: Treffen Sie zuerst ganz unten im Menü die Wahl, wie viele Fotos (maximal 30) Sie anzeigen möchten.

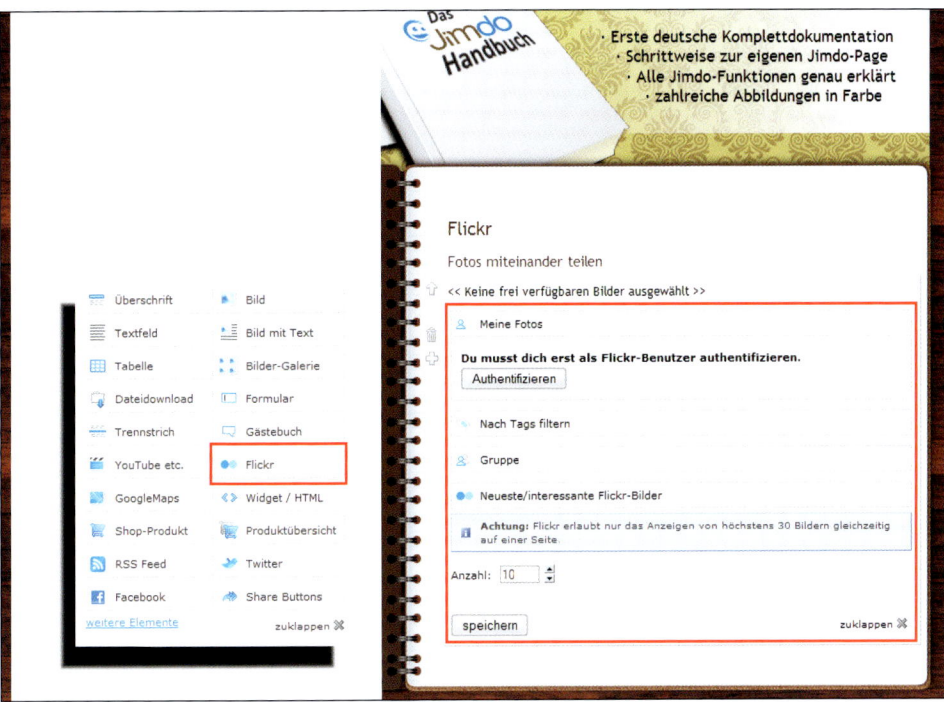

● „Meine Fotos": Möchten Sie mit eigenem Flickr-Account Ihre Bilder anzeigen? Dazu klicken Sie auf „Meine Fotos" und auf den Button „Authentifizieren". Es öffnet sich das Flickr-Login-Fenster, in das Sie Ihre Zugangsdaten eingeben. Anschließend können Sie hier die Bilder Ihres eigenen Accounts ausspielen.

● „Nach Tags filtern": Möchten Sie öffentliche Flickr-Bilder, die mit bestimmten Tags versehen sind, darstellen? Klicken Sie auf „nach Tags filtern" und geben Sie das Tag Ihrer Wahl ein.

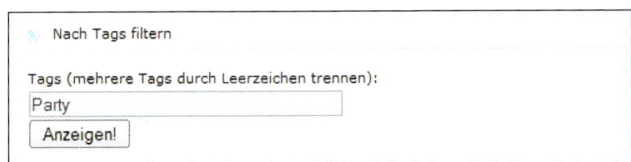

Es werden die neuesten Bilder, die mit dem entsprechenden Tag versehen sind, angezeigt. Editieren Sie im unteren Bereich die Anzahl der darzustellenden Bilder (ein Maximalwert von 30 ist erlaubt) und klicken Sie auf „speichern".

- „Gruppe": Möchten Sie öffentliche Flickr-Bilder, die zu einer öffentlichen Flickr-Gruppe gehören, darstellen? Klicken Sie auf „Gruppe" und geben Sie den Gruppennamen ein:

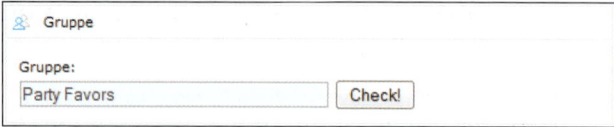

Klicken Sie anschließend auf „Check", damit Jimdo prüfen kann, welche Gruppen mit öffentlichen Bildern sich unter diesem Namen auf Flickr befinden.

Wenn es mehrere Gruppen gibt, erhalten Sie eine Übersicht der verfügbaren Gruppen, die Sie auswählen und somit bestätigen können.

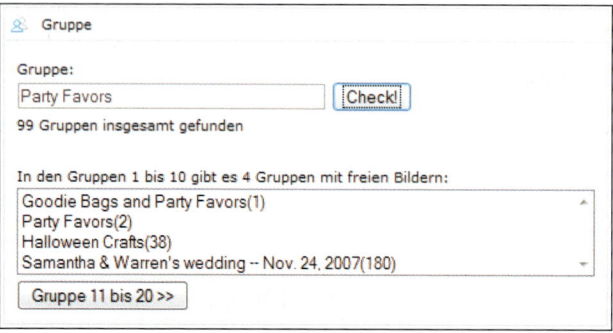

Anschließend lädt Jimdo die innerhalb der ausgewählten Gruppe verfügbaren Bilder. Klicken Sie nach Auswahl der Menge der anzuzeigenden Bilder auf „speichern".

- „Neueste/interessanteste Flickr-Bilder": Wenn Sie die jeweils neuesten öffentlichen Bild-Uploads oder die – nach der Anzahl der Zugriffe – als am interessantesten bewerteten Bilder in Ihre Jimdo-Page integrieren möchten, klicken Sie die letzte Option an.

  Sie erhalten ein Auswahlmenü, innerhalb dessen Sie Ihre Wahl treffen können.

Sobald Sie sich für eine Option entschieden haben, werden die jeweiligen Bilder geladen.

GoogleMaps

Jimdo verfügt über eine einfach zu bedienende Schnittstelle zu GoogleMaps. Hier können Sie z.B. Ihre Privat- oder Geschäftsadresse(n) in eine Kartenansicht bringen und Ihren Besuchern die technisch ausgereiften Kartenservices und Routenplaner von Google anbieten.

Auf Ihrer Jimdo-Page im eingeloggten Zustand klicken Sie auf den Button „Element hinzufügen" bzw. auf das „+" beim Mouseover eines bestehenden Inhaltselements. Wählen Sie in dem sich öffnenden Menü den Bereich „GoogleMaps".

Es öffnet sich eine Google-Weltkarte mit darunterliegendem Menü. Wählen Sie in diesem Menü zunächst aus, wie hoch Ihre Karte sein soll. Den Wert (er muss zwischen 100 und 1000 liegen) geben Sie in Pixeln an. Die Breite der Karte passt sich automatisch dem von Ihnen gewählten Layout an.

Geben Sie im darunterliegenden Bereich „Ort suchen" die Adresse an, die Sie mit GoogleMaps als Anzeige- und Zieladresse abbilden möchten. Die Adresse wird bei Klick auf „suchen" automatisch korrigiert, so dass z.B. „Domkloster 3 Köln" bei einer auffindbaren Adresse automatisch in „Domkloster 3, 50667 Köln, Deutschland" korrigiert wird.

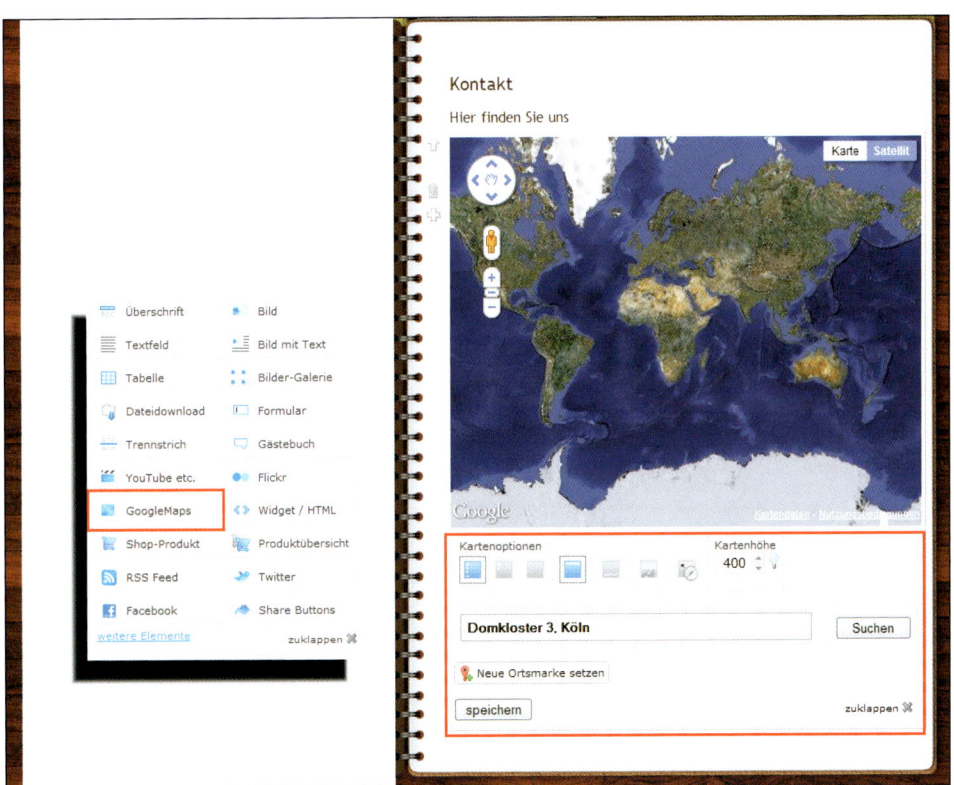

Klicken Sie auf „Neue Ortsmarke setzen" (es können auch mehrere Ortsmarken gesetzt werden, wenn Sie den Kartenausschnitt groß genug halten). Es öffnet sich auf der von Ihnen mit der Ortsmarke versehenen Adresse eine „Sprechblase", die per Klick mit weiteren Texten versehen werden kann.

Zoomen Sie die Karte mit den darin integrierten Bedienelementen nach Ihren Vorstellungen heran und verschieben Sie diese mit der Maus, bis der gewählte Ausschnitt Ihren Vorstellungen entspricht.

Über die Bedienelemente im Bereich „Kartenoptionen" können Sie folgende Funktionen nutzen:

① „Große Steuerung": Alle möglichen Bedienelemente wie Zoom, StreetView und Navigations-wippe sind in Ihrer Kartendarstellung integriert.

② „Nur Zoom": Die Karte bleibt für den Betrachter mit der Maus verschiebbar, aber die Navigation wird auf eine +/- Zoomsteuerung reduziert.

③ „Keine": Alle Bedienelemente werden auf der Karte ausgeblendet.

④ „Kartentypen": Hier können Sie einstellen, ob Ihr Besucher zwischen „Karten-" und „Satelliten-Ansicht" per Button wählen darf oder ob er den von Ihnen vorgegebenen Kartenmodus ohne Änderungsmöglichkeit übernehmen soll.

⑤ „Maßstab": Aktivieren oder deaktivieren Sie hier die Einblendung des Maßstabs der von Ihnen konfigurierten Karte.

⑥ „Straßensicht": Soll die Funktion „Straßenansicht" (StreetView) optional für Ihre Besucher zur Verfügung gestellt werden? Mit dieser Funktion wird ein – auf die Karte setzbares – gelbes Männchen als Funktion in die Karte eingeblendet. Für die Städte, in denen StreetView verfügbar ist, bedeutet die Aktivierung dieser Funktion den Wechsel in die Fußgänger-Fotoperspektive.

⑦ „Anfahrtsrouten": Wenn Sie diese Funktion einschalten, wird ein Routenplaner mit Ihrer Ziel-adresse aktiviert, den der Webseitenbesucher durch Eingabe der eigenen Startadresse aktivieren kann.

⑧ „Kartenhöhe": Hier geben Sie (in Pixeln) einen Wert zwischen 100 bis 1000 ein, um die Höhe Ihrer GoogleMap zu definieren. Standardmäßig ist die Kartenhöhe auf 400 eingestellt. Sie passt sich immer der Breite der jeweiligen Spalte Ihrer Jimdo-Page an.

Klicken Sie nach erfolgten Einstellungen auf „speichern", um die Karte – die jede Ihrer (auch mit der Maus und den Zoomeinstellungen gemachten) Voreinstellungen übernimmt – zu aktivieren.

Widgets und HTML

Mit „Widgets und HTML" gibt Ihnen Jimdo die Möglichkeit, kleinere Applikationen, iframes und Skripte in Ihre Seite zu integrieren, um eine Art Schnittstelle zu externen Systemen zu schaffen. Der Begriff „Widget" setzt sich zusammen aus den Begriffen *Window* und *Gadget* und bezeichnet ein Programmierobjekt, das in einem eigens dafür definierten und gestalteten Fenster „wohnt". Auch für die Möglichkeit, die Werbecodes aus einem Affiliate- oder Partner-Banner-Programm oder ein Webtracking-Tool auf Ihrer Seite einzubinden (siehe Seite 175), ist die Funktion „Widgets und HTML" die richtige Wahl.

Auf Ihrer Jimdo-Page im eingeloggten Zustand klicken Sie auf den Button „Element hinzufügen" bzw. auf das „+" beim Mouseover eines bestehenden Inhaltselements. Wählen Sie in dem sich öffnenden Menü den Bereich „Widgets und HTML". Als einzufügenden HTML-Code (der natürlich auf der Seite nicht als Text ausgegeben wird, sondern entsprechend vom Browser interpretiert wird) verwenden wir hier einen Quellcode aus dem Affiliate-Programm von Affili.net mit einem Werbebanner von Jimdo.

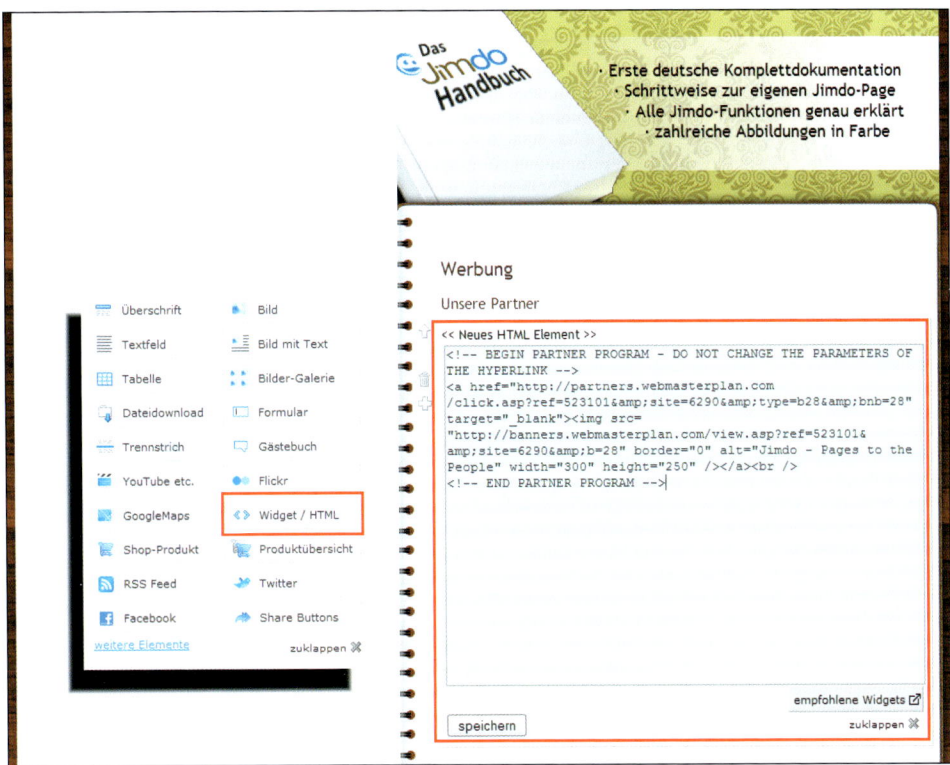

Fügen Sie den Quellcode der von Ihnen gewählten Applikation oder Funktion in das Textfenster ein und klicken Sie auf „speichern". Anschließend wird die Funktion des HTML-Codes auf Ihrer Seite sichtbar.

Da dieses Banner auf jeder Seite von jimdo-handbuch.de sichtbar sein soll, benutzen wir nach diesem Test die linke Spalte unserer Webseite, um unterhalb der Navigation das Banner mitlaufen zu lassen.

Wenn Sie sich mit HTML-Codes und Widgets nicht auskennen, gibt es hier einige Möglichkeiten, die Sie ausprobieren können, zum Beispiel die Funktion „Empfohlende Widgets", die Sie mit der Seite *http://de.jimdo.com/info/widgets-von-partnern/* verbindet. Hier finden Sie einige Jimdo-Partner, die sinnvolle und für Jimdo optimierte – vor allem kostenlose – Widgets anbieten.

Als Beispiel: pictogame.com

Bei Pictogame finden Sie kleine Online-Spiele, die Sie auswählen (teilweise selbst gestalten) und für Ihre Webseitenbesucher zur Verfügung stellen können.

Wenn Sie Ihr Spiel gefunden haben, sehen Sie im Bereich unterhalb des Spiels folgende Code-Box:

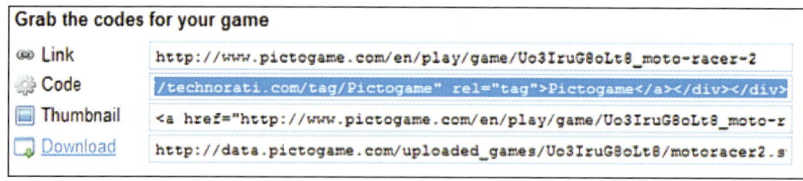

Kopieren Sie die Zeile „Code" und tragen Sie diese in das geöffnete Widget-Fenster ein. Anschließend speichern Sie Ihren Eintrag „Widgets und HTML" und haben nun ein feines kleines Online-Spiel auf Ihrer Jimdo-Page.

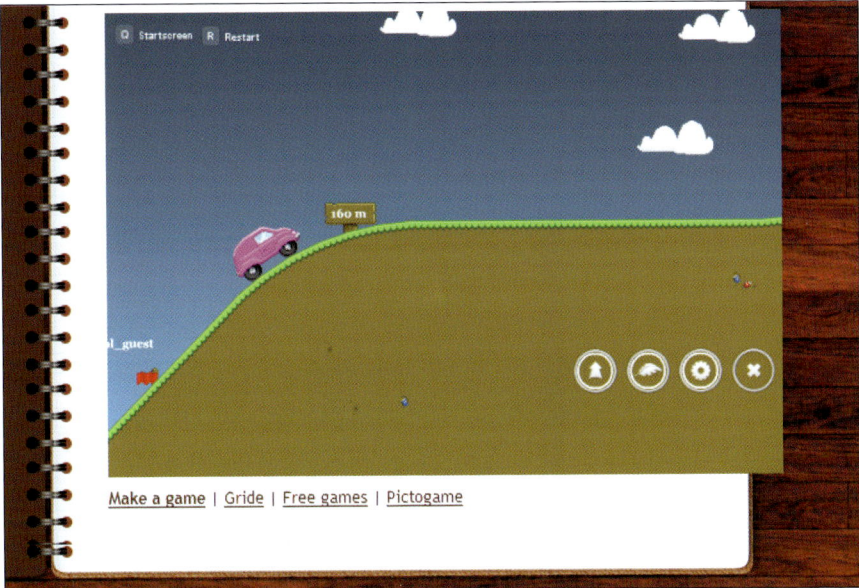

Dabei kann es (so wie im obigen Beispiel) vorkommen, dass ein Widget die Maße Ihres Layouts übersteigt und über den Rand hinausguckt. Das lässt sich – je nach Widget und Quelle – entweder individuell über die Fenstergröße einrichten, für Kenner im Quellcode beheben oder gar nicht steuern. Kurz: Der eine oder andere Kompromiss muss hier hin und wieder gemacht werden.

RSS-Feed

Wenn Sie Ihren Besuchern aktuelle News und Beiträge aus Webs präsentieren möchten, die regelmäßig per RSS-Feed publizieren, wählen Sie die Funktion „RSS Feed".

RSS bedeutet „Really Simple Syndication" („... extrem einfache Zusammenführung ...") und bedeutet das Abonnieren eines Kanals, der auf Basis von XML (Extensible Markup Language) Textinformationen zur Verfügung stellt. RSS-Feeds sind Standardfunktionen in vielen Nachrichtenwebs oder Blogs und zumeist mit dem folgenden Symbol gekennzeichnet:

Folgen Sie diesem Symbol auf den für Sie interessanten Webseiten.

Um einen RSS-Feed (egal, ob einen eigenen oder einen fremden) auf Ihrer Seite einzubinden, klicken Sie auf Ihrer Jimdo-Page im eingeloggten Zustand auf den Button „Element hinzufügen" bzw. auf das „+" beim Mouseover eines bestehenden Inhaltselements und wählen Sie in dem sich öffnenden Menü den Bereich „RSS Feed".

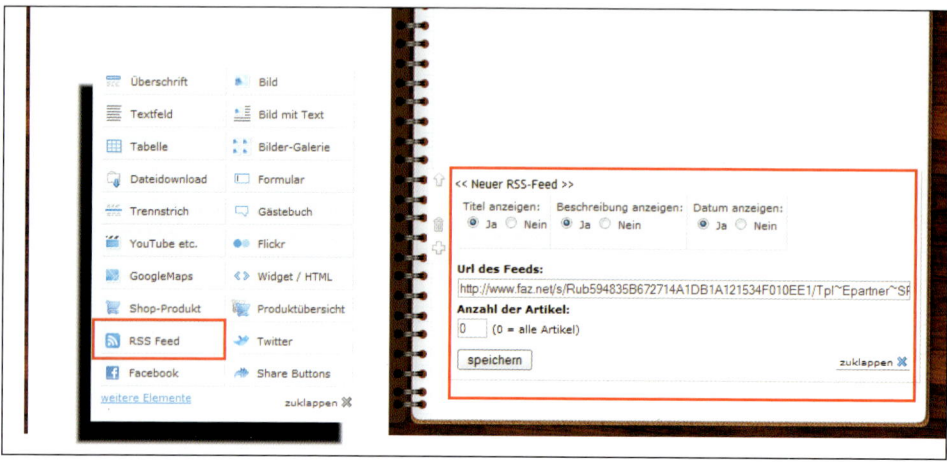

Kopieren Sie im nächsten Schritt den RSS-Link aus dem Blog oder Webangebot, dessen News Sie darstellen möchten, so wie hier im Beispiel von der Frankfurter Allgemeine Zeitung der RSS-Feed „Politik Inland". Der Feed-Name sieht in diesem Fall so aus und endet auf „.xml".

FAZ.NET http://www.faz.net/s/Rub594835B672714A1DB1A121534F010EE1/Tpl~Epartner~SRss_.xml

Kopieren Sie diese Feed-URL in das Fenster „Url des Feeds", geben Sie einen Wert zwischen „0" (bedeutet: alle Artikel anzeigen) und einer beliebigen sinnvollen Zahl in das Fenster „Anzahl der Artikel" ein.

In den darüberliegenden Funktionen können Sie wählen, ob Sie den Titel des Feeds (wird vom Inhaber des RSS-Feeds angegeben) einblenden möchten, ob Sie die RSS-Channel-Beschreibung anzeigen möchten und ob das Datum der jeweiligen Einträge auf Ihrer Seite ausgespielt werden soll. Anschließend klicken Sie auf „speichern".

Der fertige F.A.Z.-Inlands-Feed sieht dann folgendermaßen aus. Alle Links wie „mehr lesen" etc. öffnen ein neues Fenster auf faz.net, in welchem die im Feed angeklickten Inhalte angezeigt werden. Der Textlauf und das Layout des RSS-Feeds passen sich Ihrem Layout an.

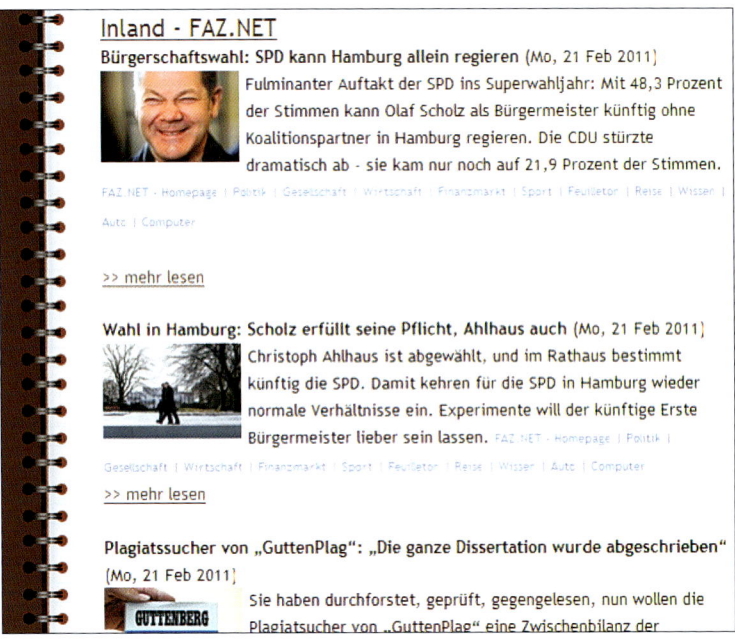

Der Vorteil von RSS-Feeds liegt darin, dass Sie – je nach Auswahl der Feeds – für Ihre Webseiten-besucher und gemäß Ihrer Analyse der eigenen Zielkundschaft zu einer Sammelstelle interessanter Informationen werden und permanent über aktuelle Informationen Dritter verfügen.

Da Sie – das ist von den Betreibern der RSS-Feeds gewünscht – externe Informationen in Text und Bild veröffentlichen, schaffen Sie – bei sorgsamer Auswahl der RSS-Feeds – einen wichtigen infor-mativen Mehrwert für Ihre Seite.

Twitter

Die Einrichtung eines Twitter-Follow verhält sich ähnlich wie die Anlage eines RSS-Feed. Bei Twitter befindliche Channels haben eine eindeutige URL, mit der Sie die Informationen des ausgewählten Kanals auf Ihrer Webseite einspielen können.

Auf Ihrer Jimdo-Page im eingeloggten Zustand klicken Sie auf den Button „Element hinzufügen" bzw. auf das „+" beim Mouseover eines bestehenden Inhaltselements. Wählen Sie in dem sich öff-nenden Menü den Bereich „Twitter".

Der Jimdo-Twitter ist bei Aufruf dieser Funktion bereits voreingestellt. Tauschen Sie den Eintrag „Jimdo" im Feld „Twitter Username" gegen den Benutzernamen des Twitter-Kontos, dessen Einträge Sie auf Ihrer Webseite publizieren möchten (im Beispiel der obigen F.A.Z. ist dies „FAZ_Topnews"). Wählen Sie die Anzahl der abzubildenden Artikel im Feld „Anzahl" und klicken Sie auf „speichern".

Sie können auch mehreren Twitter-Accounts untereinander folgen.

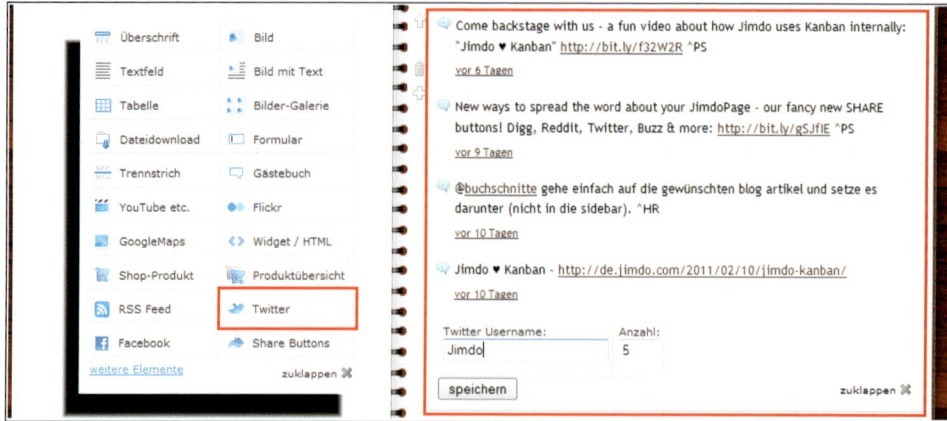

Die meisten Twitter-Links öffnen übrigens im gleichen Fenster wie Ihre Jimdo-Page. Das ist deswegen eine interessante Information, weil Sie mit dem Einsatz eines Twitter-Eintrags auch Webseitenbesucher verlieren können, wenn sich diese von Ihrer Seite unwissentlich wegklicken.

Facebook

Die Funktion „Facebook" ermöglicht es Facebook-Nutzern – von denen es bekanntlich eine ganze Anzahl gibt –, Ihre Jimdo-Page zu „mögen" (Funktion „Like Button"), eine gegebenenfalls angelegte Jimdo-Fanpage zu Ihrer Seite zu unterstützen (Funktion „Like Box") oder sich in seiner Eigenschaft als Facebook-Nutzer und Besucher Ihrer Seite dort mit dem eigenen Facebook-Foto als zufriedener Besucher Ihrer Seite zu verewigen (Funktion „Facepile").

Auf Ihrer Jimdo-Page im eingeloggten Zustand klicken Sie auf den Button „Element hinzufügen" bzw. auf das „+" beim Mouseover eines bestehenden Inhaltselements. Wählen Sie in dem sich öffnenden Menü den Bereich „Facebook". Sollte der Button hier nicht auftauchen, müssen Sie die Funktion „Facebook" unter „Einstellungen" > „Extra Tools" aktivieren.

Like-Button

Der Like-Button ist die unauffälligste und – vom Platzverbrauch her – kleinste Art, ein Facebook-Plug-in zu platzieren. Für die Verwendung des Like-Buttons benötigen Sie kein eigenes Facebook-Konto oder eine Facebook-Fanseite, da hier die URL Ihrer Jimdo-Page „gemocht" und somit automatisch von Facebook-Usern in ihrem sozialen Umfeld bei Facebook gepostet, also kostenlos beworben wird.

Für den Like-Button haben Sie die Möglichkeit, zwischen folgenden Darstellungen zu wählen:

- Like-Button, Stil „Standard" (mit integrierter Facebook-Registrierungsaufforderung)

- Like-Button, Stil „Button" (mit Personenzähler für „likes" – wie viele Facebook-Nutzer fanden diese Seite gut?)

- Like-Button, Stil „Box" (minimale Darstellung)

Weitere Einstellungen für den Like-Button sind:

- Gesichter (anzeigen) – funktioniert beim „Like-Button" nur bei der Einstellung „Standard": In diesem Fall wird eine begrenzte Anzahl Profilbilder der Facebook-User, die Ihre Seite mochten, angezeigt, was etwas mehr Platz für dieses Plug-in in Anspruch nimmt.

- Farbschema „hell" oder „dunkel"

Like-Box

Für die Verwendung der Like-Box benötigen Sie einen eigenen Facebook-Account bzw. eine Facebook-Fanseite, auf die Sie Ihre „Fans" verweisen.

Die Facebook-Fanseite von Jimdo hat die URL *facebook.com/jimdo*. Ein Facebook-Konto oder eine Fanseite erstellen kann jeder bei Facebook völlig kostenlos.

URL Facebook Seite	Gesichter	Stream	Farbschema
facebook.com/jimdo	☑	☑	hell ▾

○ Like Button
◉ Like Box
○ Facepile

[speichern]   zuklappen ✖

Geben Sie bei Auswahl der „Like-Box" die URL Ihrer Facebook-Seite ein. Aktivieren oder deaktivieren Sie die Option „Gesichter", um die Profilbilder Ihrer Facebook-Fans ein- oder auszublenden. Die Checkbox „Stream" ermöglicht es Ihnen, die selber verfassten Einträge auf der Pinnwand Ihrer Facebook-Fanseite hier anzuzeigen (was wieder einigen Platz in Anspruch nimmt). Mit den Farbschemen „hell" und „dunkel" können Sie die Gestaltung der „Like-Box" in zwei Varianten auswählen. Klicken Sie anschließend auf „speichern". Eine komplette „Like-Box" mit allen aktiven Optionen sieht (am Beispiel Jimdo-Fanpage) wie folgt aus:

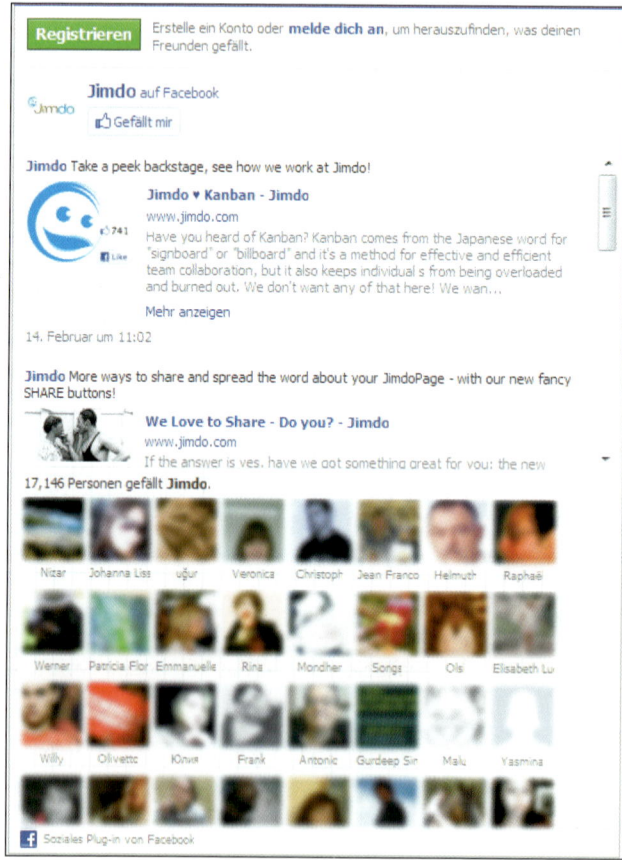

Dabei bildet der Bereich mit dem Scrollbalken ab, was in der Einstellung oben als „Stream" bezeichnet wird, also sozusagen die „Blogroll" Ihrer Facebook-Fanseite.

Facepile

Die Funktion „facepile" ist eine eher subtil anmutende Anordnung der Profilfotos jener Facebook-User, die Ihre Jimdo-Page gut fanden und sie über die Funktion „gefällt mir" in ihrem Facebook-Account empfohlen haben.

Dabei taucht neben der Empfehlungsfunktion eine – von Ihnen bestimmbare – Anzahl von Zeilen mit den aneinandergereihten Profilfotos der Ihre Seite befürwortenden Facebook-User auf.

Diese Funktion können Sie mit Ihrer eigenen URL (also in diesem Fall *www.jimdo-handbuch.de*) nutzen, da es sich um eine Link-Empfehlung für Ihre eingetragene Webseite auf Ihrem Facebook-Profil handelt, nicht um einen „Faneintrag".

Sie benötigen also ein Facebook-Konto, aber keine Fanseite.

Tragen Sie Ihre Webseite (inklusive http://www...) in das Feld „URL" ein und geben Sie die Anzahl der Zeilen ein, die mit den Profilfotos Ihrer Unterstützer belegt werden sollen. Klicken Sie anschließend auf „speichern". Solange niemand Ihre Webseite aktiv „gut findet", ist die Box übrigens ausgeblendet.

Share Buttons

Share Buttons sind eine sehr gute Möglichkeit (ebenso wie die Facebook-Funktion), die kostenlose Weiterempfehlung Ihrer Webseite zu managen. Hier können Link-Buttons zu Facebook, zu bekannten Link-Communities und eine E-Mail-Weiterempfehlung aktiviert werden. Die Auswahl der Webservices ist vorgegeben.

Auf Ihrer Jimdo-Page im eingeloggten Zustand klicken Sie auf den Button „Element hinzufügen" bzw. auf das „+" beim Mouseover eines bestehenden Inhaltselements. Wählen Sie in dem sich öffnenden Menü den Bereich „Share Buttons".

Sollte der Button hier nicht auftauchen, müssen Sie die Funktion „Share Buttons" unter „Einstellungen" > „Extra Tools" erst aktivieren.

Wählen Sie die Größe der Buttons (in 16, 32 und 64 Pixeln) aus und bestimmen Sie, ob diese farbig oder in Graustufen (schwarz-weiß) angezeigt werden sollen. Diese Entscheidung können Sie vom Design abhängig machen. Wählen Sie weiterhin über die darunterliegenden Checkboxen die von Ihnen gewünschten Funktionen und die Link-Community aus. Die Funktion „E-Mail" generiert – wenn ein Besucher Ihrer Webseite den entsprechenden Button klickt – eine E-Mail mit Ihrer URL darin.

Die Funktionen

- Facebook,

- Google Buzz,

- E-Mail und

- Twitter

sollten Sie in jedem Fall auswählen.

Eine Empfehlung: Wählen Sie eine sinnvolle Platzierung für die „Share Buttons". Wenn Sie diese im zentralen Inhaltsbereich Ihrer Webseite platzieren wollen, wird die Empfehlung für genau diese Unterseite (www.ihredomain.de/unterseite/) generiert und Sie sollten die Buttons auf jeder Inhaltsseite Ihrer Jimdo-Page dann einzeln einrichten, damit auch jede Unterseite empfohlen werden kann. Wählen Sie hingegen eine Platzierung in umgebenden Inhaltsbereichen (also unterhalb der Navigation oder in der rechten Content-Spalte), sind diese Einträge bei einmaliger Einrichtung auf jeder Seite vorhanden und übermitteln Ihre eigentliche Webadresse (www.ihredomain.de) ohne angehängte Unterseite im Weblink.

9 Weitere Elemente

Sie haben die Möglichkeit, weitere Funktionen innerhalb der Jimdo-Inhaltsfunktionen für Ihre Webseite hinzuzufügen. Auf Ihrer Jimdo-Page im eingeloggten Zustand klicken Sie auf „Element hinzufügen" bzw. auf das „+" beim Mouseover eines bestehenden Inhaltselements. Wählen Sie in dem sich öffnenden Menü den untersten Textlink „weitere Elemente".

Das rechte Jimdo-Flyout öffnet ein Menü, mit dem Sie weitere Funktionen für Ihre Jimdo-Page aktivieren können. Diese Menüpunkte (von denen zwei bereits aktiviert sind) finden Sie nach dem Speichern in den Jimdo-Inhaltsfunktionen beim Hinzufügen oder Bearbeiten Ihrer Inhalte.

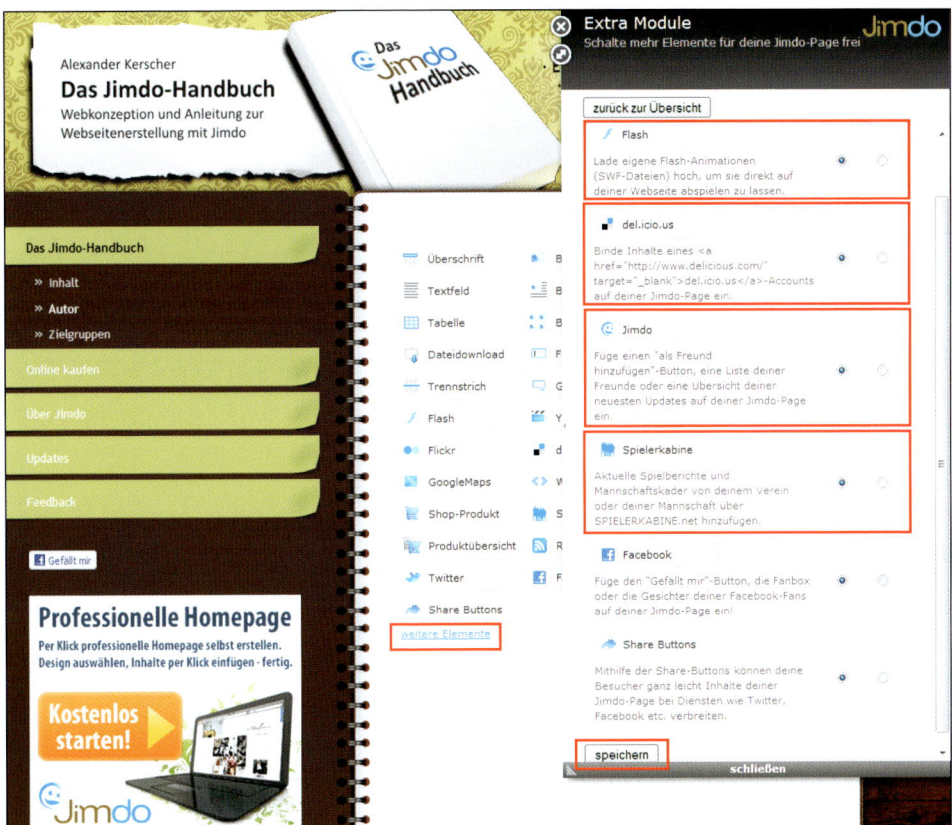

Die Funktionen sind

- „Flash",

- „del.icio.us",

- „Jimdo" (als Freund hinzufügen) und

- „Spielerkabine".

Achten Sie darauf, nachdem Sie die Änderungen mit den Radiobuttons „an" und „aus" vorgenommen haben, abschließend auf „speichern" zu drücken, damit die Änderungen in Ihr Inhalts-Menü übernommen werden. Auf dem gleichen Wege kann das Menü von den hier hinterlegten Funktionen auch wieder befreit werden.

Flash

Sie können mit dieser Funktion SWF-Objekte in Ihre Jimdo-Page hochladen und verwenden. Voraussetzung dafür, dass diese beim Webseitenbesucher auch abgespielt werden, ist die Installation eines geeigneten Flash-Players bzw. das Shockwave-Plug-in im Browser des Besuchers. Obwohl man mit Flash zauberhafte Dinge erstellen kann, ist der Einsatz von Flash nicht nur aus dem obigen Grund immer eine Frage der Notwendigkeit. Browser, die über kein entsprechendes Plug-in verfügen, sowie Apples iPad, das iPhone und sicherlich auch weitere Hardware der Zukunft boykottieren den Einsatz von Flash. Die Diskussion darüber kann man aus vielen Blickwinkeln betrachten.

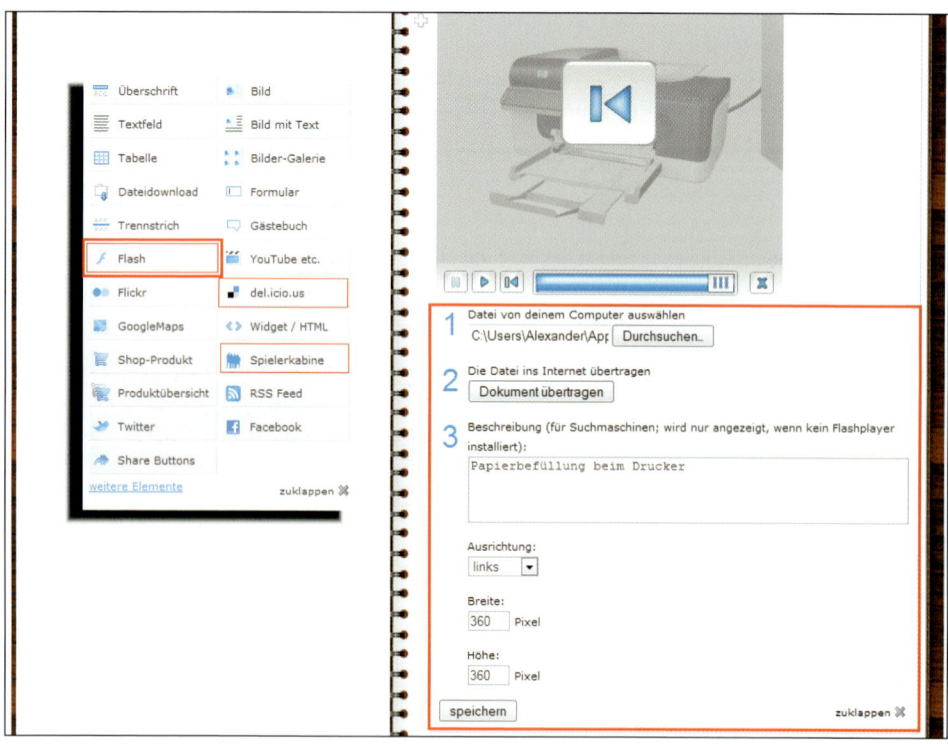

Auf Ihrer Jimdo-Page im eingeloggten Zustand klicken Sie auf den Button „Element hinzufügen"
bzw. auf das „+" beim Mouseover eines bestehenden Inhaltselements. Voraussetzung ist, dass Sie
die auf Seite 107 beschriebene Aktivierung der „Flash"-Funktion vorgenommen haben. Wählen Sie
in dem sich öffnenden Menü den Bereich „Flash". Achten Sie auch bei dieser Funktion auf die mit
den Ziffern 1 bis 3 gekennzeichneten Funktionen. Zunächst suchen Sie (1) die SWF-Datei aus einem
der Laufwerke Ihres Rechners heraus. Klicken Sie auf „Dokument übertragen" (2), um die Datei ins
Internet zu laden. Geben Sie unter 3 eine Beschreibung der in Ihrer SWF-Datei enthaltenen Inhalte
wieder, die gemäß der eingeklammerten Bemerkung nur angezeigt wird, wenn auf dem Browser
Ihres Webseitenbesuchers kein Flash-Plug-in (auch Flashplayer genannt) installiert ist.

Mit „Ausrichtung" definieren Sie den Stand des SWF-Objekts (links, zentriert oder rechts), da es
nicht unbedingt ein von der Breite her genau in das Layout Ihrer Jimdo-Page hineinpassendes Objekt
sein muss. Allerdings wird die Abbildung des Flash-Objekts am rechten Rand Ihres Inhaltsbereichs
getrennt, sofern es die zulässige Größe für Ihr Layout überschreitet. Die Höhe kann beliebig definiert
werden. Die „Breite" und die „Höhe" – die Sie in Pixeln definieren können – passen sich zunächst
automatisch der Größe des Objekts bzw. (wenn größer) der maximalen Breite Ihres Layouts an.
Sie können die Werte mit den im vorigen Absatz beschriebenen Restriktionen beliebig verändern.
Abschließend klicken Sie auf „speichern", um das Flash-Objekt in Ihrer Seite einzubinden.

FLV-Dateien (also Flash-Filmdateien) können mit dieser Funktion nicht eingebettet werden. Laden
Sie Ihre FLV-Videos zum Beispiel bei YouTube in einem eigenen Account hoch, um diese mit der
Funktion „YouTube etc." einzubinden.

Del.icio.us

Wenn Sie ein User der Linkcommunity del.icio.us sind und sorgsam Ihre Links dort abspeichern, gibt
Ihnen Jimdo die Möglichkeit, Ihre Bookmarks (auch gefiltert nach Tags, die Sie verwenden) oder die
Bookmarks eines anderen del.icio.us-Users zu importieren, um die Links auf Ihrer Jimdo-Page zur
Verfügung zu stellen.

Auf Ihrer Jimdo-Page im eingeloggten Zustand klicken Sie auf den Button „Element hinzufügen"
bzw. auf das „+" beim Mouseover eines bestehenden Inhaltselements. Voraussetzung ist, dass Sie die
auf Seite 108 beschriebene Aktivierung der „del.icio.us"-Funktion vorgenommen haben. Wählen Sie
in dem sich öffnenden Menü den Bereich „del.icio.us".

Geben Sie die Anzahl der Links, die Sie maximal anzeigen möchten, in das Feld „Anzahl" ein. Die
Option „Details anzeigen" bestimmt im Aussehen der Links später, ob dazugehörende Details wie z.B.
persönliche Bemerkungen/Beschreibungen, die Sie bei del.icio.us abgespeichert haben, mit ausgegeben werden sollen.

Zusätzlich haben Sie die Wahl zwischen drei unterschiedlichen Styles (die sich nicht wirklich wesentlich voneinander unterscheiden).

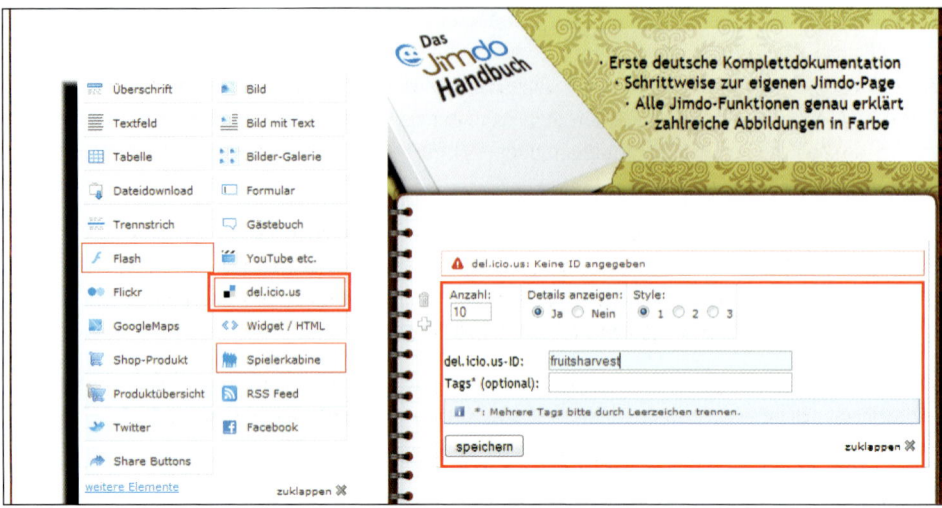

Im Feld „del.icio.us-ID" geben Sie Ihre oder die gewünschte ID ein. Die optionalen „Tags" erlauben es Ihnen (getrennt durch Leerzeichen), nur Links dieses Accounts auszugeben, die unter dem eingegebenen Tag auch abgespeichert wurden. Die Eingabe der Tags ist optional.

Anschließend klicken Sie auf „speichern", um diese – sich aktualisierende – Link-Liste in Ihrer Jimdo-Page abzuspeichern. Leider öffnen sich die Links von del.icio.us im selben Fenster wie Ihre Jimdo-Page, so dass auch hier die Vermutung naheliegt, dass Sie durch den Einsatz dieser Links Webseitenbesucher verlieren könnten.

Etwas Positives ist natürlich auch dabei: Auf andere Webseiten zu verlinken, bringt Sie in der Gunst der Suchmaschinen weiter nach vorne in deren Ranking.

Spielerkabine

„Spielerkabine" ist ein Tool, welches die Mannschaftsaufstellung und den Spielbetrieb rund um die eigene Fußballmannschaft managt. Um dieses Gadget zu nutzen, müssen Sie zunächst eine Mannschaft auf www.spielerkabine.net anlegen oder eine dort bereits angelegte Mannschaft namentlich kennen.

Auf Ihrer Jimdo-Page im eingeloggten Zustand klicken Sie auf den Button „Element hinzufügen" bzw. auf das „+" beim Mouseover eines bestehenden Inhaltselements. Voraussetzung ist, dass Sie die auf Seite 108 beschriebene Aktivierung der „Spielerkabine"-Funktion vorgenommen haben. Wählen Sie in dem sich öffnenden Menü den Bereich „Spielerkabine".

Sie erhalten ein Eingabefeld, in welchem Sie gebeten werden, den Namen Ihrer Fußballmannschaft einzugeben, welche – wie erwähnt – bereits auf Spielerkabine.net existieren muss.

Bei mehreren Mannschaften, die Ihrer Suchanfrage entsprechen, erhalten Sie ein Auswahlmenü. Klicken Sie die korrekte Mannschaft an.

Klicken Sie nun (vor dem Speichern) auf „jetzt konfigurieren", um die Einstellungen für die Darstellung zu übernehmen. Es öffnet sich das folgende Menü mit zahlreichen anpassbaren Funktionen:

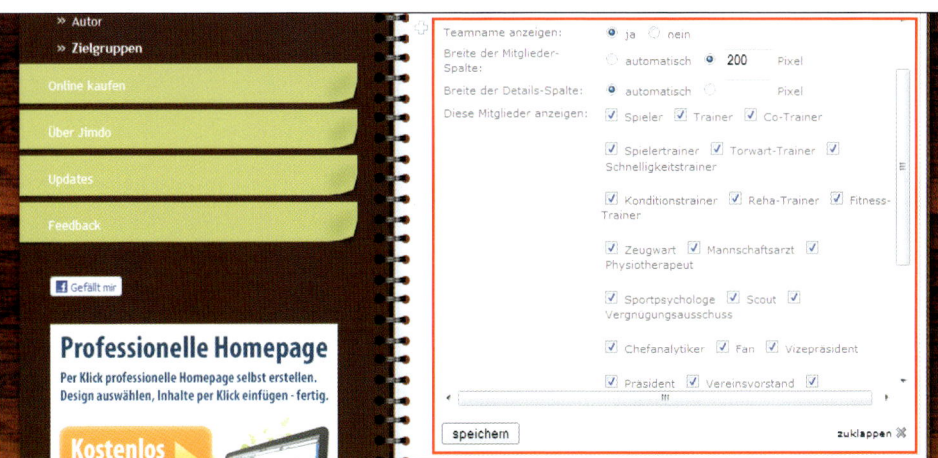

Wählen Sie alle gewünschten Anzeigeoptionen aus, achten Sie dabei auf die beiden Reiter „Mannschaft" und „Spielbetrieb", welche Ihnen unterschiedliche Darstellungsoptionen ermöglichen, und klicken Sie anschließend auf „speichern". Die Informationen zur Mannschaft und zum weiteren Spielbetrieb (Termine etc.) werden nun aus spielerkabine.net ausgelesen und auf Ihrer Webseite angezeigt. Die Verwaltung der Stammdaten findet unverändert auf spielerkabine.net statt.

10 Der Blog

Der Begriff *Blog* setzt sich zusammen aus den Begriffen *Web* und *Log* und definiert eine Art Loggbuch bzw. „Tagebuch" im Internet.

Die genaue Anzahl (aus über 140 Millionen weltweit indizierten Blogs) in deutscher Sprache lässt sich nur in etwa abschätzen. Laut allwissendem Internet existieren derzeit (inklusive aller Corporate-Blogs) mehr als eine Million deutschsprachiger Blogs in unterschiedlichem Qualitätszustand.

Blogging ist ein Teil des Mitmach-Internets geworden und nimmt einen ordentlichen Bestandteil der relevanten Informationsstruktur im Web ein.

Folgende Begriffe könnten Sie interessieren:

- **Blogroll**: eine Liste von Links zu anderen Blogs innerhalb des eigenen. Jimdo unterstützt diese Blogrolls nicht bzw. bietet derzeit keine eigene Funktion dafür an.

- **Permalinks**: die (weitgehend unverändliche) im Blog fest definierte URL (bzw. sog. Deeplink) auf einen bestimmten Blog-Eintrag. RSS-Feeds (ein XML-basierter „Nachrichtenkanal", der Abonnenten über neue Einträge Ihres Blogs informiert) benutzen diese Permalinks als Zieladresse.

- **Posts**: die Einträge eines Blogs

- **Thread**: die Summe der Einträge zu einem bestimmten Thema bzw. die chronologische Reihenfolge von Kommentaren und Diskussionen zu einem bestimmten Thema in einem Blog oder einem Diskussionsforum.

- **Trackback/Pingback**: die sichtbare Dokumentation über Referenzierungen Ihres Blogs auf andere Blogs und umgekehrt. Track- und Pingbacks werden vom Jimdo-Blog unterstützt.

Der Jimdo-Blog ist aktuell im Beta-Stadium, aber dennoch sehr ausgereift. Und Google & Konsorten lieben ihn bei der Suchmaschinenerfassung.

Der Jimdo-Blog bietet Ihnen die Möglichkeit, alle Gestaltungsfunktionen für Inhalte, die Ihnen das Jimdo-System bietet, innerhalb einer Blog-Struktur zu führen. Und wie bei Jimdo üblich: Das Setup besteht im Grunde aus einem einzigen Klick.

Was sind die Voraussetzungen für erfolgreiche Blogs?

Dies lässt sich kurz beantworten. Um einen guten und erfolgreichen Blog zu führen, sollten Sie vor allem Folgendes tun: regelmäßig schreiben (egal in welcher Frequenz). Und zwar zu einem bestimmten Thema, dem Sie treu bleiben und innerhalb dessen Sie sich wirklich auskennen.

Nur so werden Sie – sofern dies in Ihrem Interesse liegt – regelmäßige „Follower" (also Leser) haben, die sich mit Ihrem publizistischen Wirken auseinandersetzen. Zuviel Themendurcheinander ist nur erfolgreich, wenn es wirklich unterhaltsam ist.

Aktivieren und Anlage des Blogs

Klicken Sie im eingeloggten Zustand auf die Funktion „Blog" in der rechten Jimdo-Menüleiste.

Klicken Sie trotz der etwas irreführenden Überschrift „Blog-Artikel" auf den Link „Einen Blog für meine Webseite einrichten" und auf der Folgeseite auf den Link „Jetzt deinen ersten Blog-Artikel verfassen", denn erst mit diesem Geburtsschrei hauchen Sie Ihrem Blog sein Leben ein.

Blog-Einträge schreiben

Keine Angst vor dem Ausprobieren: Ihre Blog-Einträge sind erst einmal nicht sichtbar, da Sie diese zunächst als Entwurf schreiben. Auch muss Ihr Blog erst in Ihrer Jimdo-Page an einer beliebigen Stelle eingebunden werden, um ihn anzuzeigen. Sie können also ganz entspannt ein bisschen herumprobieren.

In der oberen Sektion Ihres ersten und der zukünftigen Blog-Einträge finden Sie die Einstellungen zu Kommentaren (erlauben oder nicht erlauben), den Status des Eintrags (Öffentlich oder Entwurf) sowie Datum und Uhrzeit des Blog-Eintrags.

Wählen Sie die Einstellungen nach Ihren Wünschen (der Eintrag „Öffentlich" bedeutet übrigens, dass der Eintrag öffentlich sichtbar ist, sofern Sie Ihren Blog bereits in Ihrer Webseite eingebunden haben). Das Datum und die Uhrzeit des Blog-Eintrags können Sie (auch nachträglich) durch Klick auf das kleine Kalendersymbol bzw. Uhrzeitsymbol jederzeit ändern.

Damit entscheiden Sie auch über die Reihenfolge, in der Ihre Blog-Einträge – weil nach Datum und Uhrzeit sortiert – erscheinen.

Geben Sie in dem Feld „Titel" den Namen des Blog-Eintrags ein (er sollte griffig und nicht allzu lang sein) und wählen Sie unter „Kategorien" die vom System unbedingt benötigte Kategorie. Sie können beliebig viele Kategorien anlegen und genauso gut bei einer einzigen bleiben. Je nachdem, wie Sie später Ihren Blog führen möchten, können zu viele (nicht bediente) Kategorien eher hinderlich und für den Leser verwirrend sein.

Sobald Sie auf „Speichern" klicken, ist der Eintrag (zunächst ohne Inhalt) gespeichert, ebenso wie die Kategorie, die Ihnen beim Schreiben des nächsten Blog-Eintrags wieder angeboten wird, sofern Sie keine neue Kategorie hinzufügen möchten.

Inhalte des Blog-Eintrags

Unter „+ Element hinzufügen" wählen Sie nun zwischen all den Funktionen, die Ihnen für die Inhaltseinpflege bei Jimdo gemäß der Kapitel ab Seite 57 ff. beschrieben wurden. Eine weitere Überschrift brauchen Sie natürlich nicht hinzuzufügen, da Sie diese ja bereits im vorigen Schritt gesetzt haben.

Speichern Sie Ihren Text, Ihre Bilder etc. ab. Sie können den Blog-Eintrag aus beliebig vielen untereinander gestellten Elementen bestehen lassen. Text ist natürlich der erwartete Inhalt Ihrer Leser. Da Jimdo aber jede Menge Inhaltsfunktionen bietet, können Sie hier Texte, Bilder, Videos, Link-Sammlungen etc. integrieren.

Das Datums-Icon oben rechts wird automatisch gesetzt und ändert sich nur, wenn Sie (wie oben beschrieben) das Datum Ihres Blog-Eintrags manuell ändern. Das Datumssymbol kann im Blog bei den Einträgen nicht entfernt werden.

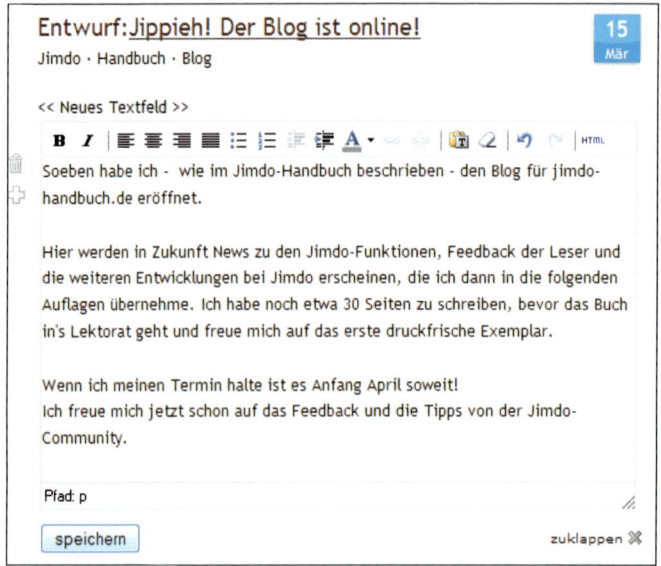

Kommentarfunktionen einstellen

Indem Sie auf den unter Ihrem Blog-Eintrag stehenden Bereich „0 Kommentare – Es sind noch keine Einträge vorhanden" klicken, öffnet sich die Verwaltung für die Kommentarfunktionen dieses Blog-Eintrags. Hier können Sie folgende Einstellungen vornehmen und abspeichern:

- **Kommentare oder Gästebuch:** Bei der Einstellung „Kommentare" finden Sie die neuesten Einträge ganz unten in der Kommentarliste, bei der Einstellung „Gästebuch" immer den neuesten ganz oben.

- **Moderieren:** Möchten Sie hinterlassene Einträge erst sehen und freigeben bzw. löschen, bevor sie öffentlich sichtbar sind?

- **E-Mail-Benachrichtigung:** Wenn Sie über neue Kommentare (egal ob bereits freigegeben oder wartend) per E-Mail an Ihre in den „Einstellungen" hinterlegte E-Mail-Adresse informiert werden möchten, aktivieren Sie diese Funktion.

- **Diskussion aktiv:** Erlaubt es Ihnen und Ihren Besuchern, Kommentare zu kommentieren und daraus echte „Threads" ähnlich einem Diskussionsforum zu entwickeln. Sie können hiermit bestehende Diskussionen auch zu einem beliebigen Zeitpunkt beenden.

- **„Captcha (Spamschutz)":** Aktivieren Sie diese Funktion, um die Kommentarfunktion Ihrer Blog-Einträge zu schützen. Ihr Besucher muss zum Absenden seines Kommentars zusätzlich eine Buchstabenkombination eingeben.

- **Avatarbilder:** Hiermit werden die (Avatar-)Bilder von eingeloggten Jimdo-Usern (sofern sie in deren Einstellungen hinterlegt wurden) deren Kommentaren hinzugefügt.

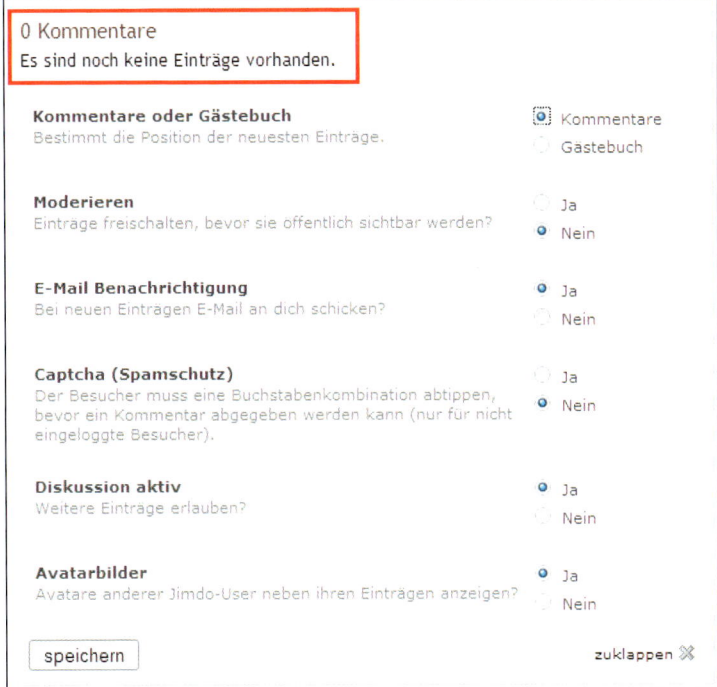

Trackbacks versenden

Wenn Sie einen Trackback für Ihren Blog-Eintrag an Ihre (Sie abonnierenden) Leser versenden möchten, klicken Sie mit der rechten Maustaste auf den Eintrag „Trackback-URL für diesen Artikel" unterhalb Ihres Blog-Eintrags und wählen Sie im Maus-Menü „Link-Adresse kopieren".

Klicken Sie nun auf „Trackbacks senden" im darunterliegenden Bereich und fügen Sie die soeben kopierte URL in dem aufklappenden Bereich unter „Trackback URL" mit Strg + V oder per rechter Maustaste > „Einfügen" ein.

Sie können optional eine (sehr kurze) Zusammenfassung des Artikels im darunterliegenden Feld schreiben und klicken anschließend auf „senden".

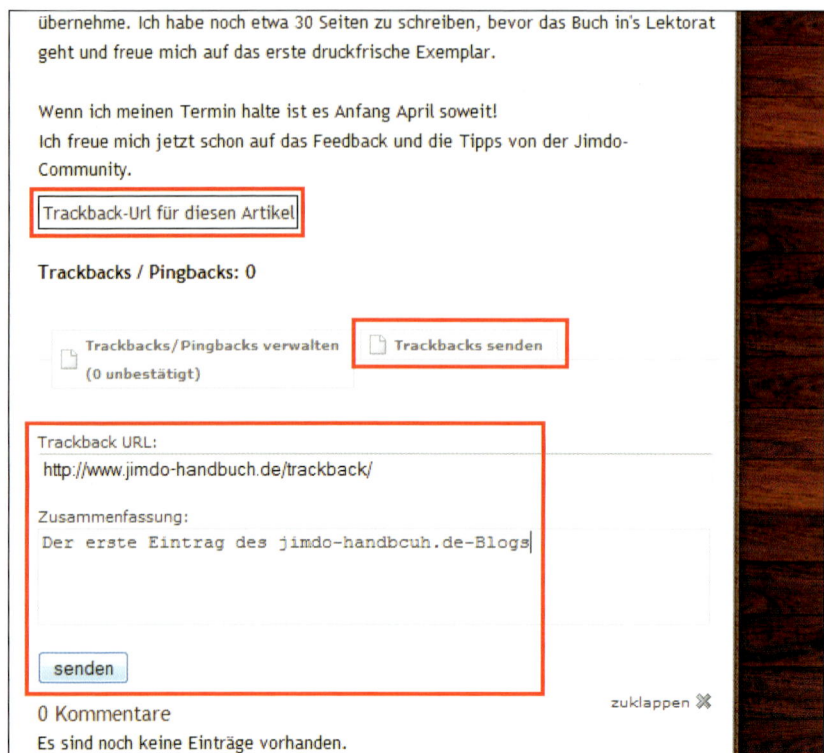

Unter „Blog" > „Trackbacks/Pingbacks" können Sie Ihre Trackbacks verwalten und natürlich eingehende bestätigen.

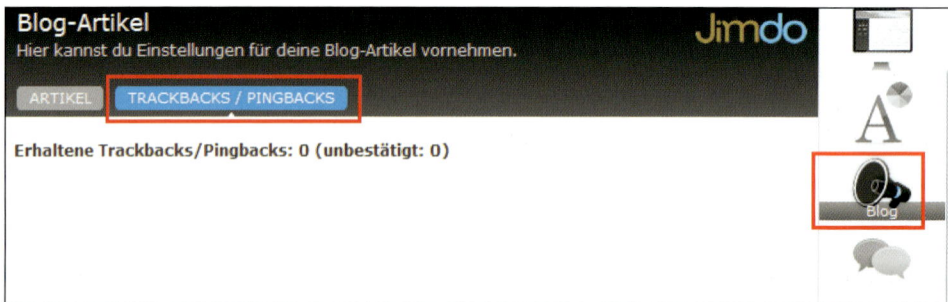

Weitere Einträge schreiben

Na, macht"s Spaß? Beim Klick auf „Blog" kommen Sie fortan zu einer Übersicht der von Ihnen geschriebenen Artikel, die Sie hier per Klick auf den Titel bearbeiten oder auch löschen können.

Per Klick auf das im Menü unten links befindliche Feld „Neuen Artikel schreiben" kommen Sie erneut in die Erstellungsmaske für Blog-Einträge, in der Sie alle oben erläuterten Funktionen wieder vornehmen können.

Zusätzlich verfügen Sie über eine Suchmaske für Ihre Blog-Einträge und die beiden Kartenreiter „Alle" und „Entwürfe", was sich bei der Arbeit mit einer stark gewachsenen Anzahl von Blog-Einträgen als sehr hilfreich für die Orientierung erweist.

Einbindung des Blogs

Nach Durchführung der obigen Schritte existiert Ihr Blog nun und verfügt bereits über den ein oder anderen Eintrag. Nun müssen Sie ihn in Ihrer Jimdo-Page platzieren, damit er Ihren Besuchern zur Verfügung steht.

Wenn der Blog das zentrale Element Ihrer Page darstellt, binden Sie ihn natürlich auf der Startseite ein. Wenn er für einen untergeordneten Bereich verwendet wird, bekommt der Blog eine Unterseite.

Nachdem Sie den Blog durch seine Einrichtung aktiviert haben, verfügen Sie über den Menüpunkt „Bloganzeige" in Ihrem Jimdo-Menü, mit dem Sie die unterschiedlichen Inhaltselemente auf Ihrer Jimdo-Page steuern.

Klicken Sie sich mit der Navigation auf die Seite, in der Sie den Blog einfügen möchten, klicken Sie auf das +-Symbol, um einen neuen Inhalt hinzuzufügen, und wählen Sie „Bloganzeige". Der Blog wird nun auf dieser Seite platziert.

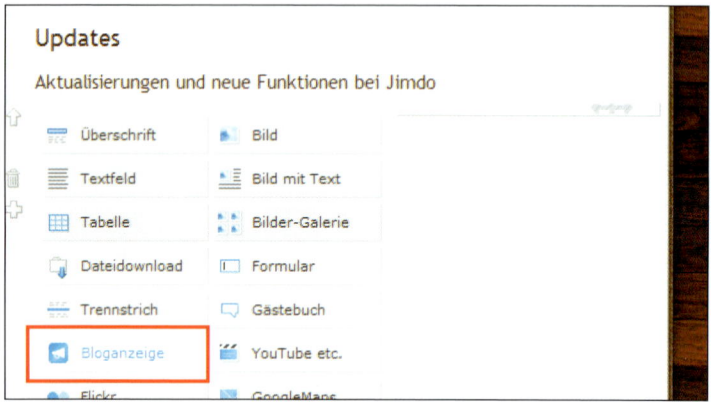

Sobald Sie den Blog mit dieser Funktion platziert haben, erscheint er und zusätzliche Funktionen werden eingeblendet, mit denen Sie bestimmen können, wie viele Artikel angezeigt und ob diese Einträge „angeteasert" werden sollen.

Die Funktionen sind:

- „Anzahl": Wie viele Artikel Ihres Blogs sollen angezeigt werden? Die Standardeinstellung steht auf „alle".

- „Kategorien": Wenn Sie mehrere Kategorien für Ihre Einträge bei der Erstellung der Artikel angelegt haben, können Sie diese hier auswählen oder den Standardeintrag „alle" stehen lassen.

- „Teaserlänge": Mit wie vielen Zeilen des Blog-Eintrags sollen die angeteaserten Artikel angezeigt werden? Hinweis: Bei kurzen Teasern wählen Sie die Werte 2 oder 3.

- Option „Teaser": Möchten Sie Teaser, also nur eingeleitete Blog-Einträge anzeigen? Klicken Sie auf diese Option.

- Option „Artikel": Möchten Sie vollständige Artikel zeigen? Klicken Sie auf diese Option.

Anschließend speichern Sie Ihren Eintrag und sehen sich im „Ansicht"-Modus das Ergebnis an. Sie können mit der Funktion „Bloganzeige" den Blog übrigens in unterschiedlichen Varianten auf unterschiedlichen Seiten Ihrer Jimdo-Page parallel ausspielen.

Zum Beispiel unter einem Vermerk „die neuesten drei Blog-Einträge" auf der Startseite und komplett im Blog-Bereich.

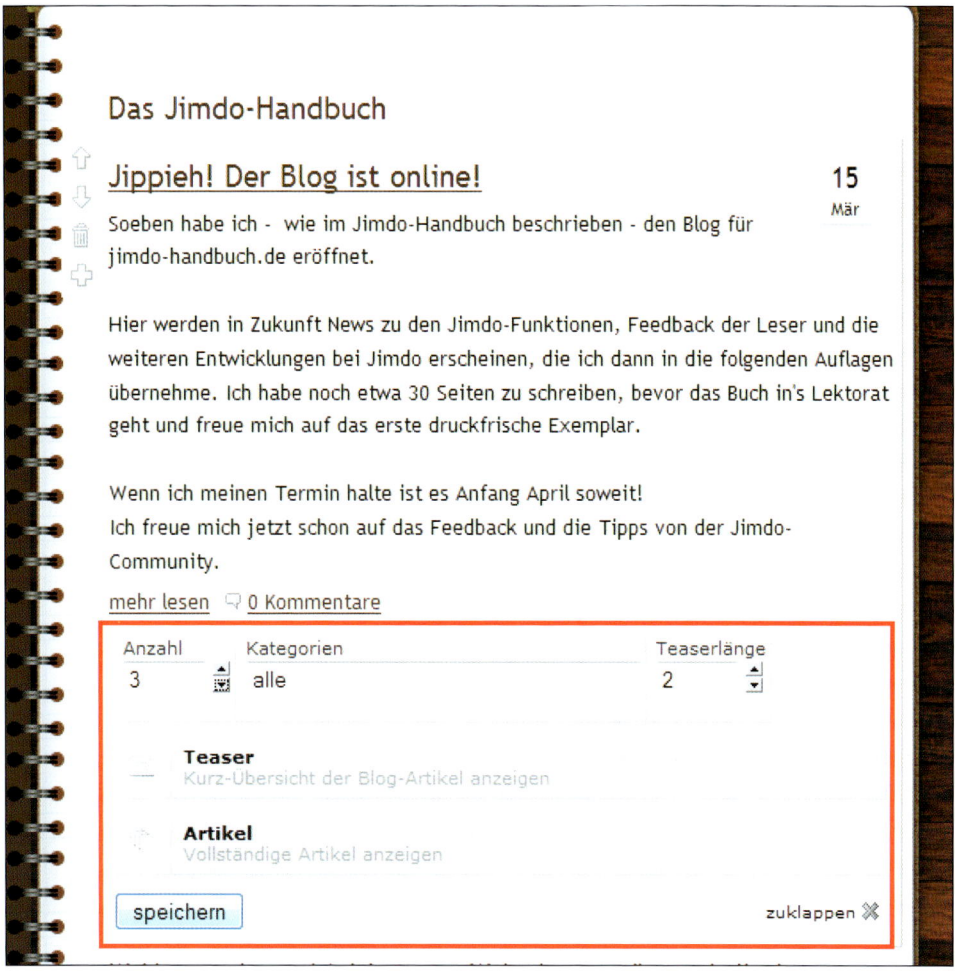

Möglichе Probleme: Ihr Blog ist zwar integriert, die Einträge werden aber nicht angezeigt. Das liegt meistens daran, dass entweder vergessen wurde, geschriebene Blog-Einträge abzuspeichern, oder diese sind immer noch als „Entwurf" gekennzeichnet.

Wählen Sie in diesem Fall nach der Einbindung des Blogs im rechten Menü wieder die Option „Blog" und klicken Sie den Blog-Eintrag in der Liste an, den Sie vermissen. Klicken Sie anschließend auf die Titelzeile des Blog-Eintrags und geben Sie ihn frei, indem Sie auf „öffentlich" umschalten und abspeichern.

Ich muss darüber hinaus gestehen, dass es mir nicht gelungen ist, die Blog-Einträge als Teaser anzuzeigen, obwohl die Funktion scheinbar aktiv ist.

Zu bemerken ist aber, dass sich der Blog noch ausdrücklich im Beta-Stadium befindet und diese Funktion mit Sicherheit nachgeliefert bzw. gefixt wird.

Trackbacks & Pingbacks

Jimdo bietet Ihnen unter „Einstellungen" > „Blog" > „Trackbacks/Pingbacks" die Möglichkeit, einzustellen, wie Sie mit eingehenden Trackbacks/Pingbacks (siehe Seite 122) automatisiert umgehen
wollen.

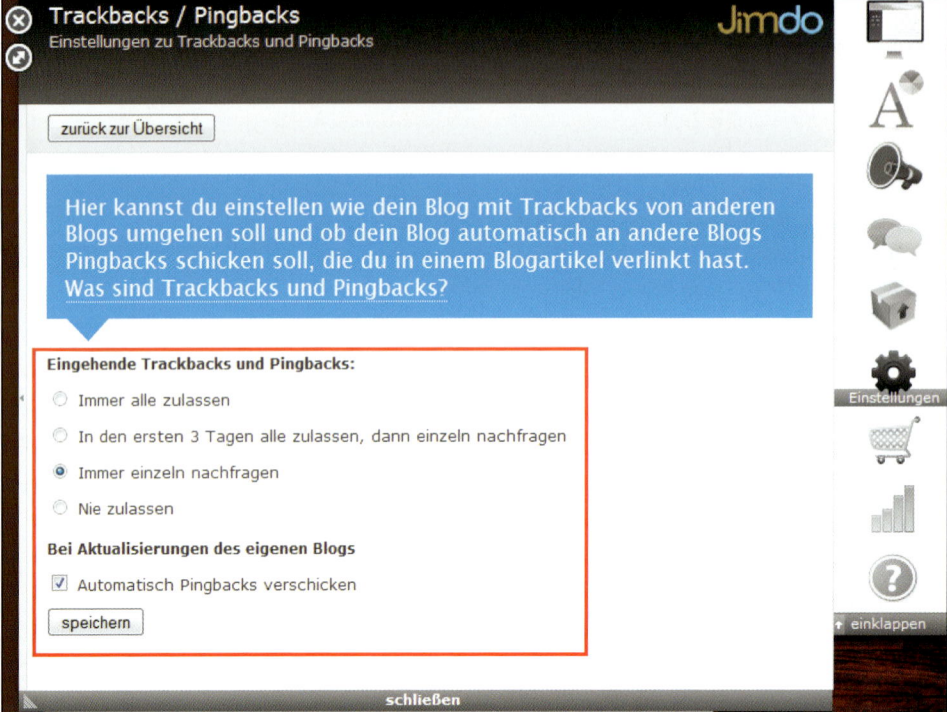

Für eingehende Trackbacks/Pingbacks können Sie zwischen folgenden Optionen wählen:

- Immer alle (automatisch) zulassen

- In den ersten drei Tagen (nach Erstellung des Blog-Eintrags) alle zulassen, dann einzeln nachfragen (Sie werden im Blog informiert)

- Immer einzeln nachfragen (Sie werden im Blog informiert)

- Nie zulassen (keine Trackbacks/Pingbacks möglich)

Für Ihre eigenen versendeten Trackbacks/Pingbacks können Sie wählen, ob die Aktualisierungen Ihres
Blogs automatisch an die referenzierten Blogs versendet werden sollen. Klicken Sie abschließend auf
„speichern", um Ihre Einstellungen zu sichern.

Verzeichnisdienste

Unter „Einstellungen" > „Blog" > „Verzeichnisdienste" können Sie neun gesetzte Verzeichnisdienste automatisch anpingen, sobald Ihr Blog aktualisiert wurde.

Diese Verzeichnisse helfen Ihnen, Ihren Blog weit zu kommunizieren, und sind für gute Suchergebnisse relevant. Diese Einstellung ist im Standard auf „aktiv" gesetzt.

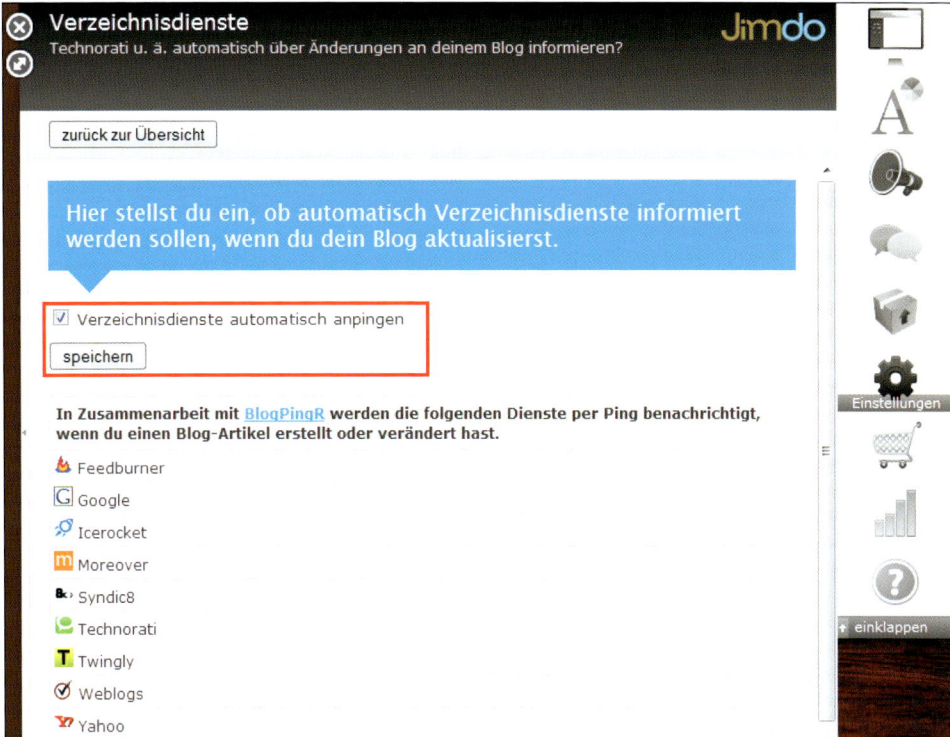

Blog deaktivieren

Unter „Einstellungen" > „Blog" > „Blog deaktivieren" können Sie Ihren Blog jederzeit deaktivieren. Der eingebundene Blog verschwindet dann von Ihrer Jimdo-Page. Beachten Sie, dass Sie nun leerstehende Bereiche Ihrer Seite gegebenenfalls neu befüllen oder einen in der Navigation eingerichteten Blog-Bereich ausblenden müssen.

Ein Vorteil beim Jimdo-Blog: Auch wenn der Blog deaktiviert ist, bleiben Ihre geschriebenen Blog-Artikel erhalten. Sobald Sie den Blog über den Navigationspunkt „Blog" im rechten Jimdo-Menü wieder aktivieren, werden nach der Einbindung Ihres Blogs gemäß Seite 119 die geschriebenen Blog-Artikel wieder unverändert angezeigt.

Erweiterte Funktion „Links"

Sobald Sie einen Blog angelegt und den ersten Blog-Eintrag geschrieben haben, verfügen Sie in den Inhaltsfunktionen bei „Element hinzufügen" im Link-Bereich über die Funktion „Blog Link", die es Ihnen ermöglicht, nicht nur auf interne oder externe Seiten, sondern direkt auf einen Blog-Eintrag zu verlinken.

Die Funktion der Verlinkung wird auf Seite 63 beschrieben.

11 Der Jimdo-Shop

Im nachfolgenden Kapitel gehe ich davon aus, dass Sie über ein oder mehrere Produkte verfügen, die Sie verkaufen möchten und dürfen, sowie über geeignetes Bildmaterial und Produkttexte zu den von Ihnen angebotenen Artikeln. Weiterhin verfügen Sie über die minimale Logistik, die für das Fullfillment gegenüber Ihrem Kunden notwendig ist, um den Bestellvorgang zu bedienen, wie zum Beispiel Bestelleingangskontrolle, Erstellung von Rechnungs-, Liefer- und Retourenpapieren, Versandmaterial, Warenausgangslogistik, gegebenenfalls Sicherheitsbestimmungen, Bestandkontrollen etc.

Online-Shopping ist heute kundenseitig mit einer hohen Erwartungshaltung versehen, die Sie in punkto Zuverlässigkeit, Qualität und Bestellabwicklung ernst nehmen sollten, wenn Sie zufriedene und wiederkehrende Kunden bedienen möchten.

Ein guter Online-Shop ist eine Wissenschaft für sich. Unter jimdo-handbuch.de habe ich einige gute Links und Literaturhinweise zum Thema Online-Shop hinterlegt, die regelmäßig aktualisiert werden, um Ihnen weitere Ansätze für das Führen eines erfolgreichen Online-Shops und das damit verbundene Marketing zu geben.

Beachten Sie, dass Sie bei der Verwendung des Jimdo-Shops als JimdoFree- und JimdoPro-Nutzer für erfolgte Verkäufe die unter http://de.jimdo.com/preise/ aufgeführten Verkaufsprovisionen von derzeit 10% bzw. 5% an Jimdo zu leisten haben.

Einstellungen

Ihren Jimdo-Shop richten Sie in sieben wichtigen Schritten ein. Im danach folgenden Schritt befüllen Sie den Shop mit Ihren Produkten, wobei Sie auf eine Vielzahl von Gestaltungsmöglichkeiten für Ihre Produkte zurückgreifen können. Klicken Sie unter „Einstellungen" > „Shop" zunächst auf „Einstellungen".

1. Mehrwertsteuer: Sie können hier einen generellen Mehrwertsteuersatz hinterlegen. Sofern Sie Artikel mit unterschiedlichen Mehrwertsteuersätzen anbieten, z.B. Bücher (derzeit 7%) und T-Shirts (derzeit 19%), deaktivieren Sie dieses Mehrwertsteuerfeld und weisen Sie die jeweilige Mehrwertsteuer bei Anlage der Shop-Artikel aus. In der Rechnung an Ihren Kunden sollten die unterschiedlichen Steuersätze dann je Artikel ausgewiesen und in der Summe getrennt voneinander berechnet werden. Dies ist natürlich nur gültig, wenn Sie umsatzsteuerpflichtig aufgrund z.B. gewerblichen Handels sind.

2. Die Produktpreise inklusive oder exklusive Mehrwertsteuer anzeigen. Wenn Sie letztere Option wählen, wird die Mehrwertsteuer erst im Warenkorb angezeigt. Berechnet wird sie in jedem Fall, sofern Sie im vorangegangenen Feld die Mehrwertsteuer aktiviert oder bei Anlage der Artikel ausgewiesen haben.

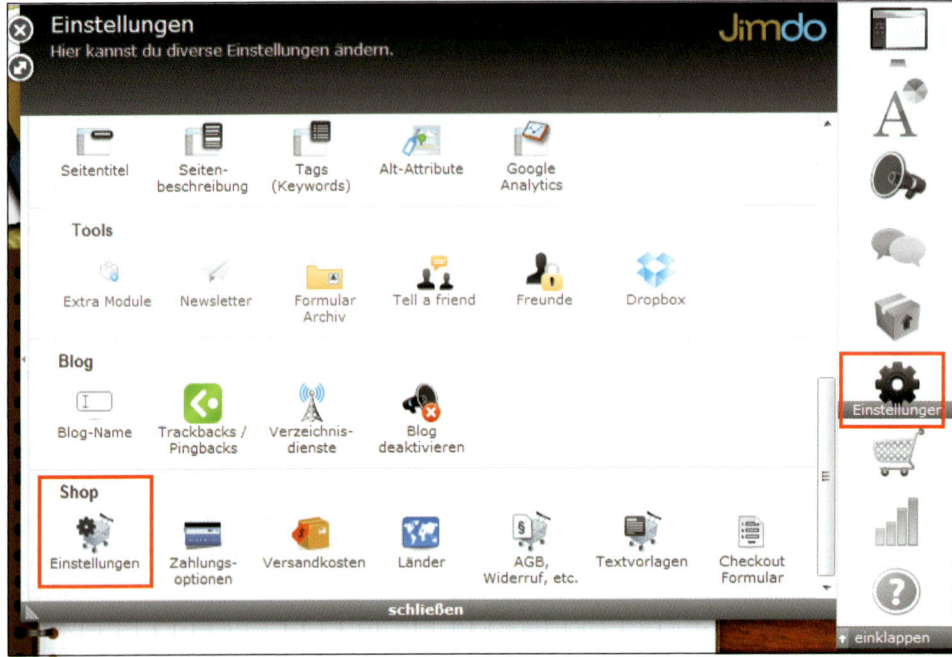

3. **Texte für den** Lagerbestand: Hier schreiben Sie die Texte für verfügbare und nicht verfügbare Artikel. Die hier bereits hinterlegten Texte entsprechen den derzeit gängigen Standards. Die Texte werden neben den Artikeln im fertigen Shop angezeigt und informieren Ihre Besucher über verfügbare und derzeit nicht verfügbare Artikel. Artikel, die Sie langfristig nicht mehr geliefert bekommen, sollten Sie (gegebenenfalls vorübergehend) aus dem Shop nehmen, um keine Besucher zu vergraulen.

4. **Hinweis für geringen Lagerbestand:** Hier schreiben und aktivieren Sie eine Meldung für eine frei eintragbare Mindestbestandsmenge, ab der Ihrem Kunden eine Meldung über knappe Warenbestände angezeigt wird. Das kann psychologisch sinnvoll sein, um einen Kaufdruck zu erzeugen, hilft Ihnen aber auch, den Warenbestand zu steuern.

5. **Lieferzeit:** Tragen Sie hier einen Text ein mit den Laufzeiten für sofort lieferbare Artikel, etwas später lieferbare Artikel (Ware ist z.B. unterwegs an Sie) und Artikel mit sehr langer Lieferzeit (Ware muss auf Basis von eingehenden Bestellungen erst bestellt werden oder trifft spät bei Ihnen ein). Der Text wird neben den Artikeln angezeigt.

6. **Artikelnummern** aktivieren Sie per Klick in das angezeigte Feld. Das ist sinnvoll bei einer größeren Anzahl oder Varianten von Artikeln in Ihrem Shop. Die jeweilige Artikelnummer (die Sie frei definieren können) weisen Sie dann später bei Erstellung der Shop-Artikel zu.

7. **Trusted Shops ID:** Sofern Sie über eine (kostenpflichtige) Trusted Shops ID verfügen, können Sie diese hier eingeben. Ihr Shop ist dann entsprechend gekennzeichnet und bindet den Trusted-Shops-Käuferschutz in die getätigten Bestellprozesse ein. Mehr Informationen erhalten Sie hierzu unter *www.trusted-shops.de*.

Speichern Sie anschließend Ihre Einstellungen.

Zahlungsoptionen

Die Zahlungsarten, die Sie Ihren Kunden anbieten, sind erfolgsentscheidend für Ihre Verkäufe. Überlegen Sie sich zunächst, welchen Kundenkreis Sie ansprechen und welche Waren Sie anbieten.

Bieten Sie zum Beispiel Unterhaltungselektronik oder Fashion an, sollten Sie Zahlungsarten verwenden, die Ihnen den Geldeingang vor Warenausgang ermöglichen (z.B. Vorauskasse und Nachnahme). Der Grund: Die Ware hat meistens einen hohen Wert und die Käuferschicht ist mit Zahlungsausfällen behaftet bei einem hohen Anteil betrügerischer Kaufabsichten, da die Ware sehr leicht und gewinnbringend weiterverkaufbar ist.

Wenn Sie wiederum Bücher über Kafkas Wirken und Frühwerk verkaufen, können Sie sich –übertrieben gesagt – auf Ihre intellektuelle und wohlgebildete Käuferschaft verlassen, die Ihnen eine beigelegte Rechnung sicher überwiegend bezahlen wird. In jedem Fall sollten Sie neben der Rechnungsstellung auch ein koordiniertes Mahnwesen führen.

Mögliche Gefahren bestehen zunächst kundenseitig darin, dass Sie nur „unattraktive" Zahlungsarten anbieten, z.B. nur Nachnahme und Vorauskasse. Diese sind jeweils mit einem unmittelbaren weiteren Aufwand kundenseitig verbunden, da der Kunde Ihre Lieferung mit Nachnahmezuschlag vermutlich bei der Post abholen muss, dadurch höhere Kosten hat oder im Anschluss an die Auslieferung eine Banküberweisung tätigen und einige Tage Bankweg in Kauf nehmen muss, bis Ihre Lieferung überhaupt nach dem Zahlungseingang und entsprechender Prüfung versendet wird. Das ist für den Kunden eher unbefriedigend.

Shopseitig müssen Sie wiederum in Vorkasse für Porto, Versandmaterial, Handlungskosten und Ware selbst treten, wenn Sie eine kundenseitig bequeme Zahlungsart wie „auf Rechnung" verwenden. Für Sie als Shop-Betreiber ist dies die risikoreichste Zahlungsart, denn die Ware ist zunächst mal weg und für die Bezahlung der Rechnung haben Sie natürlich keine Garantie.

Der Aufwand, Ware und Handlungskosten ersetzt zu bekommen, steht – falls nicht bezahlt wird – in keinem sinnvollen wirtschaftlichen Verhältnis zueinander und bietet nur geringe Erfolgsaussichten.

Die Erfahrung zeigt, dass die Option „auf Rechnung" primär gewählt wird, wenn sie angeboten wird. Das Jimdo-Shop-System bietet derzeit noch keine Kundenkonten für wiederkehrende Käufer mit denen zuverlässige Bezahler ab der zweiten Bestellung auf Rechnung kaufen können.

Kleiner Exkurs: Der Mensch ist gut und man sollte von vornherein seinem Kunden auch trauen, wenn man langfristig erfolgreich sein möchte. Trotzdem nimmt die sogenannte „Cyberkriminalität" stetig zu und Betrugsfälle häufen sich. Vertrauen fließt in beide Richtungen.

Als Shop-Betreiber mit einer guten Seite, einer Telefonnummer und einem seriösen Impressum werden Sie dieses Vertrauen sicher bekommen. Erweisen Sie sich selbst als zuverlässig, wird man gerne wieder bei Ihnen kaufen. Man unterscheidet bei der Shop-Konzeption zwischen sicheren und unsicheren Bezahlarten. Folgende werden Ihnen in diesem Bereich angeboten:

Sichere Bezahlarten

- PayPal: Viele Online-Shopper verfügen über ein PayPal-Konto und es lohnt sich – sofern Sie selbst noch keines besitzen – eines einzurichten, da diese Zahlungsart nicht zuletzt dank eBay schwer im Kommen ist.

- Per Nachnahme: Unbequem für den Kunden und für Sie beim Versand, da Sie das Nachnahme-formular bei der Postablieferung für jede Lieferung ausfüllen müssen. Kundenseitig zudem stets mit einem Aufpreis für die Nachnahmegebühr versehen. Sie als Shop-Betreiber müssen durch die finanzielle Postabwicklung auch immer etwas länger auf Ihr Geld warten. Dafür aber absolut sicher.

- Gegen Vorkasse: ebenfalls sehr gebräuchlich. Hier müssen Sie dafür sorgen, dass die einge-henden Zahlungen den Bestellungen korrekt zugeordnet werden und der Versand zügig nach Geldeingang erfolgt. Für beide Seiten entsteht hier zusätzlicher Zeitaufwand, dafür handelt es sich aber um eine absolut sichere Bezahlart, da der überwiesene Betrag kundenseitig nicht per Bankwiderruf zurückgeholt werden kann. Manche Kunden bestellen allerdings und zahlen dann nicht, womit die Bestellung hinfällig wird. Sie haben einen erhöhten Kontrollaufwand und soll-ten Zeiten festlegen, innerhalb derer ein Kunde zahlen sollte.

- Bei Lieferung: Sie liefern selbst aus und kassieren direkt beim Kunden? Dann ist dies Ihre Zahlart.

- Bei Abholung: Wenn Sie über ein Ladengeschäft mit regelmäßigen Öffnungszeiten verfügen, können Sie Ware verkaufen, die dann stationär vom Kunden bei Ihnen abgeholt wird, was er dann auch hin und wieder mal nicht tut. Achten Sie darauf, wenn Sie einen erfolgreichen Online-Shop aus Ihrer Privatwohnung heraus führen sollten, dass der regelmäßige Kundenverkehr in Ihrem Treppenhaus nicht für Unmut unter den anderen Mietern sorgt. So was kann auf Dauer sehr ärgerlich und irgendwann juristisch werden, wenn Sie Ihre Wohnung ausdrücklich nicht gewerblich nutzen dürfen.

- Scheck per Post: Ich persönlich traue nicht einmal dem Scheck, den mir meine Krankenversiche-rung in der Hoffnung schickt, ich würde ihn vielleicht nicht einlösen. Tu ich aber. Ob ein Scheck gedeckt ist, erfahren Sie meist erst innerhalb von sieben Tagen von Ihrer Bank. Daher empfehle ich, von dieser Zahlart, die doch etwas antiquiert ist, abzusehen. Sie dauert einfach zu lange in der Abwicklung.

Unsichere Bezahlarten

- Gegen Rechnung: Wenn Sie diese Methode verwenden, wird Ihr Käufer garantiert schneller den Entschluss fassen, zu bestellen. Die Nachteile, die damit verbunden sein können, sind im Kapitel eingangs beschrieben.

Ein Tipp: Bieten Sie – sofern Sie bislang keine Erfahrung als Shop-Betreiber haben – am Anfang für Sie sichere Zahlungsarten an und führen Sie für eine Testphase von zwei, später vier Tagen die Zah-lungsart „auf Rechnung" ein, und sammeln Sie Erfahrungswerte mit dieser kundenseitig attraktiven Zahlungsart. Wenn die Zahlungsausfälle sich in Grenzen halten, führen Sie sie dauerhaft ein.

Mit der weiteren Methode „Testbestellung" können Sie selbst Ihren Online-Shop im späteren Live-Betrieb testen, ohne dass zum Beispiel PayPal-Gebühren anfallen. Zur Live-Stellung des Shops ent-fernen Sie diese Methode wieder.

Klicken Sie nun, nachdem Sie sich für Ihre Zahlungsarten entschieden haben (die Sie jederzeit ändern können) in „Einstellungen" > „Shop" auf „Zahlungsoptionen" und nehmen Sie die Einstellungen dazu vor.

Sie sehen die Zahlungsarten in einer Reihe aktivierbarer Kästchen. Sofern weitere Informationen an Ihre Kunden für die Verwendung dieser Zahlungsart eingegeben werden müssen, füllen Sie die entsprechenden Felder aus.

1. „PayPal": Für die Verwendung von PayPal benötigen Sie natürlich ein PayPal-Konto, das Sie unter *www.paypal.de* einrichten können. Sie werden gebeten, folgende API-Einstellungen für Ihr PayPal-Konto einzugeben:

   ▶ API-Benutzername

   ▶ API-Passwort

   ▶ Unterschrift

   Die damit verbundenen Daten können Sie durch Einloggen auf Ihr PayPal-Konto selbst in wenigen Schritten beziehen. Eine Online-Anleitung für die Generierung dieser Daten finden Sie in diesem Bereich unter „So findest du deine PayPal API-Daten". Klicken Sie auf diesen Link und lesen Sie die damit verbundene Anleitung im Jimdo-Wiki durch. Anschließend führen Sie diese Schritte in Ihrem PayPal-Konto durch.

   Natürlich gibt es hier trotzdem eine Kurzanleitung. Schließlich ist dies ein Handbuch:

   ▶ Loggen Sie sich auf Ihrem PayPal-Account ein.

   ▶ Gehen Sie unterhalb „Mein Konto" auf „Mein Profil" und klicken Sie auf „Mehr".

   ▶ Wählen Sie auf der nächsten Seite „API-Zugriff".

   ▶ Wählen Sie die Option 2: „API-Berechtigungen anzeigen".

   ▶ Klicken Sie nun auf „API-Signatur anzeigen oder entfernen" (nicht auf „Zertifikat").

   ▶ Übertragen Sie die Daten der Felder „API-Benutzername", „API-Passwort" und „Unterschrift" in die PayPal-Informationen Ihres Jimdo-Accounts.

   ▶ Fertig!

2. „Per Rechnung": Hier öffnet sich bei Aktivierung dieser Methode ein Textfeld, in das Sie (optional) einen kurzen Text wie z.B. „Sie erhalten der Lieferung beigelegt eine Rechnung mit ausgewiesener Mehrwertsteuer." einfügen können.

3. „Per Nachnahme": Hier verfügen Sie bei Verwendung dieser Methode über zwei weitere auszufüllende Felder, in die Sie die Kosten für die Nachnahmegebühr und einen Hinweistext für Ihre Kunden eintragen können. Achtung: Die Nachnahmegebühr ist im Kundentext mit XXX versehen und muss mit dem entsprechenden Nachnahmewert versehen werden.

4. „Gegen Vorkasse": Tragen Sie hier – diese Methode sollten Sie idealerweise immer mit anbieten – Ihre Kontoverbindung inklusive Namen des Kontoinhabers ein und geben Sie einen Text ein, der Ihre Kunden darüber informiert, wie die Überweisung an Sie betextet werden soll, damit Sie Bestellung und Zahlung für den Versand abgleichen können.

5. „Bei Lieferung": Hier öffnet sich bei Aktivierung ein Textfeld, in das Sie eine Bemerkung einfügen können, wie z.B. „Unsere Auslieferung kündigen wir per E-Mail bei Ihnen an. Sie erfolgt wochentags zwischen 8.00 und 17.00 Uhr. Sie können Ihre Bestellung bei unserem ausliefernden Mitarbeiter bar oder per EC-/Kredit-/Maestro-Karte bezahlen."

6. „Bei Abholung": Ähnlich wie „Bei Lieferung". Hinterlegen Sie hier eine Information, wann und wo die Ware abgeholt werden kann und welche Zahlungen (bar, EC, Kreditkarte etc.) Sie dort anbieten.

7. „Scheck per Post": Hier hinterlegen Sie zum Beispiel die Postadresse für die Scheckzusendung und einen Hinweis auf verlängerte Lieferzeiten bis zur Gutschrift des Schecks unter Angabe der banküblichen Laufzeiten.

8. „Testbestellung": Diese Option dient nur der Testbestellung, um die Funktion Ihres Shops im Live-Betrieb zu testen. Deaktivieren Sie diese Methode vor dem Live-Gang Ihres Shops.

Abschließend speichern Sie Ihre Angaben am untersten Ende dieser Einstellungsseite.

Beachten Sie, dass Sie für die Zahlungsmöglichkeiten „auf Rechnung" und „per Vorauskasse" (sofern Sie in der Einstellung „Länder" auch den internationalen Verkauf Ihrer Waren zulassen) Ihre Kontonummer im internationalen Format (IBAN/BIC) angeben sollten.

Individuelle Informationen hierzu erhalten Sie von Ihrer Bank.

Versandkosten

Klicken Sie im nächsten Schritt nun in „Einstellungen" > „Shop" auf „Versandkosten" und nehmen Sie die nachfolgend beschriebenen Einstellungen dazu vor.

Sie haben die Möglichkeit, jeweils für Inlandsversand und Auslandsversand

- Standardversandkosten,
- Versandkosten-Obergrenze je Bestellung,
- Versandkostenfrei ab

festzulegen. Dazu ist es zunächst notwendig, dass Sie sich über die Ihnen zur Verfügung stehenden Versandwege, die Ihnen tatsächlich entstehenden Versandkosten und Verpackungsarten (bzw. deren Kosten) für Ihre Waren informieren.

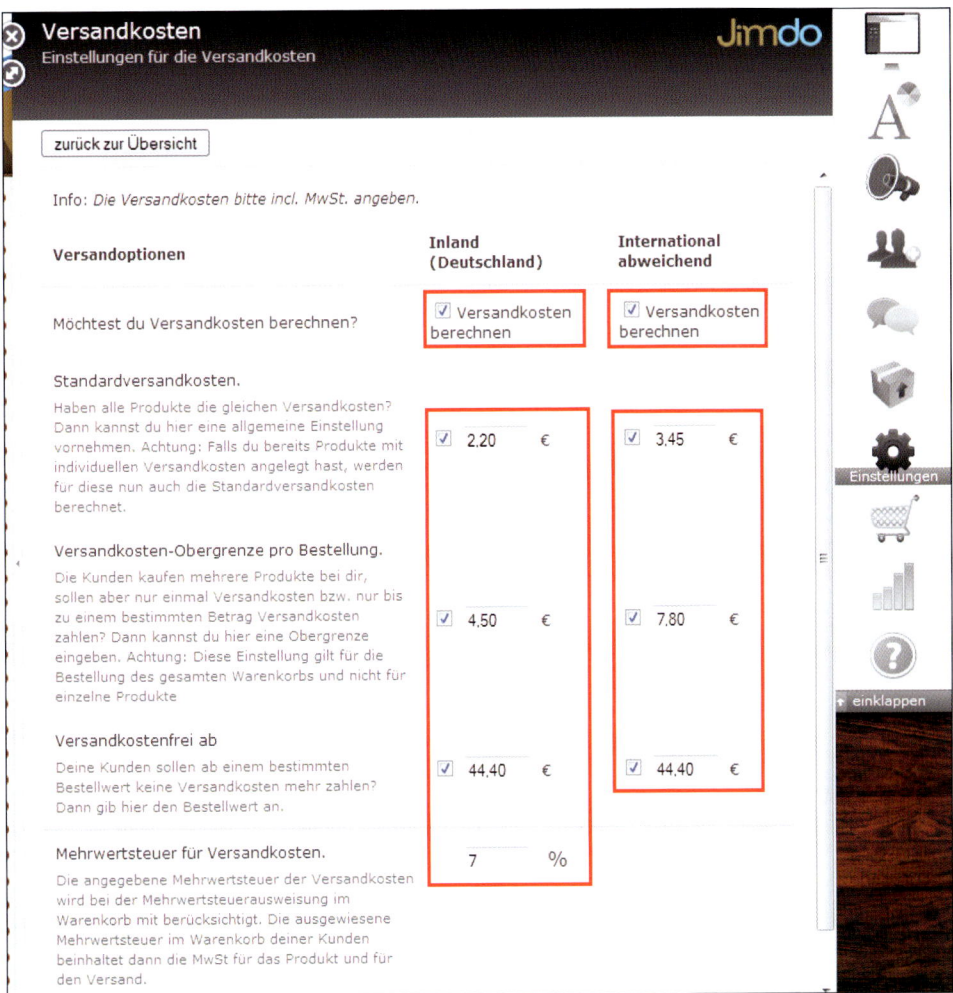

Die Ware sollte sowohl den Versand unbeschadet überstehen als auch (zumindest halbwegs) anspre-chend in geeigneter Versandverpackung verpackt sein. Von Büchersendung bis DHL entstehen unter-schiedliche Kosten für den Versand. Die Verpackung sollten Sie Ihrem Kunden grundsätzlich nicht in Rechnung stellen, da eine Bestellung für € 15,00 nicht unbedingt mit € 5,00 für „Porto & Versand" versehen sein sollte. Das mindert die Anzahl der Kaufabschlüsse spürbar.

Überlegen Sie auch (diese Auswahl wird erst im nächsten Schritt der Shop-Einstellungen berück-sichtigt), ob Sie nur innerhalb Deutschlands oder auch z.B. weltweit bzw. kontinental verkaufen wollen. In diesem Bereich wird nicht festgelegt, wohin Sie Ihre Produkte online vertreiben wollen, sondern welche Kosten Ihrem Kunden bei einem Versand innerhalb Deutschlands bzw. außerhalb Deutschlands entstehen.

Aktivieren Sie dementsprechend unter „Versandkosten" (sofern gewünscht) unter „Möchtest du Versandkosten berechnen?" die Checkbox für den nationalen und den internationalen Versand.

Standardversandkosten: Geben Sie hier die Werte für den Standardversand Ihrer Ware ein. Dieser Wert wird pro Artikel berechnet (Stand März 2011 sind individuelle Versandkosten je Produkt noch nicht als Feature verfügbar) und beinhaltet die Versandkosten (inklusive Mehrwertsteuer), die Sie Ihrem Kunden in jedem Fall berechnen, auch wenn er nur einen einzigen Artikel kauft. Geben Sie im internationalen Feld den entsprechenden Wert für internationalen Versand an.

Versandkosten-Obergrenze pro Bestellung: Ihre Kunden müssen die unter „Standardversandkosten" eingetragenen Versandkosten nicht für jeden Artikel zahlen, den sie in den Warenkorb legen. In diesem Feld legen Sie die Versandkosten-Obergrenze fest, die Ihre Kunden für eine Bestellung (unabhängig von der Anzahl der bestellten Artikel) zahlen müssen.

Im Versandhandel liegt diese Obergrenze typischerweise bei derzeit € 4,50, da die darüber hinaus entstehenden Kosten üblicherweise durch die Marge der von Ihnen verkauften Artikel gedeckt werden. Der hier eingegebene Wert ist der Maximalwert, den Kunden für den Versand zahlen müssen. Die Berechnung erfolgt für Ihren Kunden dann automatisch bis zur Obergenze. Geben Sie im internationalen Feld den entsprechenden Wert für internationalen Versand an.

Versandkostenfrei ab: Legen Sie einen Bestellwert fest, ab dem Sie Ihrem Kunden keine Versandgebühren berechnen. Diesen Bestellwert sollten Sie sowohl an der Marge Ihrer Produkte als auch am Wert der durchschnittlichen geschätzten Warenkorbwerte Ihrer Bestellungen orientieren und gegebenenfalls später anpassen.

> **Tipp:** Wenn Sie eine Zeitlang als Marketing-Aktion „versandkostenfreie Lieferung" anbieten möchten, geben Sie hier den Wert 0,01 an. Achten Sie bei den internationalen Versandkosten darauf, dass die Kosten für den Versand wesentlich höher sein können und gegebenenfalls die Gewinnmarge empfindlich beeinflussen.

Mehrwertsteuer für Versandkosten: Geben Sie hier den Mehrwertsteuersatz für die Versandkosten an, da diese in der Bestellzusammenfassung ausgewiesen werden.

Speichern Sie anschließend Ihre Angaben mit dem „speichern"-Button, der unterhalb des Mehrwertsteuerfelds etwas versteckt liegt.

Länder

In welche Länder verkaufen Sie Ihre Waren? Klicken Sie in „Einstellungen" > „Shop" auf „Länder" und wählen Sie per Checkbox die ganze Welt als Vertriebsgebiet (was mit sehr unterschiedlichen Versandkosten behaftet sein kann, je nach Größe und Gewicht Ihrer Waren, und nicht unbedingt die Zahlungsoption „auf Rechnung" zum Favoriten macht).

Möglichkeit zwei, wenn Sie keinen weltweiten Versand anbieten: Sie wählen je angebotener Region Afrika, Asien, Europa, Nord-Amerika, Zentral-Amerika, Süd-Amerika, Naher Osten oder Ozeanien die jeweiligen Länder, die Sie beliefern, einzeln aus, indem Sie auf die jeweilige Region klicken und Ihre Auswahl anschließend am unteren Ende der Bearbeitungsseite abspeichern.

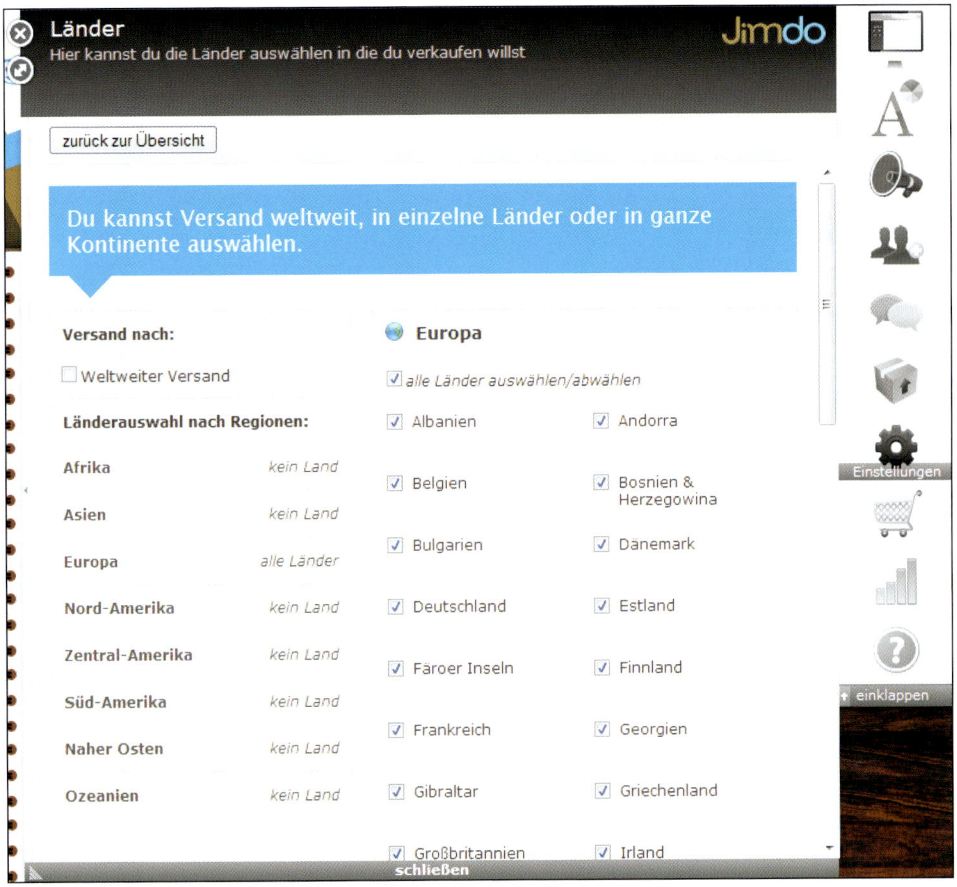

Beachten Sie, dass beim Versand in viele Länder und je nach Art der Ware, die Sie anbieten, Zollabwicklung und damit verbundene Kosten und Steuern entstehen können.

Der hierfür notwendige Hinweis für Auslandsbesteller wird später an anderer Stelle (Textvorlagen) bearbeitet.

AGB, Widerruf etc.

Eines vorweg: Für die Formulierung rechtsgültiger AGB (Allgemeiner Geschäftsbedingungen), Widerrufsbedingungen etc. sollten Sie – sofern Sie diese nicht bereits besitzen – einen Anwalt konsultieren. Es existieren im Internet eine Reihe von Webseiten, die Ihnen kostenfreie AGB zur Verfügung stellen, deren Qualität und Tauglichkeit ich nicht beurteilen kann und darf.

Für Ihren Jimdo-Online-Shop ist es wichtig, dass Sie unter „Einstellungen" > „Shop" im Bereich „AGB, Widerruf etc."

- das Widerrufsrecht/Rückgaberecht,

- Ihre AGB

- und die Datenschutzerklärung

eingeben.

Die Textfelder übernehmen den unformatierten Text inklusive der eingegebenen Zeilenumbrüche. Sobald die Texte eingegeben wurden, erscheinen nun neu in der Meta-Navigation Ihrer Jimdo-Page am Fuß jeder Seite die Links

- AGB,

- Widerrufsbelehrung und

- Datenschutz,

unter denen diese Inhalte auch außerhalb einer Shop-Bestellung aufgerufen werden können.

Zusätzlich erscheinen die Texte in der automatischen Bestätigungs-Mail an Ihre Besteller.

Klicken Sie nach Eingabe der Texte auf den „speichern"-Button am unteren Ende dieser Eingabemaske, da die Texte sonst sofort verloren gehen.

Textvorlagen

Beim Online-Shopping werden automatische Meldungen und E-Mails generiert, die Ihr Kunde erhält, sobald er eine Bestellung in Ihrem Online-Shop getätigt hat, oder zum Beispiel (diese Funktion ist optional), sobald die Ware an Ihren Kunden als „versendet" markiert wurde und unterwegs ist.

Shop
Einstellungen
Zahlungs-optionen
Versandkosten
Länder
AGB, Widerruf, etc.
Textvorlagen
Checkout Formular
schließen

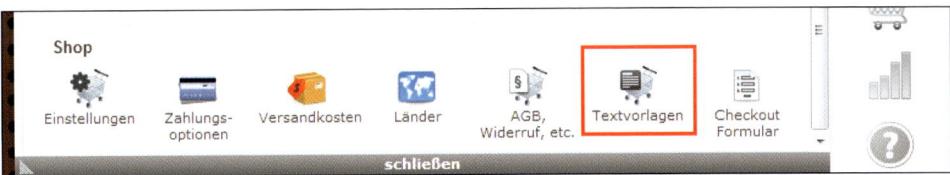

Öffnen Sie unter „Einstellungen" > „Shop" > „Textvorlagen" die Bearbeitungsfunktionen für diese automatischen Inhalte und schenken Sie diesen hohe Beachtung, da eine schlecht formulierte oder unvollständige E-Mail, die Ihr Kunde nach Abschluss der Bestellung erhält, ein mulmiges Gefühl beim Empfänger verursachen kann.

Zudem kann es bei missverständlichen Formulierungen zu Rückfragen per E-Mail oder Telefon kommen, die Ihnen letztlich bei der Abwicklung Zeit rauben werden.

Außerdem ist diese E-Mail für Ihren Kunden ein wichtiger Beleg, wenn es bei der Abwicklung einmal zu Schwierigkeiten kommen sollte.

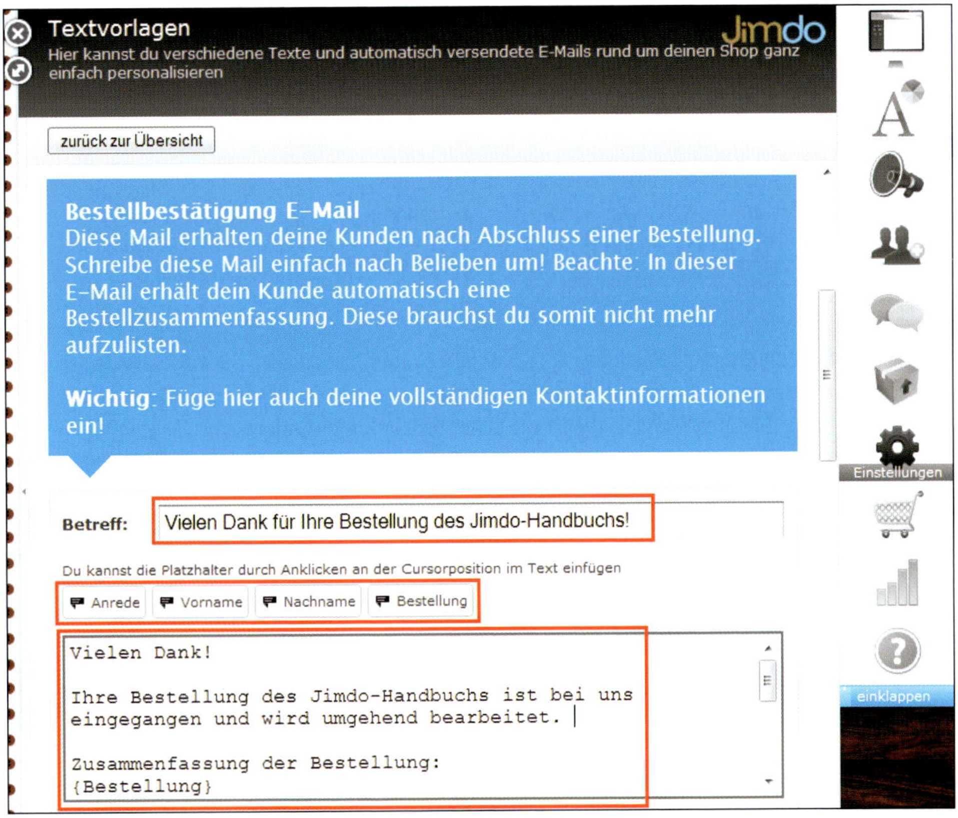
Textvorlagen
Hier kannst du verschiedene Texte und automatisch versendete E-Mails rund um deinen Shop ganz einfach personalisieren
Jimdo
zurück zur Übersicht
Bestellbestätigung E-Mail
Diese Mail erhalten deine Kunden nach Abschluss einer Bestellung. Schreibe diese Mail einfach nach Belieben um! Beachte: In dieser E-Mail erhält dein Kunde automatisch eine Bestellzusammenfassung. Diese brauchst du somit nicht mehr aufzulisten.
Wichtig: Füge hier auch deine vollständigen Kontaktinformationen ein!
Betreff:
Vielen Dank für Ihre Bestellung des Jimdo-Handbuchs!
Du kannst die Platzhalter durch Anklicken an der Cursorposition im Text einfügen
Anrede
Vorname
Nachname
Bestellung
Vielen Dank!
Ihre Bestellung des Jimdo-Handbuchs ist bei uns eingegangen und wird umgehend bearbeitet.
Zusammenfassung der Bestellung:
{Bestellung}
Einstellungen
einklappen

Sie können hier fünf unterschiedliche Textbereiche mit Ihren Inhalten belegen:

1. Anrede (in den automatischen E-Mails)

   ▶ Anrede weiblich („Sehr geehrte Frau")

   ▶ Anrede männlich („Sehr geehrter Herr")

2. Bestellbestätigung E-Mail (die hier formulierte E-Mail erhält Ihr Kunde nach Abschluss der Bestellung automatisch)

3. Versandbestätigung E-Mail (diese E-Mail erhält Ihr Kunde, nachdem Sie in der Shop-Verwaltung unter „Shop" die entsprechende Bestellung als „versendet" markiert haben)

4. Info für Kunden bei Auslandsversand (diese Mitteilung erhalten Kunden, die aus dem Ausland bestellen, zusätzlich)

5. Bestellabschluss (dies ist der Text, der als „Dankeschön-Seite" automatisch generiert wird, wenn ein Kunde erfolgreich eine Online-Bestellung abgesendet hat)

Im Bereich 1 (Anrede) haben Sie die Möglichkeit, einen Freitext einzugeben, mit dem Ihre Kunden in den E-Mails automatisch tituliert werden. Hier können Sie z.B. „Sehr geehrte Frau" bzw. „Sehr geehrter Herr" eingeben. Die Eingaben werden nachher automatisch durch die vom Besteller hinterlegten Daten ergänzt und in der Mail-Vorlage mit dem Platzhalter {Anrede} angesteuert.

Im Bereich 2 (Bestellbestätigung) verfügen Sie das erste Mal über die Möglichkeit, die vier Platzhalter {Anrede}, {Vorname}, {Nachname} und {Bestellung} in den Text einzufügen, die bei der Generierung der E-Mail automatisch befüllt werden. Geben Sie hier zunächst einen Betreff ein, wie z.B. „Ihre Bestellung bei jimdo-handbuch.de", die es dem Kunden ermöglicht, die E-Mail sofort als bekannt und erwünscht einzustufen.

Ändern Sie den vorhandenen Text nach Ihren Wünschen ab und positionieren Sie den Cursor dort, wo Sie die Platzhalter wie z.B. {Bestellung} integrieren möchten, und klicken Sie auf den entsprechenden Platzhalter-Button. An dieser Stelle erscheint nachher für Ihren Kunden die Zusammenfassung seiner Bestellung (Mengen, Artikel, Preise etc.). Achten Sie darauf, nicht zum Beispiel „{Anrede} {Vorname} {Nachname}" zu definieren, da sonst „Sehr geehrte Frau Angela Merkel" daraus wird. Das Feld {Vorname} lassen Sie einfach weg. Geben Sie am Ende der E-Mail Ihre vollständige Kontaktadresse für Ihren Online-Shop ein, damit der Kunde den Absender noch einmal klar erkennt und eine Anschrift für Rückfragen etc. hat.

Ein Hinweis: Am Ende dieser E-Mail werden für Ihren Kunden später automatisch Ihre eingegebenen AGB an das Ende der E-Mail gesetzt. Geben Sie nach Ihrer Adresse am besten „[Absatz] - - - [Absatz]" ein, damit diese optisch in der E-Mail etwas abgetrennt werden.

Im Bereich 3 (Versandbestätigung) schreiben Sie einen Text, der Ihren Kunden darüber informiert, dass Sie seine Ware versendet haben, was Sie vorteilhafterweise am selben Tag auch wirklich getan haben. Ändern Sie den vorhandenen Text nach Ihren Wünschen ab.

Da es sich zunächst um die letzte Nachricht handelt, die Ihr Kunde von Ihnen erhält, können Sie an dieser Stelle auch einen Text hinzufügen, der zum Beispiel Ihren Newsletter, einen Katalog oder andere Kundenbindungsmaßnahmen empfiehlt.

Im Bereich 4 (Info Auslandsversand) hinterlegen Sie einen kurzen Text, der den Bestellern außerhalb Deutschlands beim Checkout angezeigt wird, um auf möglicherweise durch Zoll, Steuern etc. entstehende Mehrkosten hinzuweisen. Geben Sie hier einen kurzen Text ein, wie: „Bei Lieferungen an eine Adresse außerhalb Deutschlands können Zölle, Steuern und Gebühren anfallen, die im angezeigten Gesamtpreis nicht enthalten sind."

Im Bereich 5 (Bestellabschluss) kreieren Sie textlich die „Dankeseite", mit der Sie sich bei Ihren Kunden für den Online-Einkauf bedanken. Dieser Text wird nicht per E-Mail versendet, sondern erscheint als Abschlussseite nach dem Versenden der Bestellung durch Ihren Kunden. Geben Sie hier auch noch einmal die volle Kontaktadresse, Telefonnummern, Ansprechpartner etc. ein, da diese Seite häufig kundenseitig ausgedruckt wird.

Checkout-Formular

Als „Checkout" bezeichnet man beim Online-Shop die formularbasierte Strecke, in der ein Kunde seinen Warenkorb ansieht, die Zahlungsart, seine Bestellerdaten von Name bis Lieferadresse etc. eingibt, um dann letztlich auf „Bestellung absenden" zu klicken. Nachfolgend erhält er die von Ihnen generierte Dankeseite.

In den letzten Schritten haben Sie die meisten Funktionen des Checkouts bereits angelegt, der im Jimdo-Shop in eine vorgegebene Reihenfolge gebracht wird. Bei den Daten, die Sie unter „Einstellungen" > „Shop" > „Checkout Formular" eingeben, definieren Sie die Formularfelder, die Sie von Ihrem Online-Kunden abfragen möchten.

Die Felder sind einzeln anklickbar und individuell als Pflichtfelder markierbar, was bedeutet, dass der Kunde die Pflichtfelder ausfüllen muss, um im Checkout fortfahren zu können.

Die verfügbaren Felder sind: Anrede, Vorname, Nachname, Firma, Straße, Postleitzahl, Stadt, Bundesland, Telefon, E-Mail – Sie werden feststellen, dass Sie praktisch alle Felder brauchen. Insbesondere wenn Sie die Platzhalter {Anrede}, {Vorname}, {Nachname} und {Bestellung} aus dem vorigen Schritt verwenden, sollten die Felder nicht nur abgefragt, sondern auch als Pflichtfeld definiert werden.

Zudem gibt es Abhängigkeiten von den Zahlungsarten, die Sie im ersten Schritt ausgewählt haben. Wenn Sie zum Beispiel PayPal als Zahlungsart anbieten, verlangt das Formular von Ihnen, das Feld „Bundesland" als Pflichtfeld einzutragen.

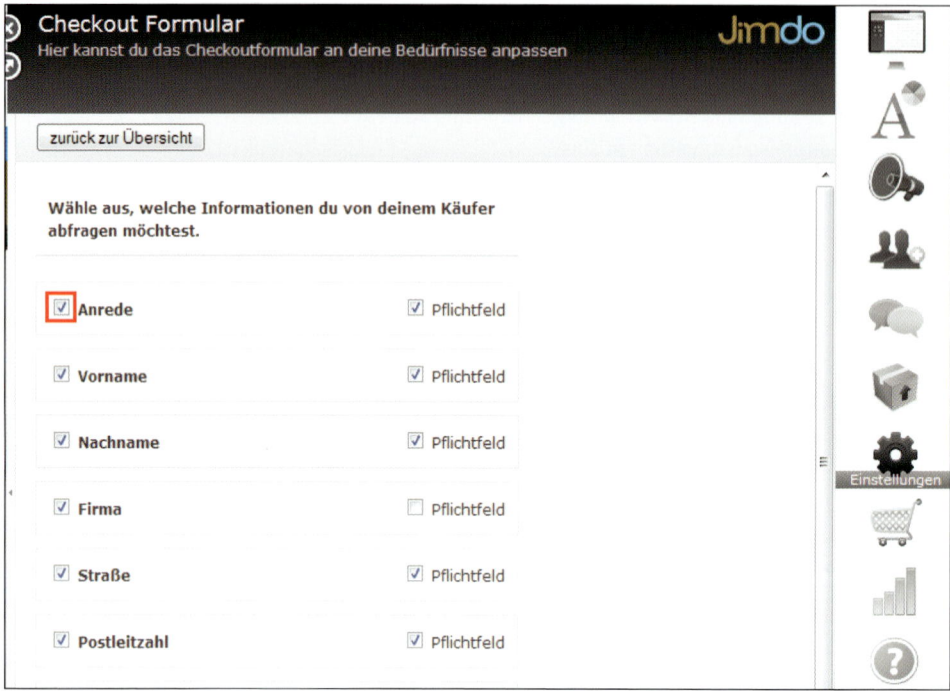

Der sinnvollste Vorschlag, da Sie für Rechnungserstellung, Lieferung, Rückfragen etc. ohnehin fast alle Informationen Ihres Kunden brauchen: Nehmen Sie alle Felder als Pflichtfeld außer „Firma" – das kann ein optionales Feld bleiben.

Wenn das Formular Schwierigkeiten in Bezug auf die Funktionalität Ihres Shops aufgrund der ausgewählten Felder sieht, meldet es sich ohnehin mit einer nicht immer ganz genau zuordenbaren Fehlermeldung bei Ihnen.

Mit diesem letzten Schritt haben Sie dann die Shop-Einrichtung von administrativer Seite her vervollständigt.

Shop-Artikel anlegen

Gehen Sie auf die Seite, die Ihren eigentlichen Shop darstellen soll, und platzieren Sie nun Shop-Produkte. Wenn Sie mehrere Rubriken von Artikeln anbieten, sollten Sie diese auf unterschiedliche Seiten bzw. Unterseiten verteilen, die Sie mit der Navigation (siehe Seite 30) anlegen.

Klicken Sie auf „+ Neues Element hinzufügen" und wählen Sie die Option „Shop-Produkt".

Es öffnet sich eine Eingabemaske für Shop-Produkte, die mit drei Reitern versehen ist, in denen Sie Text, Bild(er) und Preis Ihres Artikels eingeben können.

Artikeltexte

Der erste Reiter „Text" ist bereits geöffnet. Hier geben Sie zunächst den Produktnamen und Tags zum Produkt ein. Der Produkttitel muss für den Kunden klar und verständlich (und überdies nicht zu lang) sein, da er im Warenkorb und während des Checkouts angezeigt wird.

Bei mehreren Artikeln muss der Kunde den Überblick behalten, um welchen Artikel es sich handelt. Geben Sie bei Tags die Rubrik Ihres Artikels ein, um die Artikel in der Katalogübersicht später sortieren zu können.

Für die Gestaltung der Artikeltexte stehen Ihnen alle Optionen des Jimdo-Texteditors zur Verfügung, die Sie bereits aus vorangegangenen Eingaben oder aus der Übersicht von Seite 61 kennen. Versuchen Sie hier, den Text knackig, ausführlich und mit allen für den Kunden notwendigen Informationen zu Produktbeschaffenheit und Eigenschaften zu verfassen.

Je mehr relevante Information Sie hier hinterlegen und anschließend speichern, desto besser. Den Preis müssen Sie hier nicht eintragen.

Bilder

Die Qualität der Bilder, die Sie für Ihre Produkte einbringen können, ist entscheidend, zumal ein Bild mehr sagt als tausend Worte. Auch die Möglichkeit, mehrere Bilder in unterschiedlichen Ansichten (insbesondere wenn Sie mehrere Varianten wie z.B. Farben Ihrer Artikel anbieten) zu zeigen, sollten Sie mit dem Einsatz von qualitativ hochwertigem Bildmaterial nutzen.

Öffnen Sie den Kartenreiter „Bilder" und folgen Sie den Schritten 1 (Durchsuchen) und 2 (Upload), um qualitativ hochwertige Bilder in den Formaten GIF, JPG, PNG etc. hochzuladen. Geben Sie in den Einstellungen zum Bild die „Größe" (Anzeigegröße klein, mittel, groß) und die Aktivierung der „Zoom"-Funktion an.

Die Skalierung der Anzeigegröße ist für alle Produktbilder einheitlich und geschieht automatisch nach Ihrer Vorgabe.

Die Funktion „Zoom" bezeichnet eine Mouseover-Funktion im fertigen Shop, mit der Ihr Kunde im Bereich des Artikeltextes eine starke Vergrößerung als Lupenfunktion für die Produktbilder verwenden kann.

Mit „Foto-Upload" können Sie später Ihrem Shop-Produkt weitere Bilder hinzufügen. Nach dem Upload des Produktbilds sehen Sie nun eine Miniatur Ihres Shop-Bilds mit integrierten Funktionen. Optional verwenden Sie Ihre Dropbox (siehe Seite 188) zur Integration der gewünschten Produktbilder.

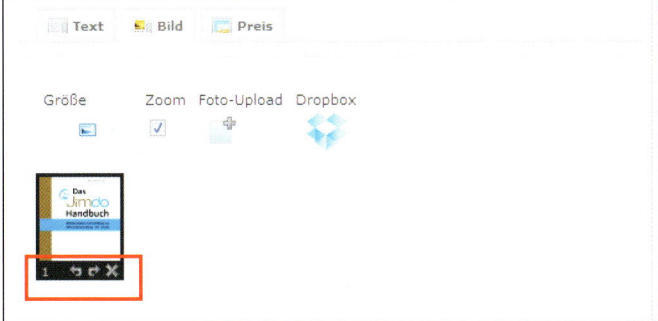

Mit den Pfeilen lässt sich das jeweilige Bild im oder gegen den Uhrzeigersinn drehen. Das „X" kennzeichnet die Löschen-Funktion für jedes Bild. Wenn Sie mehrere Bilder Ihres Produktes angelegt haben, können Sie die Bilder per Drag&Drop in eine beliebige Reihenfolge bringen.

Das erste Bild (oben links) ist dann auch für die Artikelanzeige das erste Bild. Speichern Sie Ihre Einstellungen anschließend.

Preis

Klicken Sie nun auf den Reiter „Preis", hinter dem sich nicht nur die Preisangabe für Ihren Artikel verbirgt, sondern auch die Möglichkeit, Varianten des Artikels anzulegen. Varianten von Artikeln sind z.B. unterschiedliche Größen und Farben von ansonsten identischen Artikeln.

Geben Sie hier den Bruttopreis (z.B. inkl. Mehrwertsteuer also den Endverkaufspreis) ein und den aktuellen Lagerbestand dieses Artikels bei Ihnen. Der Lagerbestand wird bei jeder Bestellung um die entsprechende Anzahl verkaufter Exemplare reduziert, kann aber auch durch Klick auf das Unendlich-Zeichen (die umgefallene „8") als „immer verfügbar" gekennzeichnet werden.

Wählen Sie den Lieferzeit-Typus aus, den Sie bei den Shop-Einstellungen ab Seite 125 bearbeitet haben. Geben Sie dann – sofern nicht bereits durch Ihre vorangegangenen Eingaben befüllt – den Mehrwertsteuersatz für diesen Artikel ein und seine Artikelnummer, sofern Sie Letzteres in den Shop-Einstellungen aktiviert haben. Anschließend speichern Sie Ihre Einstellungen.

Varianten von Artikeln

Um verschiedene Varianten im Artikel zu hinterlegen (Sie wollen ja nicht jede Farbe und jede Größe eines Artikels als eigenen Artikel anlegen), klicken Sie im Reiter „Preis" auf den Link „Produkt-Varianten aktivieren". Es öffnet sich das folgende Eingabefeld.

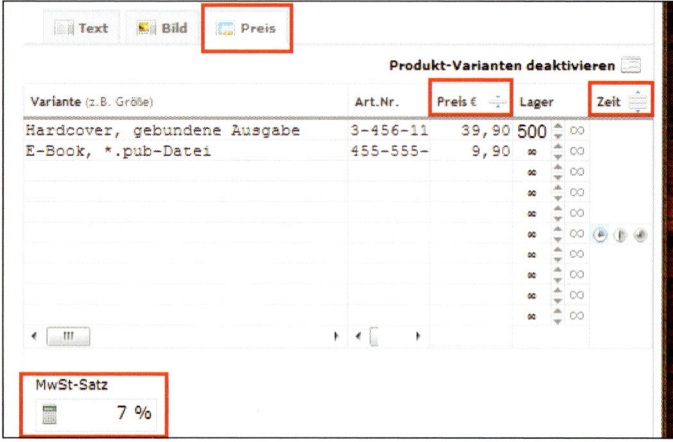

Hier können Sie jede Variante Ihres Artikels anlegen, mit einem kurzen Variantennamen versehen (z.B. Größe 36 gelb, Größe 38 gelb, Größe 36 blau), eine individuelle Artikelnummer eingeben und per Klick auf den kleinen grafischen Schieber neben dem Begriff „Preis" auf die Funktionen „für alle Varianten einen gemeinsamen Preis" oder „für jede Variante einen gesonderten Preis" umschalten.

Lagerbestände definieren Sie per Eingabe der Bestandszahl oder als unendlich per Klick auf das Symbol neben den Auf- und Ab-Pfeilen des Lagerwerts. Individuelle Lieferzeiten markieren Sie ebenfalls per Klick auf den Schieber als gültig für alle Varianten oder Sie geben individuelle Lieferzeiten gemäß der drei verfügbaren und in den Shop-Einstellungen pflegbaren Werte ein. Anschließend speichern Sie Ihre Eingaben. Alle Shop-Artikel – mit oder ohne Varianten – legen Sie auf diese Weise nacheinander an.

Shop-Style-Optionen

Wenn Sie einen Jimdo-Shop einrichten, tut sich (beinahe unbemerkt) etwas in Ihrem schon lange nicht mehr beachteten Bereich „Style". Hier sind nun zwei zusätzliche Optionen für die Shop-Gestaltung aufgetaucht. Gehen Sie in Ihrem Jimdo-Menü auf „Style" und wählen Sie „Shop Styles".

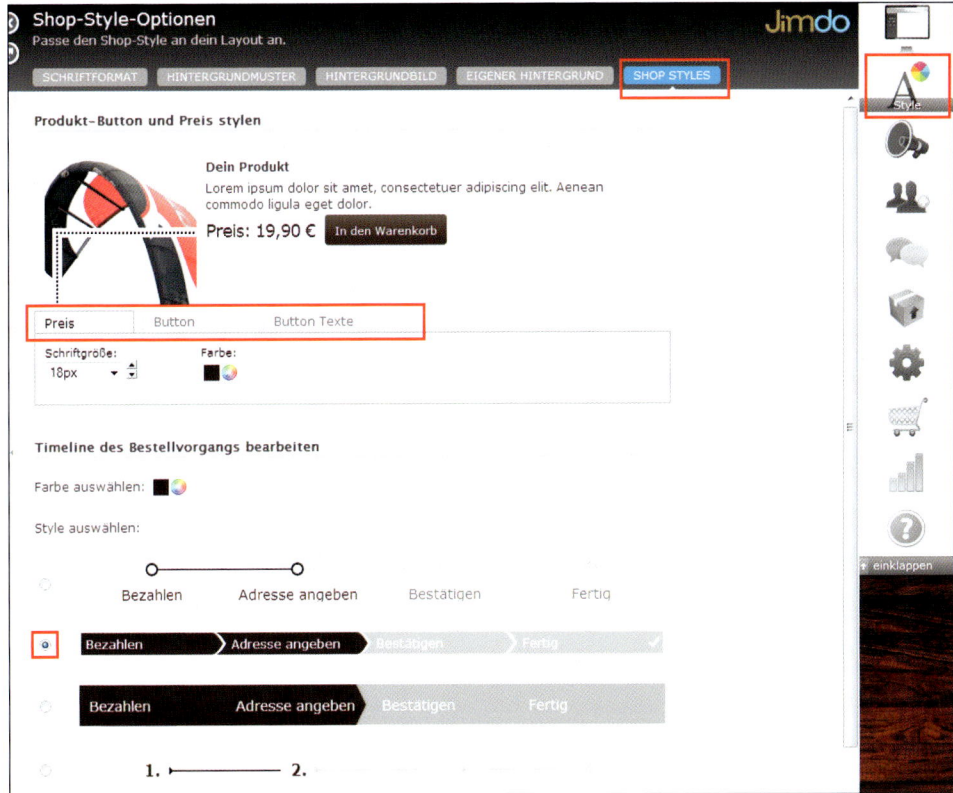

Sie können hier mit den Ihnen bekannten Methoden aus Farbauswahl und Texteingaben im Reiter „Preis" die Darstellung des Preises verändern. Pflegbar sind hier Schriftgröße und Farbe über den Farbregler, den Sie anklicken, um eine Farbe auswählen oder einen Hexadezimal-Farbwert einzugeben.

Im Reiter „Button" verfahren Sie gleichermaßen. Hier können Sie die inaktive und die aktive (Mouseover) Farbe des „In den Warenkorb-" und des „Zur Kasse"-Buttons definieren, die Schriftgröße auswählen und die Schriftfarbe als schwarz oder weiß definieren, je nachdem, was zu Ihrer Farbwahl am besten passt. Im Reiter „Button Texte" hinterlegen Sie im jeweiligen Eingabefeld die Beschriftung der beiden Buttons. Alle Ergebnisse Ihrer Änderungen sehen Sie in der permanent oben angezeigten Preview-Funktion einer schematischen Artikelanzeige.

Tipp: Sollte bei Auswahl des Farbreglers in einem Bereich dieser in einem der Reiter nicht aufgerufen werden, so haben Sie vermutlich versäumt, diesen in einem der anderen Reiter zu schließen. Wechseln Sie zwischen den drei Reitern und suchen Sie den offenen Farbregler, den Sie dann mit einem Klick auf das „X" rechts oben im Farbregler schließen.

Zuletzt können Sie zwischen vier Darstellungsarten der Fortschrittsanzeige (hier „Timeline des Bestellvorgangs") wählen. Diese Anzeige wird automatisch in den Bestellvorgang Ihres Kunden eingebunden, sobald er aus dem Warenkorb heraus „zur Kasse" geht und damit den Abschluss des Bestellvorgangs einläutet.

Für die Auswahl Ihrer Fortschrittsanzeige wählen Sie über den auch hier verfügbaren Farbregler einen zur Ihrem Layout passenden Farbton und markieren per Button die gewünschte Variante der Anzeige. Abschließend speichern Sie Ihre Eingaben.

Shop-Verwaltung (Bestellungen bearbeiten)

Ihr Jimdo-Shop zeigt Ihnen (neben der automatischen E-Mail, die Sie bei eingehenden Bestellungen erhalten) direkt beim Login, ob unbearbeitete Bestellungen für Ihren Shop vorliegen. Neben dem Einkaufswagen-Symbol, das bei aktivem Shop in das Jimdo-Flyout eingebunden wird, erscheint eine blaue Ziffer mit der Anzahl neu eingegangener Bestellungen.

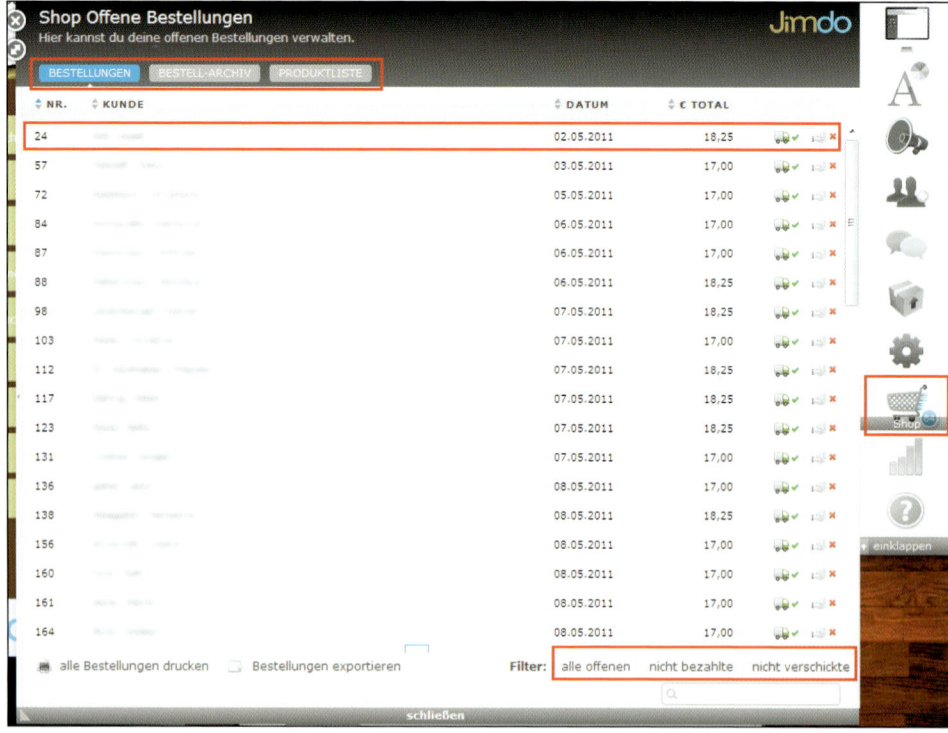

Klicken Sie auf den Einkaufswagen, um die Shop-Verwaltung zu betreten. Sie verfügen hier über die drei Kartenreiter „Bestellungen", „Bestellarchiv" und „Produktliste". Im Bereich „Bestellungen" sehen Sie eine Übersicht der offenen (also nicht versendeten) Bestellungen in einer Kurzansicht. Dargestellt werden

- die Bestellungsnummer (fortlaufend),

- der Name des Bestellers,

- Datum der Bestellung,

- Wert der Bestellung,

- die Markierung nicht verschickt/verschickt,

- die Markierung nicht bezahlt/bezahlt.

Sie können die Bestellungen in diesen Übersichten durch einen Klick auf die Überschrift (als Sortierkriterium) nach Belieben sortieren. Sofern der Kunde Sie (z.B. per PayPal) bereits bezahlt hat, ist die Bestellung als „bezahlt" markiert. Der Klick auf den Namen des Bestellers öffnet (in den offenen Bestellungen und im Archiv) eine Detailansicht zur Bestellung:

Hier finden Sie alle Details und Optionen zur Bestellung und können z.B. die Bestell- und Lieferadresse einfach kopieren, um sie z.B. in einen Etikettendrucker für den Versand zu übertragen. Die
zur Verfügung stehenden anklickbaren Funktionen sind:

- als bezahlt/nicht bezahlt markieren,

- als verschickt/nicht verschickt markieren,

- E-Mail an Käufer (öffnet bei installiertem Mail-Programm eine neue E-Mail an den Kunden),

- diese Bestellung drucken,

- Bestellung löschen (diese Funktion existiert nur, wenn die Bestellung als nicht bezahlt und nicht
  verschickt markiert ist),

- Notiz hinzufügen (zeigt ein weiteres Textfenster zur Eingabe von individuellen und internen
  Kundeninformationen).

Auch in der Listenübersicht: Per Klick auf das „bezahlt"-Symbol können Sie den Status der Bestellung
als „bezahlt" oder „unbezahlt" markieren. Der Klick auf das Lieferwagen-Symbol kennzeichnet die
Bestellung als „versendet" oder „unversendet". Sobald Sie die Bestellung als „versendet" markieren,
wird (bei entsprechend aktivierter Funktion in den Shop-Einstellungen) der Kunde automatisch per
E-Mail über den Versand seiner Bestellung informiert und die Bestellung in den zweiten Kartenreiter
(„Bestell-Archiv") verschoben. Die Filterfunktion am Fuß des Bearbeitungsfensters zeigt alle offenen,
alle nicht bezahlten und alle verschickten Bestellungen in einer Listenübersicht.

Im Kartenreiter „Produktliste" finden Sie darüber hinaus eine Übersicht Ihrer Shop-Artikel inklusive
Anzahl der bisherigen Bestellungen, Filterfunktionen für unterschiedliche Bestandsarten, Eingabe
des aktuellen Bestands und eine Suchmaske für Artikel.

Der Klick auf die Produktbezeichnung verbindet Sie mit der Detailansicht in Ihrem Shop.

Bestellungen exportieren

Um Ihnen bei einer Vielzahl eingegangener und teilbearbeiteter Bestellungen die Möglichkeit zu geben, die Bestelldaten in anderen Programmen zu nutzen und zu bearbeiten, können Sie die aktuellen „Bestellungen" und das „Bestell-Archiv" als CSV-Datei (Comma Separated Values) exportieren.

CSV-Dateien können Sie z.B. in Textverarbeitungen, Tabellenkalkulationsprogrammen und anderen Tools direkt verwenden, um zum Beispiel Statistiken, Datensicherungen, Adressetiketten, Rechnungen und Mahnungen zu generieren. Klicken Sie unterhalb des Menüs „Shop" auf den Kartenreiter „Bestellungen" oder „Bestell-Archiv" und dort auf den Link „Bestellungen exportieren". Der Export unterscheidet nicht zwischen aktuellen Bestellungen und Bestell-Archiv.

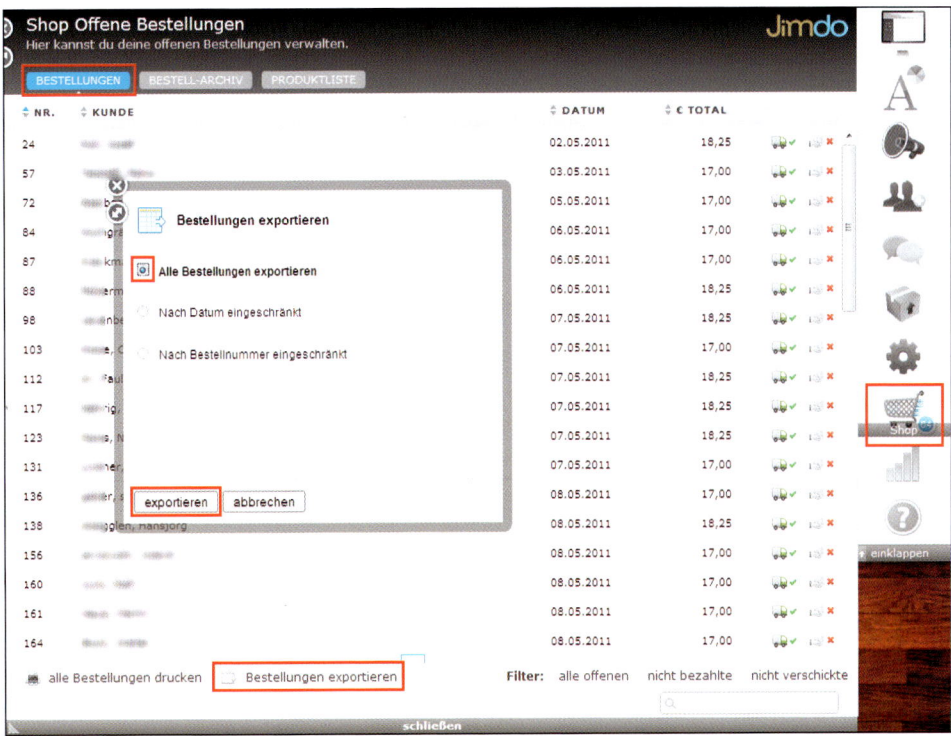

Sie verfügen im sich öffnenden Pop-up-Fenster über drei Optionen zur Generierung der Exportlisten.

- „Alle Bestellungen exportieren": exportiert alle im System je eingegangenen Bestellungen, inklusive aller gelöschten Bestellungen, Testbestellungen etc.

- „Nach Datum eingeschränkt": Geben Sie hier im vorgegebenen Format TT.MM.JJJJ das gewünschte Start- und Enddatum des Bestelleingangs ein und klicken Sie auf „exportieren".

- „Nach Bestellnummer eingeschränkt": Sie können die Werte „Ab Nummer" und „Bis Nummer" hinterlegen, um einen Teilexport durchzuführen.

Exportiert werden dabei folgende Felder:

Nr.	Preis Brutto	Telefon
Artikel–Nr.	Währung	E-Mail
Bestell-Datum (und Zeit)	Versand-Datum	Lief. Firma
Bezahlmethode	Rechn. Firma	Lief. Anrede
Artikel Variante	Rechn. Anrede	Lief. Nachname
Einzelpreis Netto	Rechn. Nachname	Lief. Vorname
Einzelpreis Brutto	Rechn. Vorname	Lief. Straße
Versandkosten Netto	Rechn. Straße	Lief. Postleitzahl
Versandkosten Brutto	Rechn. Postleitzahl	Lief. Stadt
MwSt. %	Rechn. Stadt	Lief. Bundesland
Anzahl	Rechn. Bundesland	Lief. Land
Preis Netto	Rechn. Land	

Die Exportlisten erhalten Sie im Format CSV. Sie können diese Dateien zum Beispiel mit Microsoft Excel oder einer anderen Tabellenkalkulation öffnen, um die weitere Bearbeitung vorzunehmen.

12 Weitere Einstellungen Ihrer Jimdo-Page

In den vorangegangenen Kapiteln haben Sie sich überwiegend mit den Funktionen zum Gestalten und Befüllen Ihrer Jimdo-Page beschäftigt. Im Jimdo-Flyout rechts unterhalb des Menüpunkts „Einstellungen" finden sich noch eine Vielzahl weiterer und wichtiger Funktionen, die für den Betrieb und die optimale Steuerung Ihrer Jimdo-Page von wesentlicher Bedeutung sind.

Nach der gestalterischen und inhaltlichen Fertigstellung Ihrer Webseite gibt es üblicherweise noch eine Reihe von Arbeitsschritten, die für eine professionelle Umsetzung, für die Indizierung von Suchmaschinen, die Kommunikation über die Webseite etc. sehr wichtig sind, damit nicht nur das inhaltliche/visuelle Ergebnis stimmt.

E-Mail- und Domainverwaltung

Die „E-Mail- und Domainverwaltung" besteht aus drei Funktionen: die Verwaltung der „E-Mail-Accounts", die „E-Mail-Weiterleitungen" und die „Domains". Zunächst einmal ist es wichtig bei Jimdo, zwischen E-Mail-Accounts (also echten Postfächern) und den E-Mail-Weiterleitungen zu unterscheiden. E-Mail-Accounts sind „echte" E-Mail-Adressen, mit denen Sie ein Postfach einrichten können, das Sie später zum Beispiel mit Ihrem lokalen Mail-Programm wie Outlook, Thunderbird etc. abfragen und als absendende Adresse ansprechen können.

Die Funktionen dieses Bereichs sind nur relevant für Nutzer der Jimdo-Pakete Pro und Business, da JimdoFree weder eigene Domain noch E-Mail-Adressen oder Weiterleitungen bietet. Als JimdoFree-Nutzer sind Sie auf die Jimdo-Domain deinname.jimdo.com und auf die Verwendung einer externen E-Mail-Adresse angewiesen.

E-Mail-Accounts

Um einen E-Mail-Account einzurichten – den Sie mit einem externen Mail-Programm abrufen können –, klicken Sie auf „E-Mail-Accounts" und aktivieren Sie die Schaltfläche „+ neuen Account hinzufügen". Ihre Hauptdomain ist bereits voreingetragen, so dass Sie nur noch den vorderen Teil der Mail-Adresse, ein Passwort und dessen Wiederholung eingeben müssen. Mit „anlegen" bestätigen Sie diese Adresse.

Bitte berücksichtigen Sie: Nach erfolgreicher Anlage der Mail-Adresse kann es bis zu 20 Minuten dauern, bis diese Adresse aktiv ist, daher versuchen Sie bitte nicht sofort, Ihr Mail-Programm einzurichten, weil Sie das Postfach innerhalb dieser Zeit wahrscheinlich nicht erreichen werden.

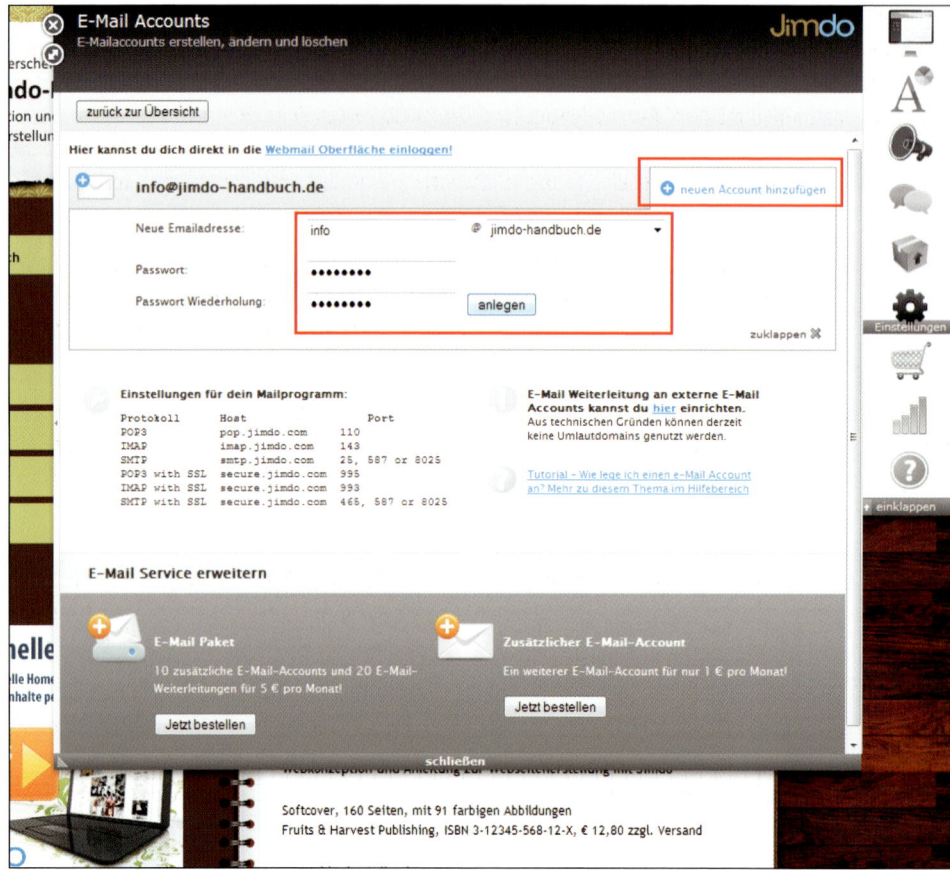

Das eingerichtete Postfach (E-Mail-Account) ist jetzt in der Übersicht des Bereichs angelegt und verfügt über die Optionen „Passwort ändern" und „löschen". Wenn Sie das Postfach löschen, werden alle darin befindlichen E-Mails natürlich ebenfalls gelöscht. Sie sollten also vor dem Löschen eines Postfachs sicherstellen, dass sich keine E-Mails mehr darin befinden.

Folgende Einstellungen sind wichtig, wenn Sie Ihr E-Mail-Postfach mit einem externen E-Mail-Programm abrufen möchten:

Protokoll	Host	Port
POP3	pop.jimdo.com	110
IMAP	imap.jimdo.com	143
SMTP	smtp.jimdo.com	25, 587 oder 8025
POP3 with SSL	secure.jimdo.com	995
IMAP with SSL	secure.jimdo.com	993
SMTP with SSL	secure.jimdo.com	465, 587 oder 8025

In diesem Zusammenhang sollten Sie bei gegebenenfalls auftretenden Verbindungsproblemen mit dem Mailserver die Vergabe der Ports in Ihrem Mail-Programm überprüfen, da diese – zumindest auf den Mail-Programmen vieler mobiler Geräte – nicht mit den dort standardmäßig hinterlegten Ports übereinstimmen müssen. Auch wichtig: Eine E-Mail-Adresse (vielmehr eine sogenannte Alias-Adresse), die Sie bereits als „Weiterleitung" eingerichtet haben, können Sie nicht als E-Mail-Account einrichten. Sie müssen die Weiterleitung (siehe nächster Abschnitt) erst löschen und können dann den E-Mail-Account mit der gleichlautenden Adresse einrichten.

Bei der Vergabe der Passwörter gibt es ebenfalls eine konkrete Anforderung. Sobald Sie die Richt-linien nicht einhalten, lesen Sie: „Mailtrust schreibt vor: Ein Passwort ist erforderlich. Es muss min-destens 6 Zeichen lang sein, darf nicht mehr als 3 Ziffern in Folge enthalten, darf nicht der eMail-Adresse ähneln und nicht „password" lauten."

Sehr übersichtlich ist auch das Webmail-Tool von Jimdo, das Sie unter *http://webmail.jimdo.com* erreichen. Geben Sie dort Ihre E-Mail-Adresse und das Passwort für Ihre E-Mail-Adresse ein. Da die Systemsprache im webmailer im Standard auf Englisch gesetzt ist, klicken Sie oben rechts im Mail-Fenster (neben „log out") auf „settings" und wählen Sie den Kartenreiter „Language & Date/Time". Dort setzen Sie den Wert „Default display language:" auf „deutsch". Den darunter liegenden Wert „Current time zone" sollten Sie ebenfalls von „US ..." auf „Europe/London" setzen. Anschließend klicken Sie auf den Button „save" und auf „ok". Ihr Webmail-Account lädt sich neu und zwar auf Deutsch mit den richtigen Zeitzoneneinstellungen. Andernfalls werden Ihre E-Mails vom Webmailer mit recht uneuropäischen Eingangs- und Ausgangszeiten verbucht bzw. versendet.

Da Sie bei JimdoPro nur einen und bei JimdoBusiness fünf Mail-Accounts haben, sollten Sie bei der Einrichtung der Postfächer grundsätzlich überlegen, welche Serviceadressen wie kontakt@ oder webmaster@ als E-Mail-Weiterleitung eingerichtet werden können und kein eigenes Postfach benötigen.

Sie finden in diesem Bereich jedoch auch die Möglichkeit, weitere Postfächer und E-Mail-Weiter-leitungen hinzuzukaufen.

E-Mail-Weiterleitungen

Auch die Anzahl der E-Mail-Weiterleitungen ist bei JimdoPro auf drei limitiert. JimdoBusiness-Nutzer haben hier keine Limits zu befürchten. Klicken Sie auf „E-Mail-Weiterleitungen" und geben Sie das sogenannte „Alias" (also den vorderen Teil der E-Mail-Adresse) ein und klicken Sie auf „+ neuen Alias hinzufügen". Es öffnet sich das Feld „weiterleiten an", in dem Sie die E-Mail-Ziel-adresse für Ihre Weiterleitung eintragen und anschließend auf „speichern" klicken.

Die Weiterleitung ist nun eingerichtet. Mit einem Klick auf das erscheinende Feld „Bearbeiten" kön-nen Sie noch eine weitere E-Mail-Adresse hinterlegen, an die eingehende E-Mails auf dieser Alias-Adresse weitergeleitet werden sollen. Mit dem Minus-Symbol neben der Weiterleitungsadresse kön-nen Sie eine der beiden Weiterleitungen wieder entfernen. Dies geschieht bei Klick ohne weitere Rückfrage.

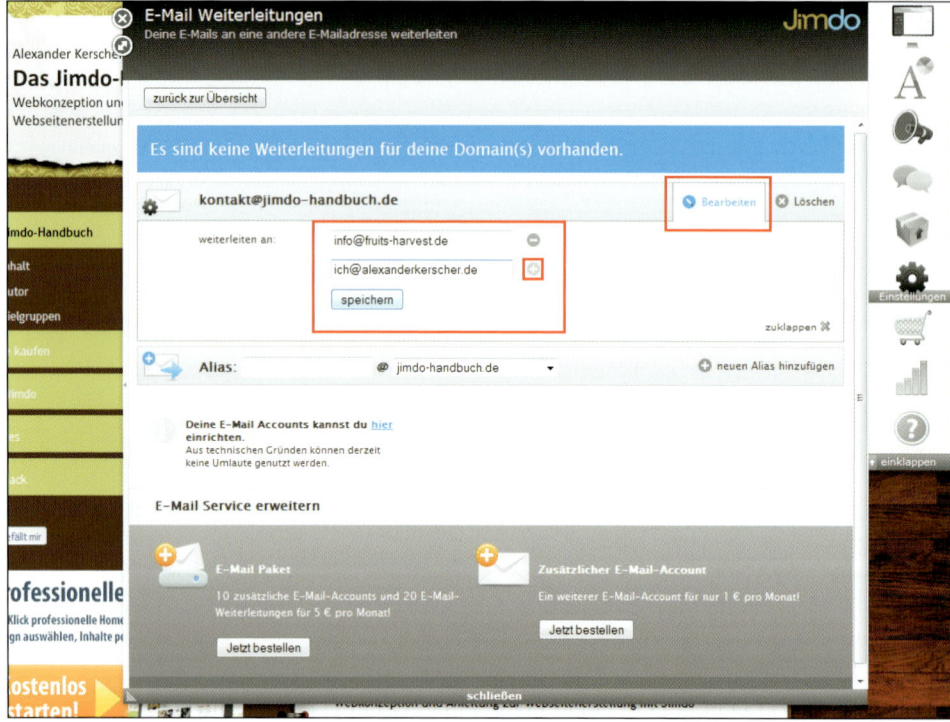

Im Kartenreiter „Löschen" haben Sie die Möglichkeit, Ihre E-Mail-Weiterleitung komplett zu löschen. Bestätigen Sie den Löschvorgang mit „Ja" oder brechen Sie mit „Nein" den Löschvorgang ab.

Domains

Wenn Sie noch keine „echte" Domain für Ihre Jimdo-Page beantragt haben (das ist nur bei Jimdo-Pro und JimdoBusiness möglich), finden Sie als JimdoFree-User als eingetragene Hauptdomain Ihre Jimdo-URL http://benutzername.jimdo.com.

Als JimdoPro-User sind eine und als JimdoBusiness-User zwei „echte" Domains zusätzlich im Paketpreis enthalten. Außerdem bleibt die Jimdo-URL http://benutzername.jimdo.com erhalten.

Die aktuelle Haupt-URL ist in der Regel immer die eingerichtete bzw. die zuletzt konnektierte Domain. Sie haben – bei mehreren Domains im Portfolio – die Möglichkeit, jede Domain als Haupt-Domain einzurichten, indem Sie im Bereich „Domains" unterhalb des Eintrags „Hauptdomain" auf „einstellen" klicken.

Wenn Sie über Domains bei anderen Providern verfügen, die Sie für Ihre Jimdo-Page benutzen möchten, kündigen Sie diese Domain bei Ihrem alten Provider und lassen Sie sich einen sogenannten AuthCode zusenden (je nach Provider geschieht dies automatisch). Senden Sie nach Erhalt diesen AuthCode unter Angabe Ihre Jimdo-Domain benutzername.jimdo.com an die E-Mail-Adresse(n) pro@jimdo.com bzw. business@jimdo.com mit der Bitte, die Domain zu übernehmen und mit Ihrer Webseite zu konnektieren.

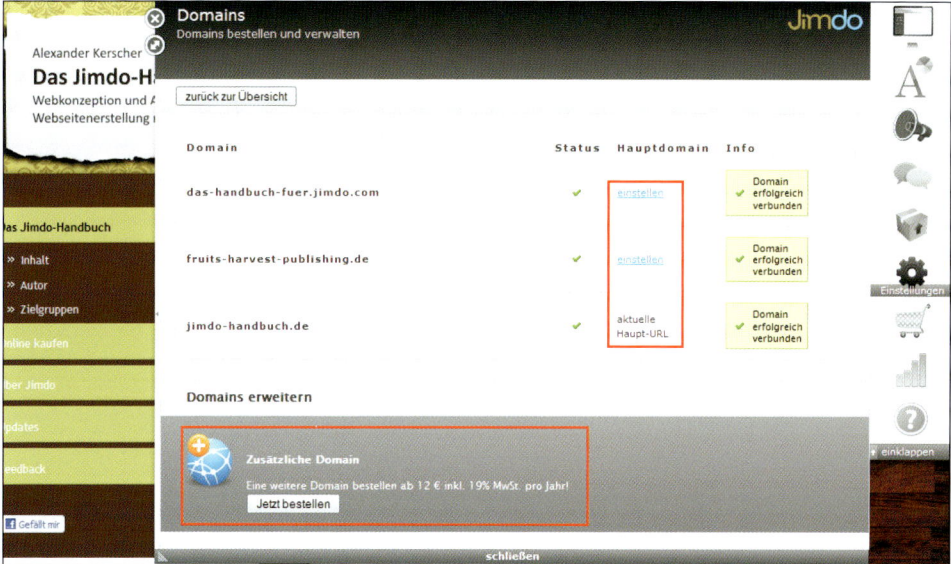

Darüber hinaus steht Ihnen bei vielen Providern die Möglichkeit zur Verfügung, Ihre Domains per A-Record und MX-Record zu administrieren. Nachfolgend wird beschrieben, wie Sie diese Umstellung vornehmen können. Es wird jedoch davon abgeraten, Domains per A-Record zu Jimdo umzuleiten, da die IP-Adresse, auf der sich Ihre Jimdo-Page befindet, jederzeit durch Serverumzüge der Jimdo-Webserver im Rechenzentrum geändert werden kann. Das würde die Nichterreichbarkeit Ihrer Domain zur Folge haben.

Ändern Sie die nachfolgenden Einstellungen nur, wenn Sie sich mit dem Thema A-Records und MX-Records auskennen:

- Rufen Sie (auf dem PC) unter „Programme/Zubehör" bzw. „alle Programme/Zubehör" die „Eingabeaufforderung" auf und geben Sie ein: nslookup ihrusername.jimdo.com.

- Sie erhalten in der Systemantwort unter „Nicht-autorisierte Antwort" eine IP-Adresse, die Sie notieren.

- Gehen Sie nun in die Domainverwaltung Ihres Providers, auf dem die zu verbindende Domain gehostet wird, und wählen Sie (sofern verfügbar) die Funktion „A-Record" für die betreffende Domain.

- Dort geben Sie unter „IP-Adresse" die notierte IP ein und speichern die Einstellungen.

- Nach ca. 24 Stunden ist Ihre Jimdo-Page unter der gewünschten Domain direkt verfügbar.

Wenn Sie die Möglichkeit haben, MX-Records (also das Mail-Protokoll) für die Domains bei Ihrem alten Provider einzutragen, so wählen Sie dort die entsprechende MX-Funktion und geben Sie als Jimdo-MX-Mailserver

- mx1.jimdo.com

- mx2.jimdo.com

an. Sie können fortan über die Jimdo-Mailserver für die konfigurierte Domain E-Mails empfangen.

Benutzer(verwaltung)

Im Jimdo-Bereich „Benutzer" finden Sie auch eine Reihe von Einstellungen, die nur mittelbar mit den Funktionen und dem Aussehen Ihrer Jimdo-Page zu tun haben.

Persönliche Daten

Bei den „Persönlichen Daten" können Sie Name, Geburtsdatum und Adresse pflegen. Diese Daten sind ein Bestandteil Ihres Kundenaccounts bei Jimdo und müssen nicht gepflegt werden. Sie werden von Jimdo nicht weitergegeben, können aber unter anderem auf Jimdo.com und anderen Jimdo-User-Seiten abgerufen werden, wenn Sie sich mit „Freunden" bei Jimdo vernetzen. Geburtsdatum und Adressen werden in keinem Fall publiziert.

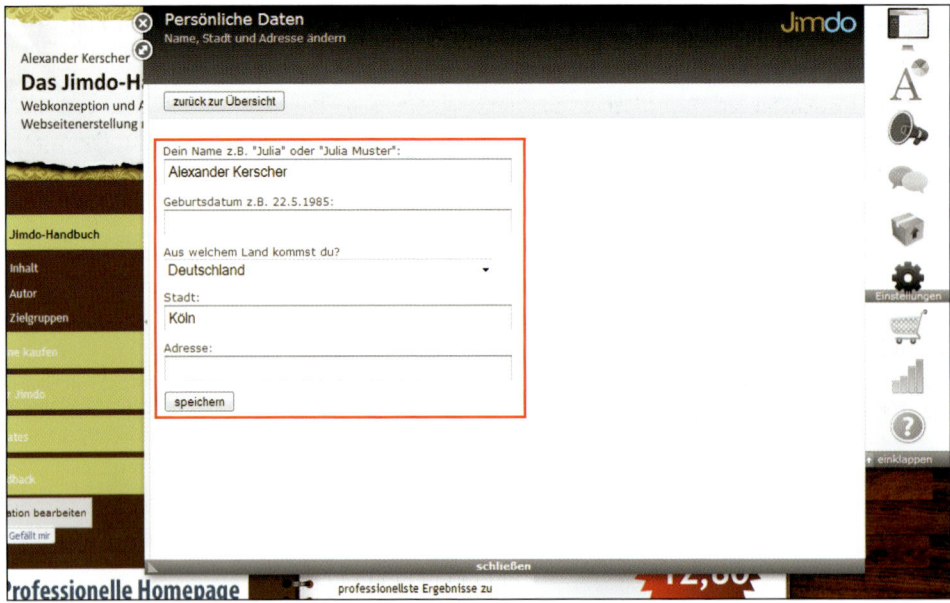

Wenn Sie – im eingeloggten Zustand – auf anderen Jimdo-Pages Kommentare (in Blogs oder Gäste-büchern) hinterlassen, wird Ihr Name automatisch als Verfasser des Posts eingetragen.

User können z.B. unter *http://de.jimdo.com/user/* gesucht und als Freunde hinzugefügt werden.

Deine E-Mail-Adresse

Im Bereich „Deine E-Mail-Adresse" können Sie eine beliebige E-Mail-Adresse hinterlegen, an die Ihnen systembedingte Informationen wie z.B. neue Gästebucheinträge oder ein vergessenes Passwort gesendet werden.

Ihre E-Mail-Adresse muss nichts mit der Domain Ihrer Jimdo-Page zu tun haben.

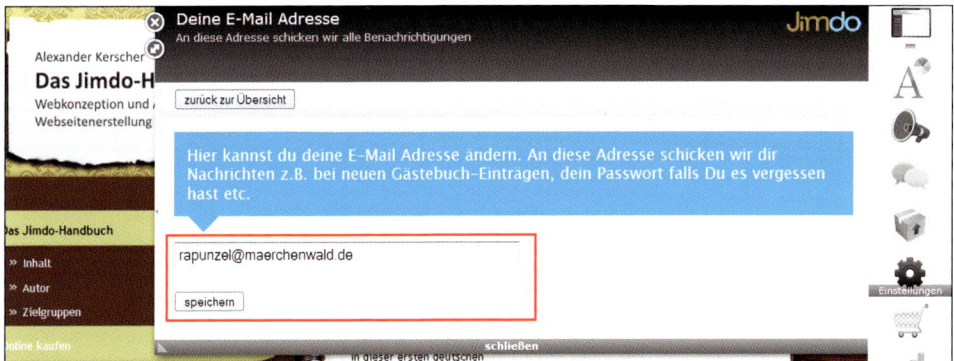

Hinweis: Wenn Sie die ursprünglich hier angegebene E-Mail-Adresse ändern – sie stammt aus den Daten Ihrer ersten Anmeldung der Seite auf jimdo.com –, müssen Sie die Änderung der E-Mail-Adresse bestätigen.

Dazu erhalten Sie per E-Mail einen Bestätigungscode und -link, den Sie anklicken und im neu erscheinenden Feld „Bestätigungscode" unterhalb der E-Mail-Adresse eingeben. Die neue Adresse wird damit bestätigt.

Benachrichtigungs-Optionen

Wenn Sie den Jimdo-Newsletter erhalten möchten – das ist gerade in der ersten Zeit als Jimdo-User empfehlenswert –, können Sie hier den Empfang mit den Einstellungen „Ja" und „Nein" regeln. Speichern Sie Ihre Änderung ab, da diese sonst nicht übernommen wird.

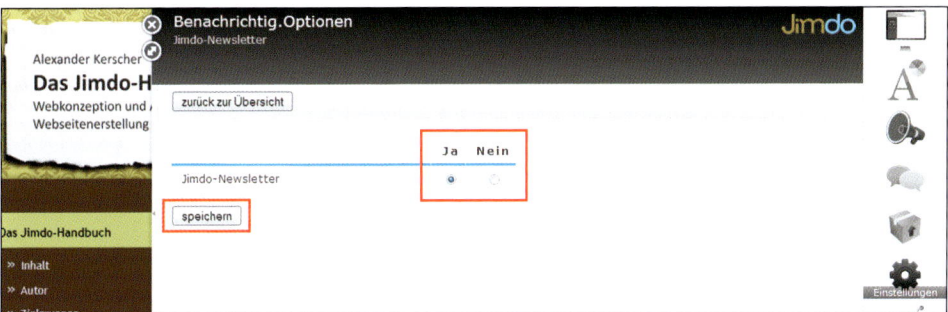

Profilfoto

Zu Ihren persönlichen Daten gehört auch die Möglichkeit, ein Profilfoto hochzuladen, das – im eingeloggten Zustand – mit Ihrem Namen als Jimdo-User bei Freundeslisten, Gästebüchern und Blog-Kommentaren angezeigt wird.

Klicken Sie auf „Durchsuchen", um ein Bild im Format JPG, GIF oder PNG (idealerweise mit der Größe 100 x 100 Pixel) auf den Laufwerken Ihres Rechners auszusuchen und es mit „Bild übertragen" abzuspeichern.

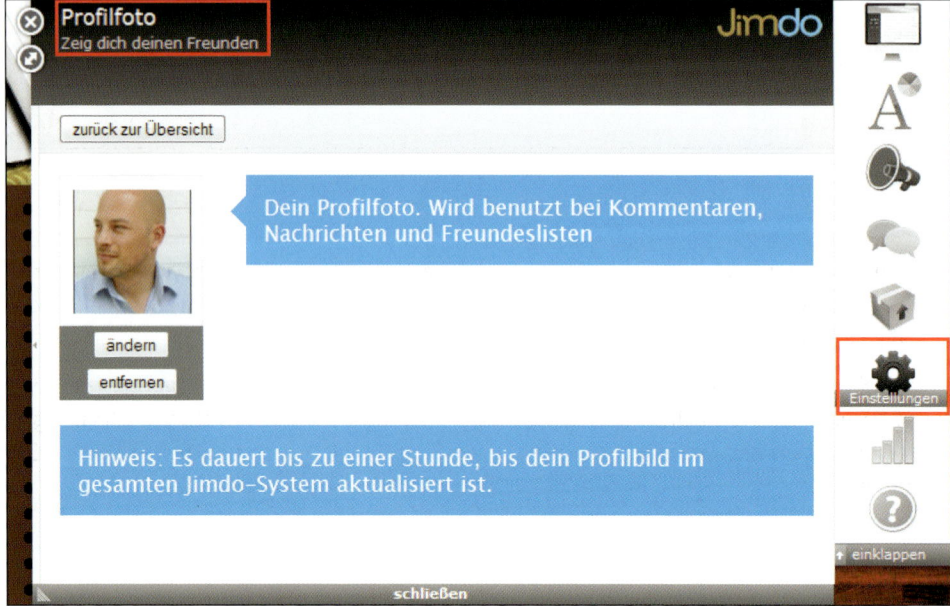

Ein Bild, das diese Größe nicht hat, kann im Rahmen der Bildanzeige nach dem Hochladen mit der Maus so zentriert werden, dass der gewünschte Ausschnitt zu sehen ist.

Da sich das hochgeladene Foto nicht verkleinern lässt, sollten keine zu großen Bilder hochgeladen werden. Das Ergebnis wäre sonst ein zu groß geratener Ausschnitt.

Wie auf der Seite erwähnt, dauert es bis zu einer Stunde, bis neu hochgeladene Bilder im Jimdo-System aktualisiert sind.

Privatsphäre

Unter „Privatsphäre" können Sie die Jimdo-Community-Funktion „Freunde und Nachrichten" aktivieren oder deaktivieren.

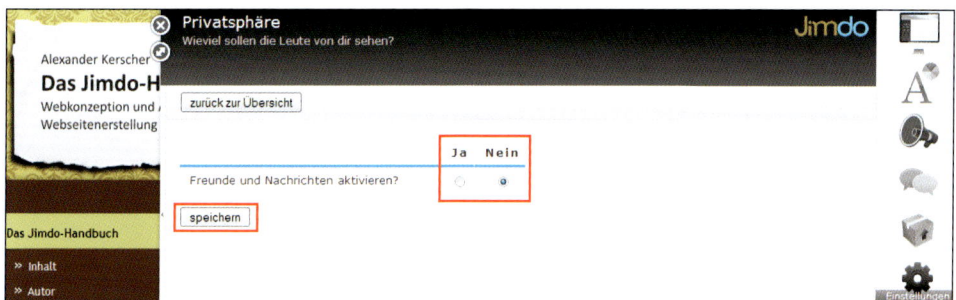

Am Beispiel *http://de.jimdo.com/user/alexanderkerscher.jimdo.com* sehen Sie, wie Sie auf jimdo.com gefunden, automatisch beschrieben und als Freund hinzugefügt werden können. Wenn Sie diese Funktion nicht nutzen möchten – weil Sie z.B. Ihr Webprojekt erst einmal in aller Stille produzieren möchten oder schon genug digitale Freunde haben –, deaktivieren Sie diese Funktion und klicken Sie auf „speichern".

Diese Funktion ist beim Anlegen der Jimdo-Page auf „aktiv" geschaltet. Die entsprechenden Funktionen „Freunde und Nachrichten" werden damit im Jimdo-Menü auf der rechten Seite Ihrer eingeloggten Jimdo-Page aktiviert bzw. deaktiviert. Um die Einstellungen wieder zu aktivieren, ändern Sie den Eintrag unter „Privatsphäre" wieder auf „Ja" und speichern Sie Ihre Eingaben.

13 Webseite(nmanagement)

Im Funktionsbereich „Webseite" finden Sie einige wichtige Menüs, mit denen Sie u.a. für Suchmaschinen wichtige Inhalte hinterlegen und ansonsten sehr unterschiedlich geartete Funktionen einstellen können.

Speicherplatz

Wie viel Speicherplatz Sie mit Ihrer Jimdo-Page aktuell belegen, sagt Ihnen das Menü „Speicherplatz". JimdoFree-Nutzer verfügen über 500 Megabyte Speicherplatz, Pro-Nutzer über 5 Gigabyte und Business-Nutzer über sagenhafte 50 Gigabyte Speicherplatz.

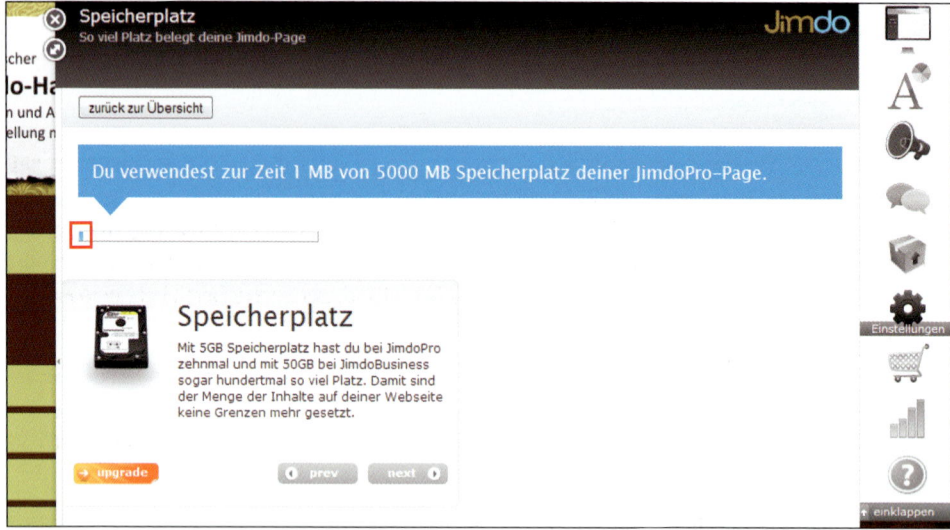

Die Anzeige informiert Sie in MB-Schritten, wie viel Platz Sie aktuell verwenden.

Wenn Sie tatsächlich einmal an die Grenze des nutzbaren Speicherplatzes kommen (von dem Fall habe ich bisher noch nicht gehört), haben Sie nur die Möglichkeit, Daten von Ihrer Webseite (insbesondere Fotos und große Downloads) zu löschen, um wieder Speicherplatz freizugeben.

Sprache

Mittlerweile stehen Ihnen elf Sprachversionen zur Verfügung, in denen Sie Ihre Jimdo-Page bedienen können. Das hat selbstverständlich nichts mit der Sprache der von Ihnen angezeigten Inhalte zu tun. Die dürfen Sie in jeder Sprache eingeben, derer Sie mächtig sind. Sofern Sie für Ihre Sprache einen besonderen Zeichensatz benötigen, können Sie diesen im nächsten Punkt „Head" integrieren.

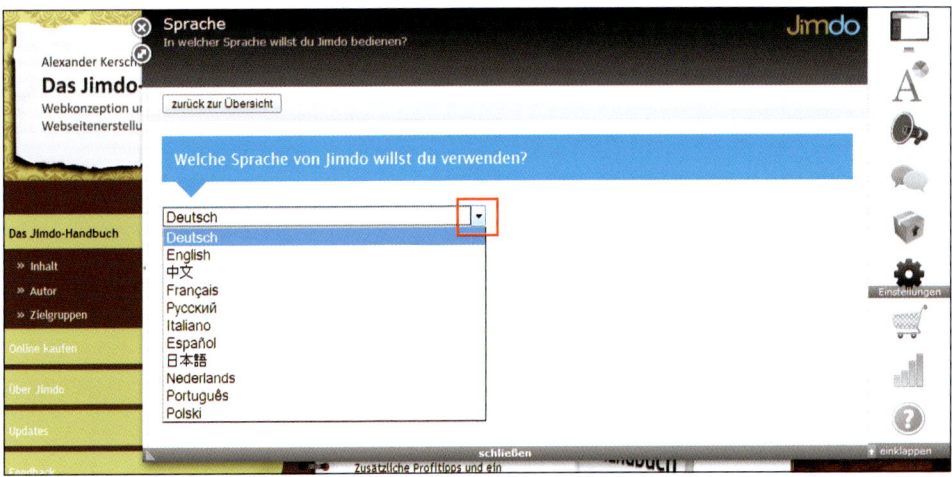

Zur Verfügung stehen Deutsch, Englisch, Spanisch, Französisch, Italienisch, Niederländisch, Polnisch, Portugiesisch, Russisch, Japanisch und Chinesisch als sogenannte Backend-Sprache.

Head bearbeiten

Was ist der Head? Na klar … der Kopf. Aha! Wenn man sich die Anatomie einer HTML-Seite ansieht, so besteht diese aus Kopf (Head) und Körper (Body). Simpel gesprochen. Unter *http://de.selfhtml.org/html/allgemein/grundgeruest.htm* finden Sie hierzu eine sehr einfache und eindeutige Darstellung des Codes. Allerdings ist eine vernünftige <head>-Definition eine Angelegenheit für Leser, die über Grundkenntnisse im Bereich HTML verfügen, daher richtet sich dieser Bereich auch bei Jimdo explizit an „Profis".

Mit Einträgen im Bereich Head können Sie jede Menge wichtige Informationen und Funktionen als HTML-Kenner hinterlegen. Versuchen Sie aber nicht, an dieser Stelle den <title>-Tag zu ersetzen. Das wird Ihnen nicht gelingen, da diese Funktion unter dem Bereich „Suchmaschinen" und dort „Seitentitel" (Seite 168) explizit integriert ist.

Sie können folgende Tags innerhalb des <head>-Bereichs ändern:

- <base> – Definition der Basis-URL eines HTML-Dokuments. Damit können Sie relative Dateiverweise integrieren, wobei die Basis-URL selbst einen relativen Wert besitzen darf.

- <link> – definiert Beziehungen der Seite zu anderen Quellen, wie unter *http://de.selfhtml.org/html/kopfdaten/beziehungen.htm* hervorragend erläutert

- <meta> – leitet die Definition von Metadaten im Head von HTML bzw. XHTML-Dateien ein (siehe nachfolgender Screenshot, innerhalb dessen Verhalten, Besuchshäufigkeit, Cache-Dauer der Seite für Browser und Wiederbesuchsempfehlung an Suchmaschinen-Roboter ausgesprochen werden)

- <meta> – funktioniert hier nur, wenn Sie ein eigenes Design erstellt und hochgeladen haben

- <style> – Möglichkeit zur Integration von Style-Elementen mit CSS-Eigenschaften

- <script> – mit diesem Tag wird Scriptcode in den Head-Bereich der Seite gesetzt, der in erster Linie zum Einsatz von JavaScript-Programmen verwendet wird.

Geben Sie Ihre Eingaben in das offene Textfeld ein.

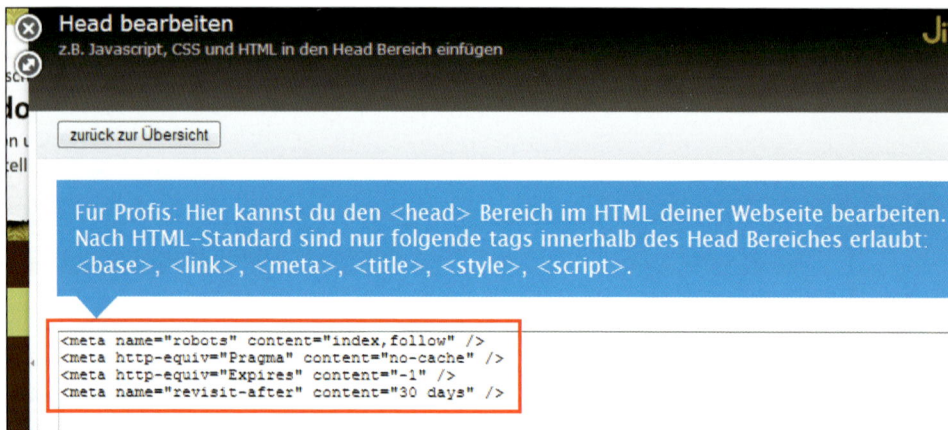

Abschließend speichern Sie bitte Ihre <head>-Eintragungen ab. Der von Ihnen eingegebene Code wird dabei um die für XHTML unnötigen Bestandteile automatisch bereinigt.

In diesem Zusammenhang habe ich die Seite *www.mediaevent.de/xhtml/* mehrfach besucht und möchte diese – obwohl die Inhalte schon nicht mehr ganz so frisch sind – für erste Schritte im Bereich der Head-Bearbeitung neben *http://de.selfhtml.org* wegen der übersichtlichen Gestaltung empfehlen. Für weitere Link-Empfehlungen gesendet an info@jimdo-handbuch.de bleibe ich dankbar.

Favicon

Bei einem Favicon handelt es sich um eine kleine grafische Logodatei im Format 16 x 16 Pixel, die – abgelegt im Stammverzeichnis des Webauftritts sofern nicht anders referenziert – in den meisten Browsern links neben der Adresszeile angezeigt wird.

Der Vorteil dieser Dateien, die als „favicon.ico" abgespeichert werden, liegt darin, dass auf der einen Seite die URL mit einem Logo „gebrandet" werden kann, und bei Aufnahme Ihrer URL in die Lesezeichenliste des Browsers durch Ihre Besucher wird Ihre Jimdo-Page durch das kleine Logo schneller gefunden.

Favicons können grundsätzlich auch im Format 32 x 32 Pixel angelegt werden. Traditionell werden aber nur 16 x 16 Pixel im Browser angezeigt. Suchmaschinen mögen übrigens Webseiten, bei denen eine favicon.ico-Datei hinterlegt wurde. Mit dem entsprechenden Menü unterhalb von „Einstellungen", „Webseite", „Favicon" können Sie eine selbst erstellte ICO-Datei hochladen.

Mit einem Grafikprogramm erstellen Sie eine 16 x 16 Pixel große Datei und speichern diese im Format „.bmp" (Windows Bitmap) ab. Mit dem kostenlosen Programm irfanview (erhältlich unter *www.irfanview.de*) öffnen Sie Ihre BMP-Datei in irfanview und speichern diese mit der Funktion „Datei" > „Speichern unter" als *.ICO-Datei unter dem Namen favicon.ico ab.

Öffnen Sie diese Datei favicon.ico per „Durchsuchen" nun in Ihrem Jimdo-Menü und laden Sie diese mit „hochladen" auf Ihre Jimdo-Page.

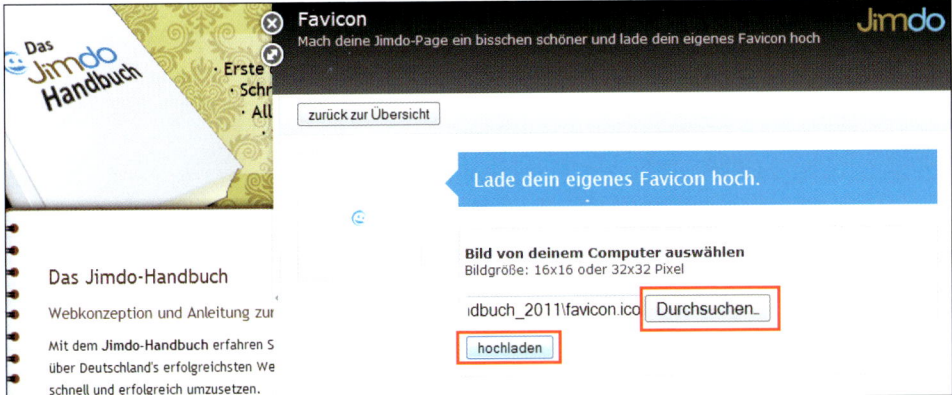

Im gleichen Menü finden Sie nach dem erfolgreichen Hochladen Ihres Favicons die Optionen „ändern" und „löschen". Die URL-Leiste des Browsers führt nach dem Hochladen – gegebenenfalls müssen Sie die Seite einemal neu laden – nun das hinterlegte Favicon.

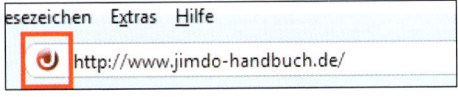

Wenn Sie nicht wissen, wie man mit einem Grafikprogramm arbeitet, können Sie auch einen der kostenlosen Online-Generatoren für Favicons verwenden, zum Beispiel *www.favicon-generator.de* oder *www.favicon-maker.de*.

Passwortgeschützte Bereiche

Mit JimdoFree können Sie einen, mit JimdoPro fünf und mit JimdoBusiness unlimitierte passwortgeschützte Bereiche auf Ihrer Jimdo-Page einrichten. Diese Funktion verwehrt bei Aufruf der entsprechenden Unterseite die Anzeige der hinterlegten Inhalte und fordert zur Abgabe eines Passworts auf.

Um einen passwortgeschützten Bereich anzulegen, klicken Sie auf den Menüpunkt „Passw. Bereiche" und klicken Sie auf „neuen passwortgeschützten Bereich hinzufügen". Um einzelne Seiten mit einem Passwortschutz zu versehen, müssen natürlich zunächst einmal Seiten angelegt sein.

Ob Sie schon Inhalte auf diesen Seiten hinterlegt haben, spielt keine Rolle.

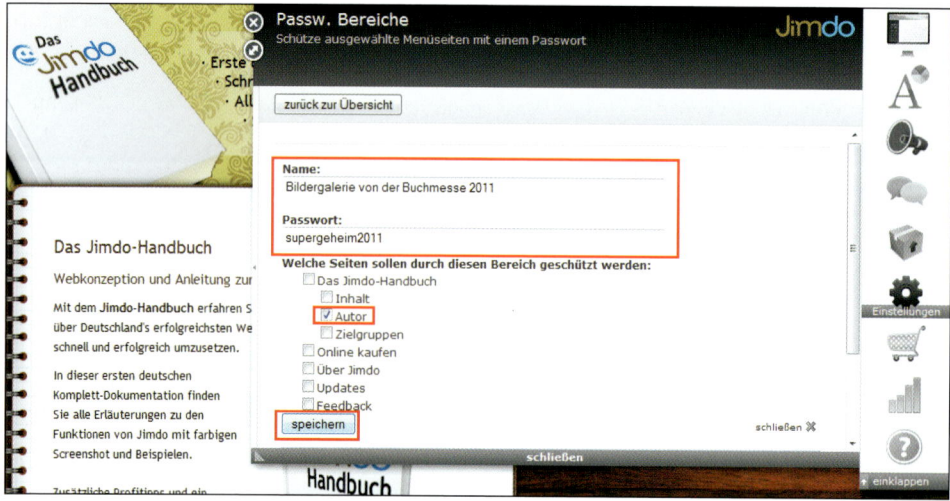

Vergeben Sie einen eindeutigen Namen für den passwortgeschützten Bereich. Dieser Name wird später nach dem erfolgreichen Abspeichern des Passwortschutzes als Bezeichnung für den geschützten Bereich im Menü „Passw. Bereiche" angezeigt.

Auch das Passwort, das Sie hier im nächsten Feld vergeben, wird später in der Übersicht in Klarschrift angezeigt, so dass Sie vergebene Passwörter nicht unbedingt außerhalb Ihrer Jimdo-Page zusätzlich aufschreiben müssen. Wenn Sie das Häkchen für den Passwortschutz auf einer übergeordneten Seitenebene setzen, werden alle darunter liegenden Seiten ebenfalls automatisch angekreuzt, die Häkchen können aber einzeln wieder entfernt werden. Auch kann ein Passwortschutz-Bereich, den Sie vergeben, mehrere Seiten oder die ganze Jimdo-Page umfassen.

Klicken Sie auf „speichern", um Ihren Passwortschutz zu vergeben. Anschließend finden Sie diesen Eintrag im Menü unterhalb von „Passw. Bereiche" wieder und können diesen löschen oder nachträglich bearbeiten (zum Beispiel für eine Änderung des Passworts).

Den *wichtigsten Hinweis* liefert Jimdo nach Abspeichern des Passwortschutzes im Menü selbst:

1. Der Passwortschutz wirkt nur für einzelne Seiten. Auf den Seiten befindliche Dateidownloads oder Bilder sind nicht hundertprozentig sicher geschützt. Legen Sie daher dort bitte keine kritischen Daten ab.

2. Blog-Artikel können nicht passwortgeschützt werden.

Copyright-Zeile

Bei der „Copyright-Zeile" haben Sie die Möglichkeit – in Abhängigkeit vom gewählten Layout –, jede Seite Ihres Webangebots mit einem Copyright-Vermerk auszustatten. Dieser Hinweis wird leider nicht (das wäre noch eine schöne Idee für die Weiterentwicklung) zum Bestandteil des Drucktemplate (Druckversion). Er wird aber automatisch an den Fuß jeder einzelnen Seite Ihres Webauftritts gesetzt.

Geben Sie unter „Einstellungen" > „Webseite" > „Copyright-Zeile" Ihren Text für den Copyright-Vermerk ein und speichern Sie den Text ab. Da sowohl normaler Text als auch die HTML-Tags <br /> für den Zeilenumbruch, <a> für Linkverweise und <p> für Textabsätze erlaubt sind, verfügen Sie über einige einfache Gestaltungsmöglichkeiten.

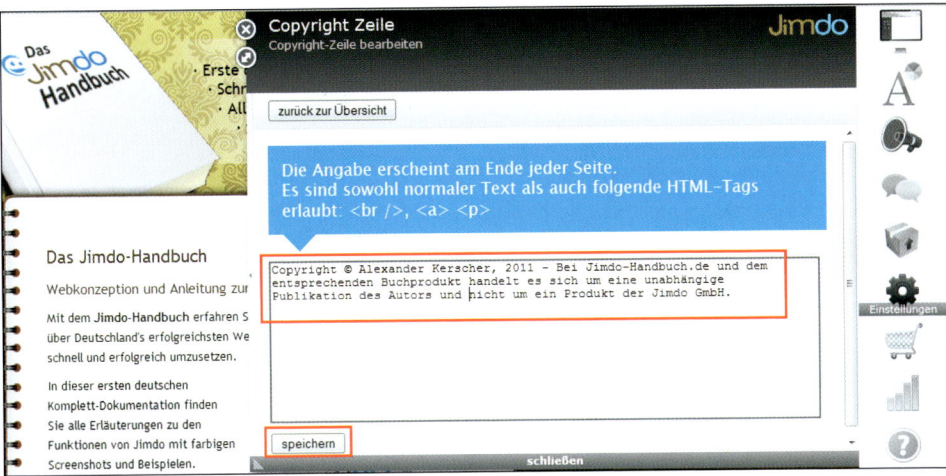

Speichern Sie nachfolgend die gemachten Eingaben ab und überprüfen Sie den Textstand auf Ihrer Jimdo-Page. In den meisten Layouts finden Sie die Copyright-Zeile unten links am Ende jeder Seite.

Impressumsbox

Die „Impressumsbox" ist der von Jimdo voreingestellte Hinweis im Impressum jeder Jimdo-Page, dass diese mit Jimdo erstellt worden ist.

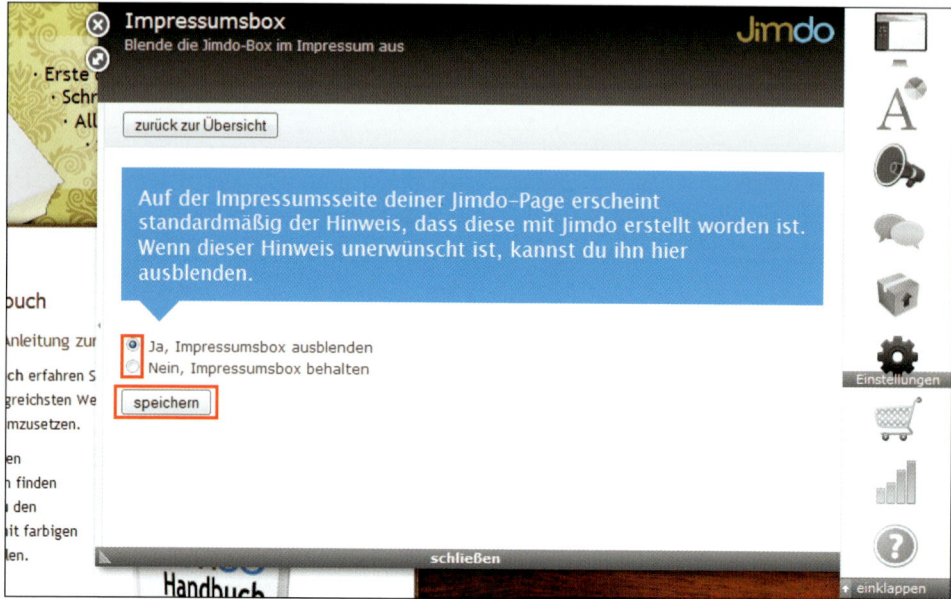

Da Jimdo in jedem Layout die in Deutschland rechtlich verbindliche Seite „Impressum" angelegt hat (diese lässt sich auch nicht entfernen), verfügt jede Jimdo-Page über diesen Hinweis. Um ihn auszublenden, setzen Sie den Button auf „Ja, Impressumsbox ausblenden" und klicken Sie auf „speichern". Die Jimdo-Box erscheint dann nicht mehr im Impressum.

Mobile Ansicht

Mit der Funktion „Mobile Ansicht" stellt Ihnen Jimdo eine Funktion zur Verfügung, mit der Ihre Jimdo-Page beim Aufruf mit einem mobilen Endgerät (iPhone, Android) automatisch an Display und Bedienung des Geräts angepasst wird.

Diese Einstellung ist automatisch beim Anlegen Ihrer Jimdo-Page aktiviert. Die Einstellung kann unter „Einstellungen" > „Webseite" > „Mobile Ansicht" aufgerufen und geändert werden.

Damit wird auch Ihr Jimdo-Shop und der dazugehörige Checkout (Warenkorbstrecke) über ein mobiles Gerät bedienbar, so dass mobilem Shopping in Ihrem Webshop nichts mehr im Wege steht. Zudem verbindet eine auf Ihrer Jimdo-Page integrierte GoogleMap bei Aufruf mit dem iPhone direkt zur Maps-App, um eine Routenplanung zu ermöglichen.

Um einmal zu sehen, wie Ihre Jimdo-Page vom mobilen Endgerät aus betrachtet wirkt, müssen Sie nur die Syntax /?mobile=1 an Ihre Domain anhängen und die Seite aufrufen (also http://ihredomain. jimdo.com/?mobile=1). Mobilgeräte benötigen für den Aufruf diese zusätzliche Syntax nicht, da sie automatisch erkannt werden.

14 Anmelden

Im Bereich „Anmelden" unterhalb der Einstellungen finden Sie alle Funktionen, mit denen Sie Ihre Anmeldung in Jimdo steuern können.

Passwort

Wie auf Seite 24 erwähnt, gibt es drei Möglichkeiten, sich auf seiner Jimdo-Page anzumelden: über die Seite *jimdo.de*, über ihredomain.de/login und über den Anmelde-Link am unteren rechten Rand jeder Jimdo-Page.

Eine Passwortänderung wird für alle drei Verfahren übernommen und ist sofort gültig. Öffnen Sie die Funktion „Passwort" und geben Sie dort Ihr altes sowie zweimal Ihr neues Passwort ein. Anschließend speichern Sie Ihre Eingaben.

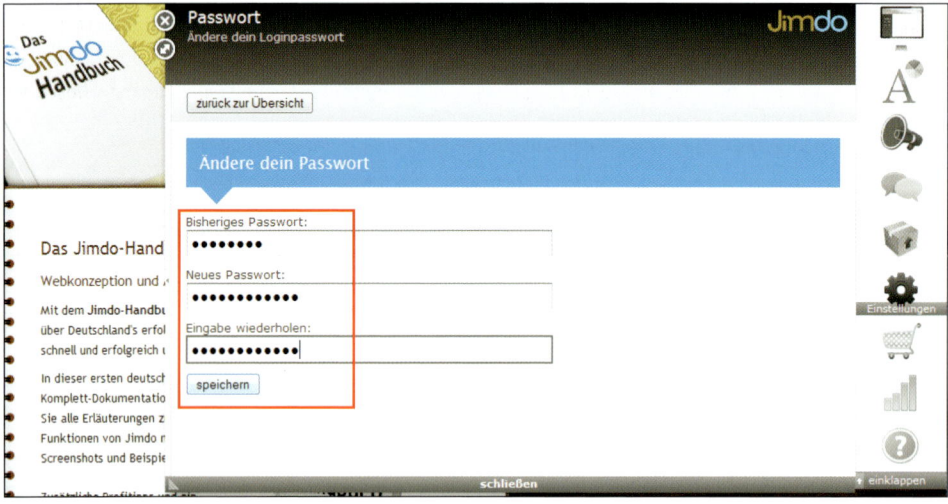

Das Passwort muss mindestens 5 und maximal 20 Zeichen lang sein, um als gültig anerkannt zu werden. Sie erhalten unmittelbar nach Änderung des Passworts eine E-Mail an Ihre unter „Einstellungen" > „Benutzer" > „Deine E-Mail Adresse" hinterlegte Adresse, in der Ihr neues Passwort vermerkt ist. Achten Sie darauf, dass diese E-Mail nicht in unbefugte Hände gelangt, um die Inhalte Ihrer Webseite zu schützen.

Wenn Sie Ihr Passwort einmal vergessen, können Sie es sich über den Link „Passwort vergessen" in der Login-Box Ihrer Jimdo-Page an die hinterlegte E-Mail-Adresse senden lassen.

Open ID

War im vorangegangenen Absatz noch von drei Login-Möglichkeiten für Ihre Jimdo-Page die Rede, so kommt hier das vierte Verfahren: Open ID. Dabei handelt es sich um ein dezentrales Anmeldeverfahren, das für zahlreiche Communitys, Provider und Portale verwendet werden kann. Eine Anmeldung für Open ID unter *openid.net* ist – sofern Sie bisher keine Open ID besitzen – unbedingt notwendig. Open ID arbeitet als eine Art Zentralschlüssel für Login-Verfahren.

Mit Open ID können Sie sich unter Verwendung eines einzelnen Zugangsnamens und Passworts bei vielen Ihrer Webaktivitäten anmelden, ohne für jede Plattform eigene Benutzerdaten anlegen zu müssen. Es ist uns im Laufe der Arbeiten an diesem Handbuch leider nicht gelungen, mit den über *openid.net* und Jimdo zur Verfügung gestellten Informationen eine Open ID zu generieren und zu verwenden, zumal Jimdo auf der Webseite der Open ID-Foundation nicht aufgeführt wird und die Seite leider komplett in Englisch ist.

Login verstecken

Auf jeder Seite Ihrer Jimdo-Page befindet sich im ausgeloggten Zustand unten rechts ein Text-Link „Anmelden", der sich nach erfolgreicher Anmeldung in den Textlink „Jimdo-Logout" ändert. Da Sie die Möglichkeit haben, sich über die Jimdo-Homepage unter jimdo.de und unter ihredomain.de/login anzumelden, bietet Ihnen Jimdo die Möglichkeit, diesen Anmeldelink auszublenden, um Besucher nicht zu einem Login-Versuch zu verleiten.

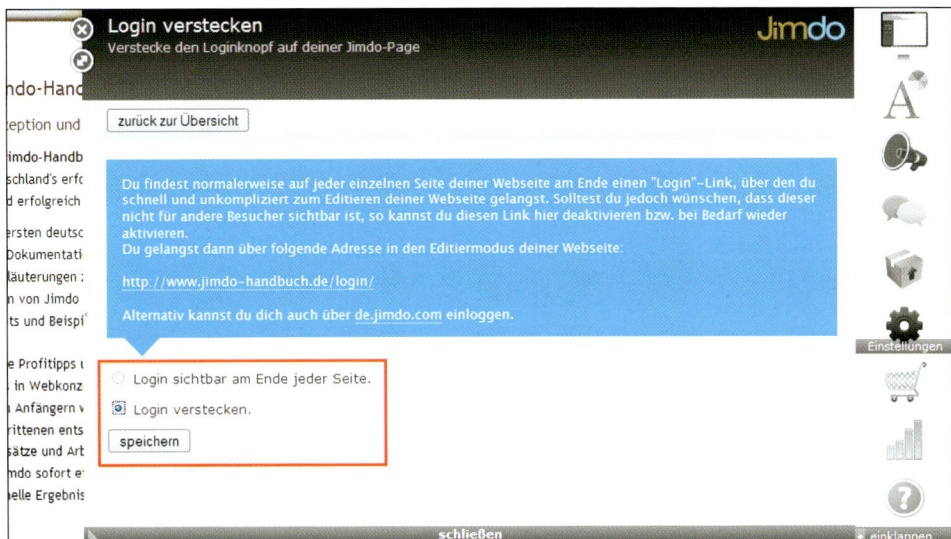

Setzen Sie die Einstellung gemäß Ihren Wünschen (sie ist bei Anlage Ihrer Seite auf „sichtbar" gestellt) und klicken Sie „speichern", um diese Einstellung zu sichern. Sie können den Login jederzeit im selben Bereich wieder einblenden.

15 Suchmaschinen

„Content is king", lautet eine Weisheit beim Führen einer erfolgreichen Webseite. Genau diesen Ansatz verfolgen letztlich auch Suchmaschinen in der Bewertung und im Ranking Ihrer Webseite. Es gibt zahllose Faktoren, die das Ranking einer Internetseite in den Suchmaschinen beeinflussen, und eine kleine Industrie von Suchmaschinenoptimierern, die davon lebt, Webseiten und Online-Shops bei den Suchergebnissen mehr oder weniger erfolgreich zu „boosten".

Jimdo-Pages sind ab ihrer Erstellung bereits suchmaschinenoptimiert, so dass Sie mit der Relevanz der von Ihnen geschriebenen Inhalte bei Google & Co. punkten können und sich nicht mehr wirklich um die technische Suchmaschinenoptimierung (SEO) kümmern können und müssen.

Umso wichtiger ist die Verwendung der nachfolgenden unter „Einstellungen" > „Suchmaschinen" hinterlegten Funktionen, um Ihre Webseite optimal für die Suchmaschinenerfassung vorzubereiten.

Wenn Sie Ihre Seite nach der inhaltlichen Fertigstellung und der Befüllung dieser Suchmaschinen-bereiche bei z.B. Google unter *www.google.de/addurl/?continue=/addurl* oder beim Microsoft-Pendant Bing unter *www.bing.com/webmaster/SubmitSitePage.aspx* anmelden (Sie beschleunigen durch diese Anmeldung den Vorgang nur, denn beide Suchmaschinen finden Ihre Webseite sowieso früher oder später), werden diese Robots zufrieden schnurren.

Seitentitel

Wie auf Seite 159 beschrieben, können Sie im Bereich „Head bearbeiten" den <title>-Tag nicht wirklich ändern. Dafür funktioniert dies im Bereich „Seitentitel" zuverlässig. Hier ist in unserem Fall der etwas holprige Inhalt „das-handbuch-fuers Jimdo-Page!" hinterlegt.

Dies rührt daher, dass der ursprüngliche Anmeldename bei Jimdo „das-handbuch-fuer.jimdo.com" lautete und das System noch einen schicken Genitiv drangebaut hat.

Bei der Vergabe des Seitentitels sollten Sie folgende Hinweise beachten:

- Der Seitentitel ist das, was der Besucher in den Suchmaschinen als Erstes sieht, wenn Ihre Web-seite in den Suchmaschinenergebnissen angezeigt wird. Verwenden Sie also einen Titel, der zum Anklicken herausfordert und kompakt beschreibt, um was es sich bei Ihrer Webseite inhaltlich handelt.

- Vermeiden Sie häufige Wortwiederholungen und Füllwörter.

- Verwenden Sie nicht mehr als 160 bis 200 Zeichen für den Seitentitel. Andere Stimmen nennen 65 Zeichen als ideales Maximum.

- Suchmaschinen beziehen die Beschreibung aus Ihrem <title> auf die Inhalte Ihrer Seite. Es ist demnach keine gute Idee, einen besonders lockenden Titel zu vergeben, der durch die Inhalte Ihrer Seite nicht bedient wird.

- Wer Schindluder mit dem <title>-Tag treibt, kann unter Umständen vollständig von Suchmaschinenergebnissen ausgeschlossen werden, was einem virtuellen Bakteriendasein entsprechen kann.

Auch ist es gut zu wissen, dass der <title>-Tag automatisch beim Setzen von Lesezeichen durch Ihre Besucher als Bezeichnung für Ihre Webseite verwendet wird.

Geben Sie also in das erste Feld *den* repräsentativen Titel für die Beschreibung der Inhalte Ihrer Webseite ein. Ein Firmenname kann und sollte gegebenenfalls ebenfalls dort integriert sein, damit die Suche nach Ihrer Firma zu einem sicheren Klick führt.

In das zweite Feld geben Sie einen „Zusatztitel" ein. Wie von Jimdo hier beschrieben, setzt sich das Suchergebnis für Ihre Einzelseiten aus dem im ersten Feld vergebenen Titel und dem Namen der aktuell ausgewählten Unterseite zusammen, da die Seiten idealerweise einzeln indiziert werden.

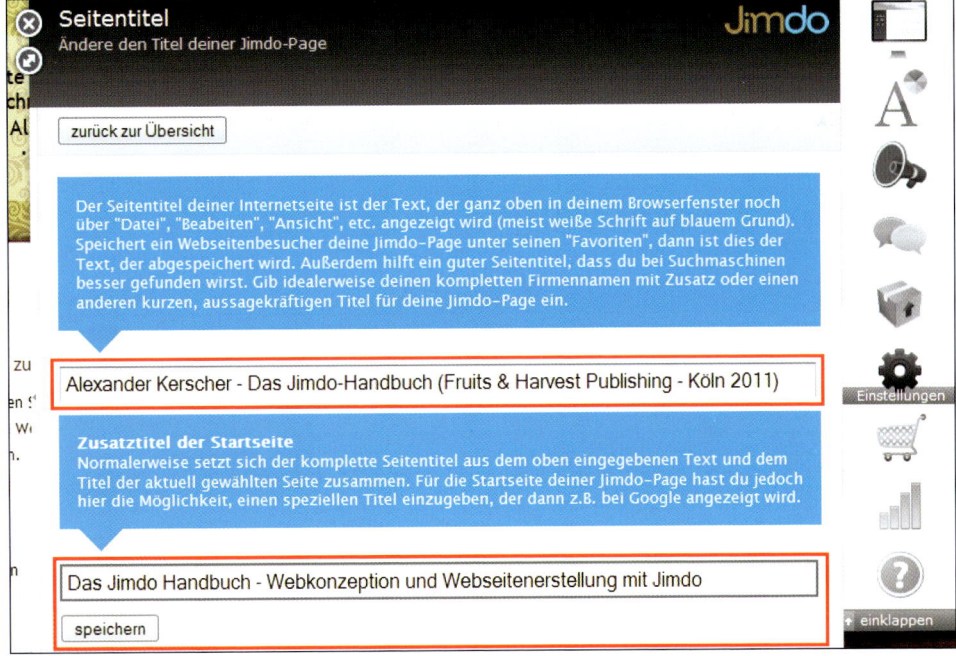

Für die Startseite können Sie einen Zusatztitel vergeben, der z.B. bei Google abweichend von den Suchergebnissen der anderen Unterseiten angezeigt wird.

Klicken Sie anschließend auf „speichern", um den (die) Titel zu sichern. Ein Hinweis: Es kann vorkommen, dass trotz korrekter Speicherung immer noch oben links im Browserrahmen der alte Titel angezeigt wird.

Schalten Sie rechts unten zwischen „Ansicht" und „bearbeiten" einmal hin und her, um den neuen Seitentitel wie von Ihnen eingegeben anzuzeigen.

Seitenbeschreibung

Die Seitenbeschreibung entspricht dem Tag <description> und kann für jede der von Ihnen angelegten Unterseiten im Bereich „Seitenbeschreibung" angelegt werden.

Auch hier sollten Sie sich für jede Unterseite Ihrer Jimdo-Page einen Augenblick Zeit nehmen und mit maximal 255 Zeichen eine präzise und aussagekräftige Beschreibung des jeweiligen Inhalts jeder Unterseite schreiben.

Die Inhalte der Seitenbeschreibung sind ebenfalls wichtiger Bestandteil der Suchmaschinenergebnisse für Ihre Webseite und werden im Suchergebnis angezeigt, was zusätzlich eine gute, knackige Formulierung und eine gepflegte Rechtschreibung erfordert.

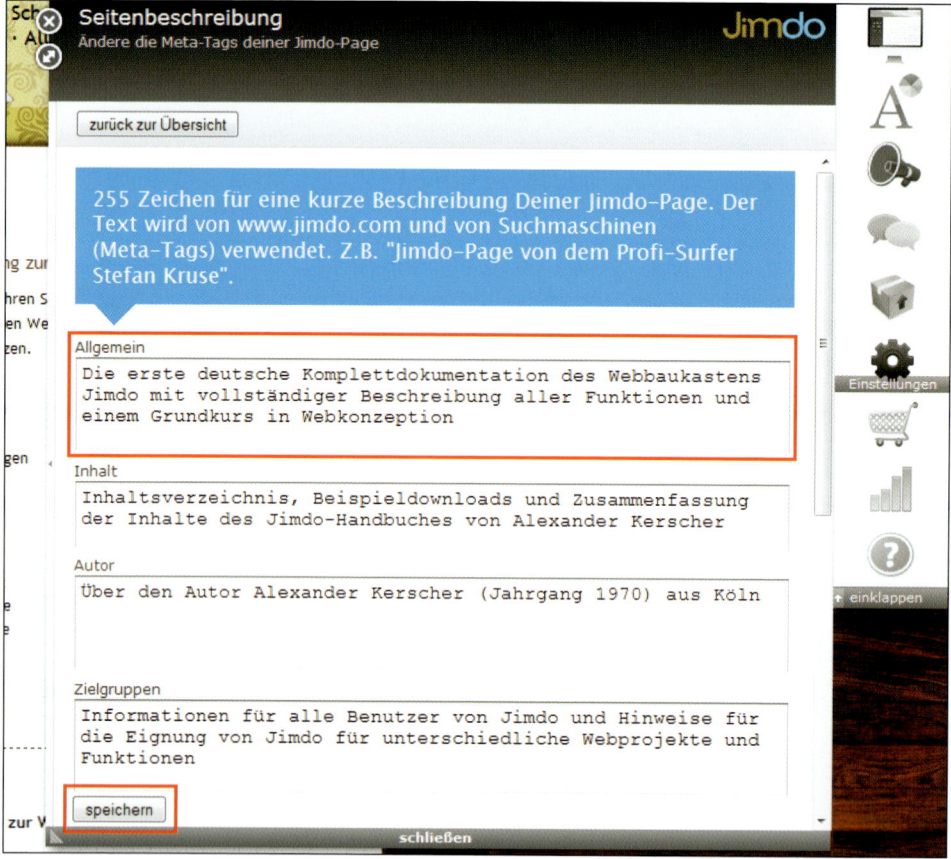

Nach Beschreibung aller Einzelseiten Ihrer Jimdo-Page klicken Sie auf „speichern", um diese Tags auf Ihren Einzelseiten abzuspeichern.

Ein Hinweis zu den deutschen Umlauten und weiteren europäischen Sonderzeichen: Jimdo-Pages sind UTF 8-codiert. Verwenden Sie also alle Sonderzeichen in den Seitenbeschreibungen so, wie Sie diese auch in einem Brief schreiben würden, und nicht etwa Codierungen wie zum Beispiel „nötig" anstelle von „nötig".

Tags (Keywords)

Die Bedeutung der sogenannten „Keywords" für die Suchmaschinen ist heute kaum noch vorhanden. Trotzdem und der Vollständigkeit halber ist es sinnvoll – und sei es für die eigene Übersicht der relevanten Stichwörter zu den Einzelseiten Ihrer Jimdo-Page –, die Keywords in den Feldern Ihrer Einzelseiten zu pflegen. Außerdem existieren tatsächlich noch einige kleinere Suchmaschinen, die sich an den Inhalten des Metatags <keywords> entlang hangeln, um ihre Ergebnisse zu definieren.

Klicken Sie unter „Einstellungen" > „Suchmaschinen" auf „Tags Keywords" und geben Sie durch Komma und Leerzeichen getrennt die relevanten Schlüsselwörter für den Inhalt Ihrer jeweiligen Unterseite ein und „speichern" Sie diese am unteren Ende der Seite.

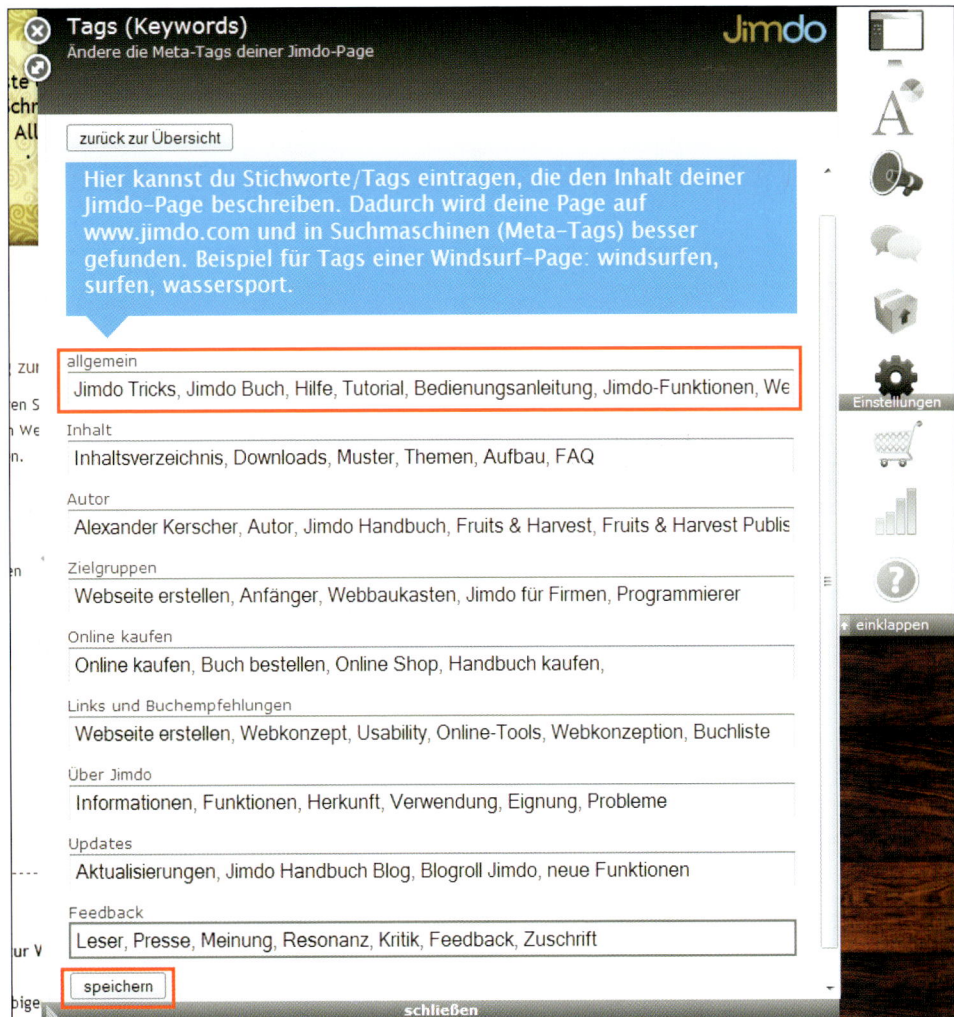

Bezüglich der Verwendung von Keywords gibt es sehr unterschiedliche Meinungen in den Webforen der Suchmaschinenoptimierer und Profis. Neben den branchenüblichen gegenseitigen Beleidigungen über die profunde Unkenntnis des jeweils anderen schwören die einen darauf, die anderen sagen, sie seien nutzlos und weitere (das ist vielleicht am interessantesten) sind der Ansicht, man verrate in diesem Zusammenhang – durch die Einsehbarkeit des Quelltextes – mit gepflegten Schlüsselwörtern jene „Keywords", auf die die eigene Webseite in einem konkurrenzstarken Umfeld optimiert werde.

Wenn man weiß, wie viel Geld Unternehmen für Online- und Suchmaschinenmarketing ausgeben, ist Letzteres sicherlich kein abwegiger Gedanke.

Alt-Attribute

Was die „Seitenbeschreibung" für jede Unterseite ist, ist das „Alt-Tag" für Bilder. Da Suchmaschinen wirkungsvoll Texte, jedoch nur mit begrenzter Intelligenz Bilder erfassen (geschweige denn sie inhaltlich interpretieren können), ist ein Alt-Attribut eine Beschreibung des Inhalts eines Bilds, die Sie selbst einrichten können.

Ursprünglich dafür gedacht, Menschen mit Sehbehinderung eine Interpretation des Bilds durch spezielle Browser im Rahmen des barrierefreien Internets zu ermöglichen, wird das Alt-Attribut heute überwiegend für die Optimierung des Rankings in den Suchmaschinen und den dort beliebten Bildsuchen gepflegt und verwendet.

Gehen Sie unter „Einstellungen" und „Suchmaschinen" auf „Alt-Attribute" und wählen Sie zwischen aktivierten und deaktivierten Alt-Attributen. Ihre Änderungen bestätigen Sie mit „speichern".

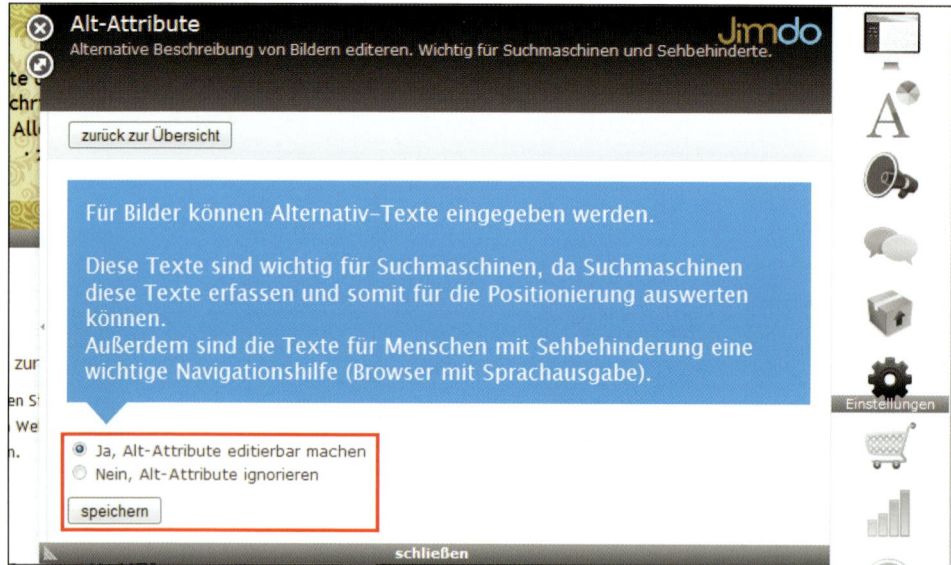

Sie werden feststellen, dass Sie fortan bei jedem Bild, das Sie in Ihre Jimdo-Page einpflegen oder eingepflegt haben, nun folgende neue Zeile „Alternativ-Text" bei der Bearbeitung finden:

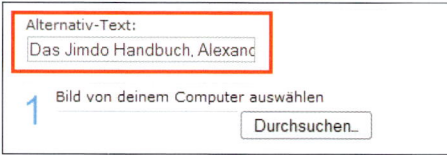

Geben Sie hier – so wie bei den Feldern zur Seitenbeschreibung – eine kurze und knackige, aber vor allem inhaltlich aussagekräftige Beschreibung des Bildinhalts ein und speichern Sie diese mit dem Bild ab.

Dabei ist es sinnvoll, nicht „Der große hübsche Turm in Frankreich" zu schreiben, sondern „Eiffelturm Paris, Frankreich", um dieses Bild Ihrer Webseite in den Bildsuchergebnissen von Google & Co. bei der wahrscheinlichen Suche „Eiffelturm" anzeigen zu lassen. Ein guter Text für das Alt-Attribut sichert Ihnen neue Webseitenbesucher.

Wenn Sie nicht möchten, dass einige oder alle Bilder Ihrer Jimdo-Page auf diese Art gefunden werden, lassen Sie das Alt-Attribut des jeweiligen Bilds weg oder deaktivieren Sie die Funktion. Eine Garantie dafür, dass Ihre Bilder nicht in Suchergebnisse aufgenommen werden, haben Sie jedoch nicht.

16 Webcontrolling

Webcontrolling wird auch *Webanalyse* oder *Webtracking* genannt und stellt die aktuelle Arbeitsweise in Sachen Erfolgskontrolle einer Webseite dar. Um zu wissen, wie viele Nutzer täglich oder monatlich eine Webseite ansehen und welche Inhalte sie interessieren, hat man sich bis Ende der 90er Jahre ausschließlich auf die Analyse sogenannter Logfiles konzentriert, die vom Webserver generiert und mit unterschiedlichen Programmen analysiert und dargestellt werden konnten. Das Problem mit Logfiles: Sie sind aus unterschiedlichen Gründen unpräzise und zudem schwer zu interpretieren. Die Menge der tatsächlichen Seitenabrufe und die Anzahl der Nutzer kann aufgrund des Einsatzes von z.B. Proxyservern großer Provider nur in etwa ermittelt werden und bestimmte Informationen wie z.B. der Klickpfad des Besuchers durch die Seiten lassen sich mit Logfiles gar nicht erst ermitteln.

Im Gegensatz zur Logfile-Analyse (die bei Jimdo der bereits integrierten Funktion „Statistiken" entspricht) können beim Webcontrolling sowohl die Effektivität der Webseite und die der damit verbunden Kampagnen bewertet als auch Optimierungsmöglichkeiten der Webseite analysiert werden. Im Onlinemarketing können z.B. Banner oder Adwords-Kampagnen auf ihre unmittelbare Conversion und damit ihre Effektivität und Rentabilität hin ausgewertet werden.

Technisch grob betrachtet wird beim Webcontrolling jede Seite mit einem zusätzlichen Code-Schnipsel versehen, der mit der Seite aufgerufen wird und unterschiedliche Analysen über Verhalten und technische Details des Webseitenbesuchers auf die Server des Webcontrolling-Dienstleisters überträgt, wo sie vom Webseitenbetreiber abgerufen und interpretiert werden können. Eine weitere – technisch aufwändigere – Möglichkeit ist die serverseitige Integration des jeweiligen Webtracking-Tools.

Auswertbar sind – neben den Standards wie Anzahl der Seitenabrufe, Besuchsdauer und -zeitpunkt, Anzahl unterschiedlicher Besucher – zum Beispiel:

- Klickpfad durch die Webseite mit Verweildauer auf den jeweiligen Seiten,
- verwendete Technik des Besuchers wie Betriebssystem, Bildschirmauflösung, Browser,
- regionale Herkunft des Besuchers,
- Herkunftsphrasen der Suchmaschinen (über welches Suchwort wurde meine Seite gefunden),
- häufige Ausstiegsseiten
- sowie zahllose weitere Analysen.

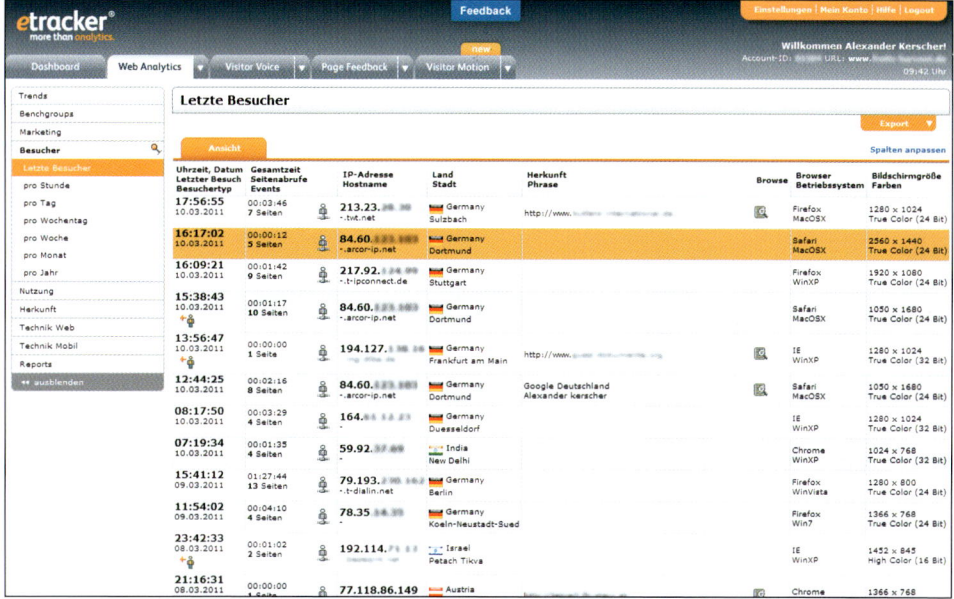

Es gibt unterschiedliche gewerbliche Betreiber von Webcontrolling-Tools, die ihre Services – zumeist mit kostenlosen Starterpaketen – entgeltlich anbieten. Eine Liste von Anbietern finden Sie auf *www. jimdo-handbuch.de* im Bereich „Links und Buchempfehlungen".

Empfehlen möchte ich aus eigener Analyse und Verwendung die Produkte webtrekk.de und etracker.de.

Google Analytics

Google stellt sein Tool „Analytics" kostenlos zur Verfügung. Der Einsatz von „Analytics" ist aber aufgrund datenschutzrechtlicher Bestimmungen mit der Verpflichtung zu bestimmten Hinweisen (zum Beispiel im Impressum) Ihrer Jimdo-Page verbunden, auf die Sie im Bereich „Google Analytics" unterhalb von „Einstellungen" und „Suchmaschinen" hingewiesen werden.

Bevor Sie diese Jimdo-Funktion nutzen können, müssen Sie sich zunächst unter *www.google.com/ analytics/* anmelden und gegebenenfalls ein Google-Konto eröffnen.

Dort wird Ihnen der Tracking-Code zur Verfügung gestellt, den Sie in das Fenster der Funktion „Google Analytics" hineinkopieren und somit für Ihre Webseite nutzbar machen.

Der Einsatz von „Analytics" ist für Anfänger nicht unbedingt einfach zu managen. Teilweise ist die Google-Seite für dieses kostenlose Tool auf Englisch verfasst und es müssen Einstellungen vorgenommen und Entscheidungen über die Art des einzusetzenden Codes getroffen werden. Lassen Sie sich von jemandem unterstützen.

Sobald Sie aus Ihrem Google-Analytics-Konto den Tracking-Code kopiert haben, fügen Sie diesen unter „Einstellungen" > „Suchmaschinen" > „Google Analytics" in das Textfeld ein und speichern Sie diesen Code ab.

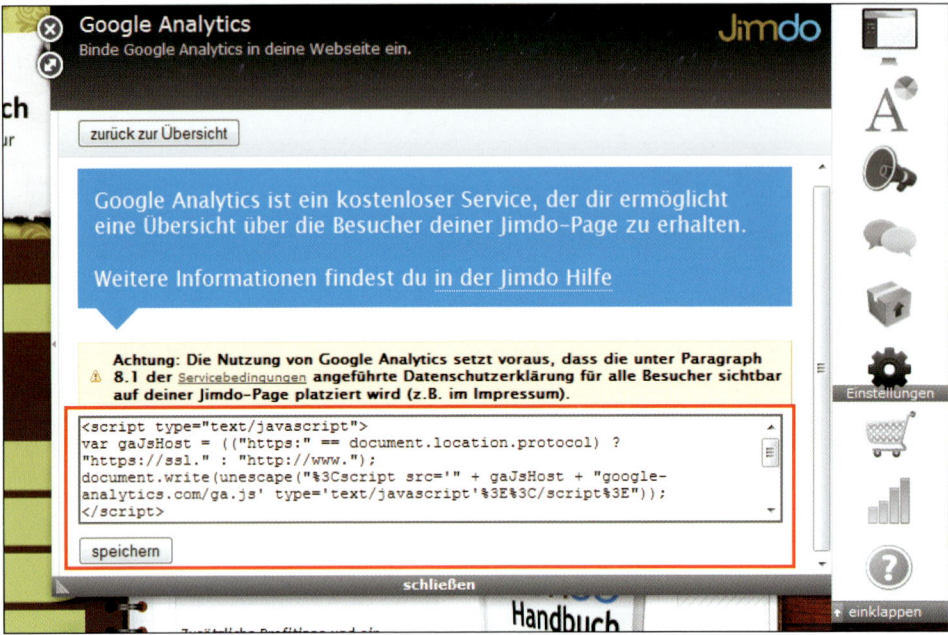

Etwa 24 Stunden nach Einbindung des Codes können Sie auf der Google-Analytics-Webseite Ihre ersten Besucherergebnisse abrufen und analysieren.

Rufen Sie nach dem Einbau des Codes Ihre Impressum-Seite auf und fügen Sie (gemäß Seite 60, Abschnitt „Text(felder) einfügen" unterhalb einer Überschrift „Datenschutz" die im obigen Fenster verlinkten Google-Servicebedingungen (derzeit Paragraph 8.1.) aus der Seite *www.google.com/intl/ de_ALL/analytics/tos.html* ein.

Beispiel: Einbau Etracker

Am Beispiel Etracker sehen Sie nachfolgend, wie eine Codeintegration für jede Einzelseite erfolgen kann. Dabei können Sie jeder Seite zur besseren Wiedererkennung bei der Analyse unter etracker.de einen eigenen Namen geben. Verwendet wurde das kostenpflichtige Paket „etracker entry Traffic 1".

Rufen Sie nach erfolgreicher Anmeldung Ihr Konto unter Eingabe der ID und Ihres Passworts bei etracker.de auf und wechseln Sie in den Bereich „Einstellungen" und dort in „Setup/Tracking Code".

Wählen Sie auf der Seite „Tracking Code" unterhalb des Codefensters (Tracking-Code-Einbau) die Umgebung „Tracking Code", klicken Sie die Checkbox „Alle Parameter im Code anzeigen" an und auf „CODE erzeugen".

Kopieren Sie den angezeigten Code in einen Text- oder besser einen HTML-Editor. Löschen Sie die nachfolgend blau markierten Parameterblöcke (sofern Sie dort nicht eigene Einstellungen zur URL, Zielseiten etc. hinterlegen möchten) und geben Sie einen Namen für die erste Seite ein, die Sie verpixeln möchten.

```
<!-- Copyright (c) 2000-2011 etracker GmbH. All rights reserved. -->
<!-- This material may not be reproduced, displayed, modified or distributed -->
<!-- without the express prior written permission of the copyright holder. -->

<!-- BEGIN etracker Tracklet 3.0 -->
<script type="text/javascript">document.write(String.fromCharCode(60)+"script type=\"text/javascript\"

<!-- etracker PARAMETER 3.0 -->
<script type="text/javascript">
var et_pagename     = "Jimdo-Handbuch > Startseite";
var et_areas        = "";
var et_ilevel       = 0;
var et_url          = "";
var et_tag          = "";
var et_target       = "";
var et_tval         = "0";
var et_tonr         = "";
var et_tsale        = 0;
var et_cust         = 0;
var et_basket       = "";
var et_lpage        = "0";
var et_trig         = "";
var et_se           = "0";
</script>
<!-- etracker PARAMETER END -->

<script type="text/javascript">_etc();</script>
<noscript><p><a href="http://www.etracker.com"><img style="border:0px;" alt="" src="https://www.etrack
<!-- etracker CODE END -->
```

Achten Sie darauf, dass die Syntax ab dem ersten Anführungszeichen bis zum Abführungszeichen mit Apostroph unbeschädigt bleibt, damit etracker den Seitennamen erkennen kann.

Kopieren Sie den bearbeiteten und reduzierten Code nun und öffnen Sie die Startseite Ihrer Jimdo-Page im eingeloggten Zustand.

Gehen Sie an das unterste Ende Ihrer Startseite und fügen Sie nach dem letzten Element des Seiteninhalts ein neues Element „Widget/HTML" gemäß der Anleitung auf Seite 97 im Kapitel „Widgets und HTML" ein und kopieren Sie Ihren etracker-Code in das Textfeld. Anschließend speichern Sie diese Änderung.

Damit ist der Quellcode für Ihre Startseite integriert und kann fortan über etracker.de ausgewertet werden.

Wichtig ist der Ort der Platzierung dieses Codes in Abhängigkeit von Ihrem gewählten Layout. Wenn Sie den etracker-Startseiten-Code zum Beispiel auf der rechten Seite Ihrer Jimdo-Page oder unterhalb der Navigation einfügen, wird jede aufgerufene Seite als „Startseite" interpretiert, was mit Sicherheit nicht Ihren Vorstellungen entspricht.

Der Grund dafür: Die umgebenden Bereiche (z.B. links und rechts vom Seiteninhalt) können in den Layouts nicht individuell je Unterseite mit Inhalten belegt werden und bestehen für jede aufgerufene Seite aus dem gleichen Inhalt.

Die Platzierung des Tracking-Codes sollte also am unteren Ende des Seiteninhalts erfolgen.

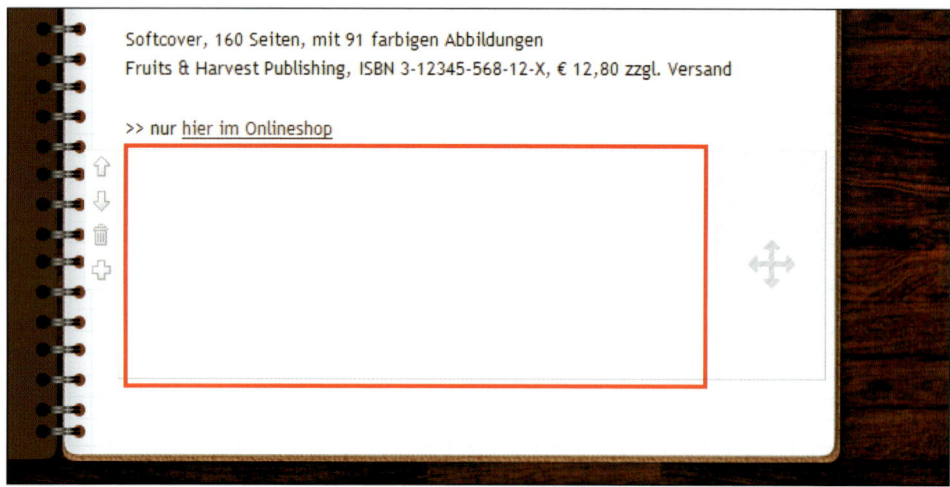

>> nur hier im Onlineshop

⇧ << Neues HTML Element >>

```
<!-- BEGIN etracker Tracklet 3.0 -->
<script
type="text/javascript">document.write(String.fromCharCode(6
0)+"script type=\"text/javascript\" src=\"http"+
("https:"==document.location.protocol?"s":"")+"://code.etra
cker.com/t.js?et=       \">"+String.fromCharCode(60)+"
/script>");</script>

<!-- etracker PARAMETER 3.0 -->
<script type="text/javascript">
var et_pagename      = "Jimdo-Handbuch > Startseite";
</script>
<!-- etracker PARAMETER END -->

<script type="text/javascript">_etc();</script>
<noscript><p><a href="http://www.etracker.com"><img
style="border:0px;" alt="" src="https://www.etracker.com
/nscnt.php?et=       " /></a></p></noscript>
<!-- etracker CODE END -->
```

empfohlene Widgets ↗

speichern   zuklappen ✖

Der fröhliche kleine Schönheitsfehler bei dieser Lösung: Der Tracking-Code ist für Ihre Besucher – aber auch für Sie – unsichtbar und kann zur weiteren Bearbeitung nur gefunden werden, indem Sie eingeloggt mit der Maus über den unteren Inhaltsbereich fahren, um den Code zu „suchen".

Softcover, 160 Seiten, mit 91 farbigen Abbildungen
Fruits & Harvest Publishing, ISBN 3-12345-568-12-X, € 12,80 zzgl. Versand

>> nur hier im Onlineshop

Verfahren Sie nun mit jeder einzelnen Seite Ihrer Jimdo-Page so, indem Sie den Code als „Widget/ HTML" einkopieren, den Page-Namen auf die jeweilige Seite anpassen und den Code speichern.

Anschließend können Sie die Klickpfade jedes einzelnen Besuchers durch Ihre Jimdo-Page analysieren und in der Detailansicht verfolgen. Das funktioniert bei den meisten Webtracking-Tools übrigens auch in der Live-Ansicht.

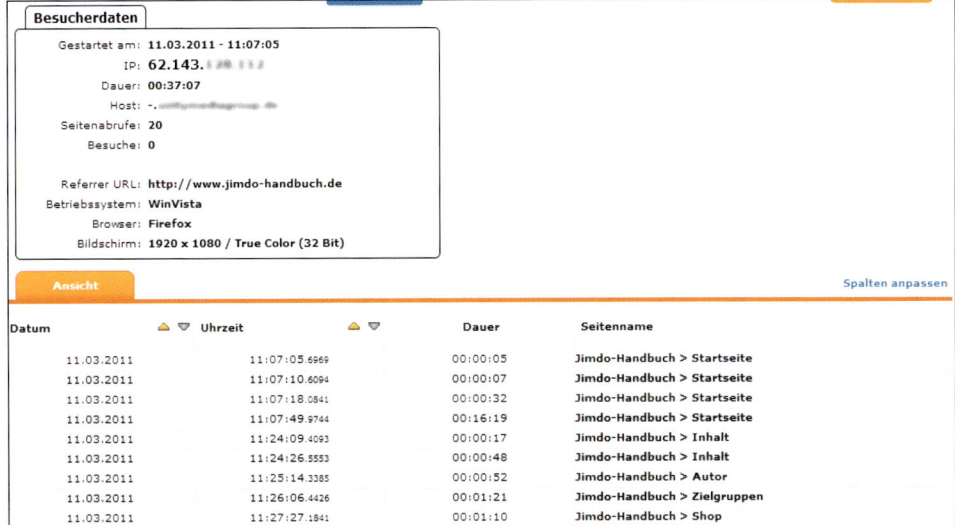

17 Tools

Unter Tools finden Sie in den „Einstellungen" Ihrer Jimdo-Page diverse Funktionen, von denen der Bereich „Extra Module" mit den Funktionen „Flash", „del.icio.us", „Spielerkabine" in diesem Handbuch auf den Seiten 107 ff. beschrieben wird. Die Funktionen „Facebook" und „Share Buttons" finden Sie auf den Seiten 102 ff.

Newsletter

Der Jimdo-Newsletter ist ein Versandsystem, mit dem Sie den Massenversand von ausschließlich Text-Mails (es sind keine HTML-Newsletter möglich) an einen Empfängerkreis bis 1.000 Adressen komfortabel managen können.

Sie finden den Jimdo-Newsletter unter „Einstellungen" > „Tools" > „Newsletter" und müssen diesen zunächst beim erstmaligen Betreten des Bereichs mit „Ja" aktivieren, um Zugriff auf die Bearbeitungsoptionen zu erhalten.

Im anschließend aktualisierten Bearbeitungsfenster des Newsletters finden Sie einen Hinweis, dass Sie zunächst Newsletter-Empfänger hinzufügen müssen. Beschäftigen Sie sich zuerst mit der Einrichtung eines Newsletter-Empfängers (z.B. Ihre eigene E-Mail-Adresse), um sich mit den Funktionen vertraut zu machen und um die Funktionen zu prüfen, denn letztlich ist weniges so peinlich wie ein versehentlich versandter oder liderlich getexteter Newsletter, der nicht Ihren eigenen Vorstellungen und schon gar nicht denen der Empfänger entspricht.

Klicken Sie nach Aktivierung des Newsletters auf den Kartenreiter „Empfänger" und auf „Neues Element hinzufügen" und legen Sie manuell einen Eintrag mit Ihrer eigenen Adresse an, den Sie anschließend abspeichern.

Die Adressen für den Newsletter, die Ihre Webseitenbesucher selbst hinzufügen, werden im Anmeldeverfahren natürlich automatisch integriert. Hier finden Sie auch einen Excel-Download Ihrer Empfängerliste sowie eine Suchfunktion für Einzeladressen.

> **Ein wichtiger Hinweis:** Mit dem unverlangten Versand von Newslettern können empfindlich teure Unterlassungsklagen und Strafen verbunden sein. Gehen Sie niemals davon aus, dass sich Besucher Ihrer Webseite, die z.B. in einem Kontaktformular ihre E-Mail-Adresse hinterlegt oder bei Ihnen bestellt haben, automatisch für Ihren Newsletter interessieren. Importieren und versenden Sie nur an Adressen, von denen Ihnen eine ausdrückliche Anmeldung für den Newsletter vorliegt!

Pflegen Sie nun zunächst den Bereich „Einstellungen", in dem Sie Ihren Absendernamen und eine Absenderadresse und einen Betreff für Ihren Newsletter eingeben können. (Es ist bei Newslettern als Absenderadresse zuweilen hilfreich, eine „noreply@*meinedomain*.de"-Adresse einzugeben, damit sich die Rückkommunikation wie Abwesenheitsmeldungen und Versandfehlermeldungen nicht auf Ihrer eigentlichen Mail-Adresse tummeln.)

Geben Sie ein, ob Sie per Mail über neue Newsletter-Abonnenten informiert werden möchten und ob Sie die Klicks, die aus Ihrem Newsletter auf Ihre Jimdo-Page resultieren (das ist meistens das Ziel beim Versand eines Newsletters), in der Statistik des Bereichs „Archiv" ausweisen möchten. Speichern Sie Ihre Einstellungen.

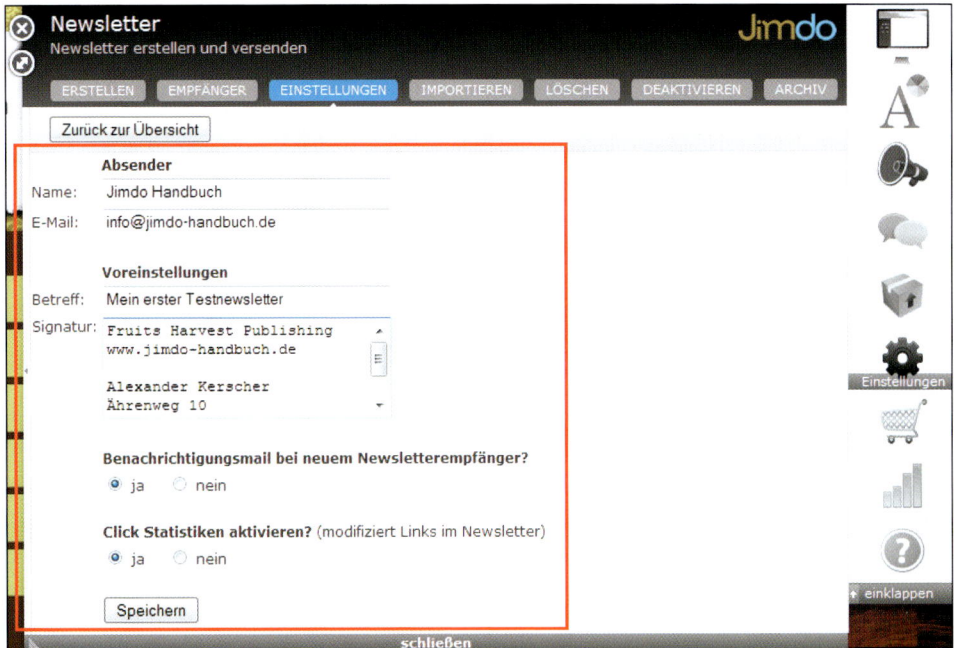

Klicken Sie im nächsten Schritt auf den Kartenreiter „erstellen" und schreiben Sie Ihren Newsletter, der bereits automatisch mit Ihrer auf der Seite „Einstellungen" eingegebenen Signatur versehen ist.

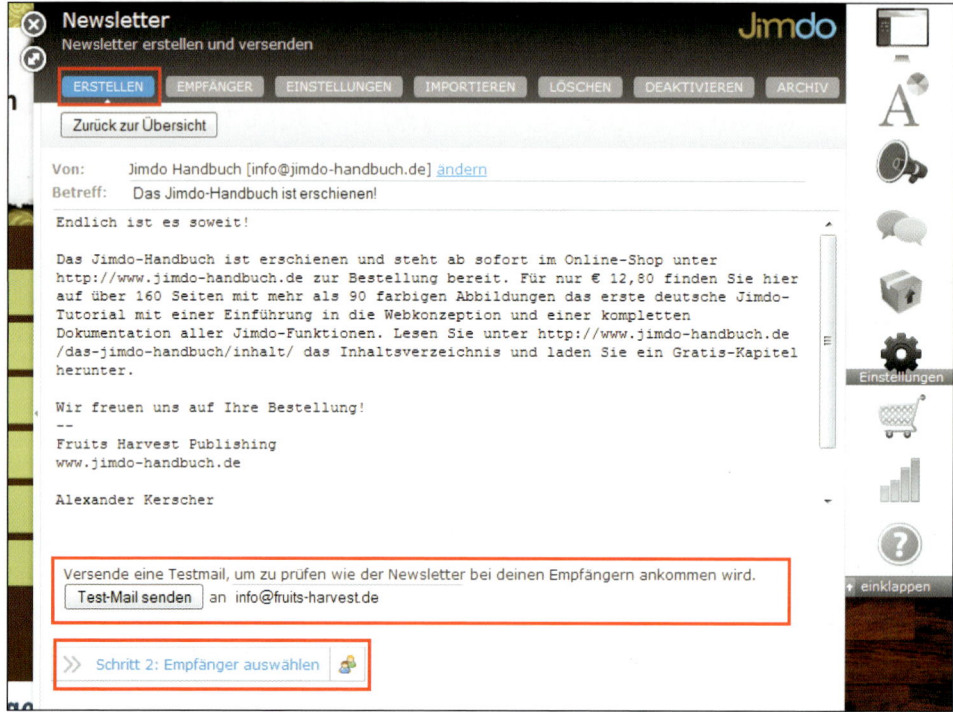

Bei den Texten, die Sie eingeben, können Sie URLs und E-Mail-Adressen einfügen, die beim Versand und in den meisten Mail-Programmen in echte – also direkt anklickbare – Links umgewandelt werden. Der Zeilenumbruch erfolgt automatisch und wird als Fließtext inklusive der Absätze in Ihren Newsletter integriert.

Bevor Sie den zweiten Schritt bei der Erstellung des Newsletters – nämlich das Hinzufügen der Versandadressen – umsetzen, können Sie im Bereich unterhalb des Newslettertextes einen Test-Newsletter direkt versenden, indem Sie auf „Testmail versenden" klicken.

Nachdem Sie den Inhalt Ihres Newsletters in Ihrem Posteingang geprüft und für in Ordnung befunden haben, klicken Sie nun auf „Schritt 2: Empfänger auswählen".

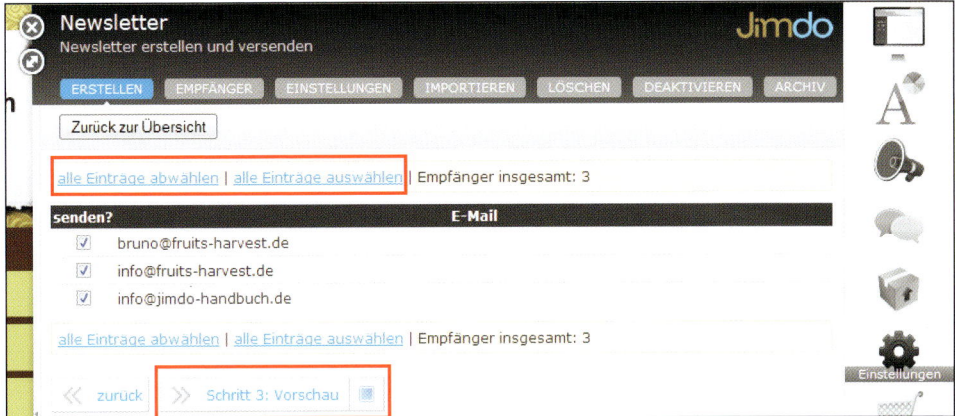

Sie sehen hier eine Übersicht der für Ihren Newsletter eingetragenen Empfänger, die Sie einzeln oder alle dem Newsletter hinzufügen (auswählen = Häkchen gesetzt) oder abwählen (Häkchen entfernen) können. Die Gesamtzahl der Empfänger wird Ihnen in der gelben Zeile unter „Empfänger insgesamt" angezeigt.

Im nächsten Schritt wird Ihnen die Vorschau des Newsletters angezeigt. Hier sehen Sie noch einmal in der Übersicht:

- Ihren Absendernamen,

- die Empfängerliste (aufklappbar, aber anschließend nicht wieder schließbar),

- den Newsletter-Text (ohne aktive Links)

sowie weiter unten die Option „zurück" bzw. „Newsletter versenden".

In dieser Darstellung des Newsletters können Sie den Text nicht mehr ändern. Sofern Sie Änderungen haben, sollten Sie den Newsletter-Text hier kopieren und über ein zweifaches „zurück" wieder in die Erstellung des Newsletters zurückgehen, ihn dort einfügen und abändern.

Alle Versionen, in denen Sie Ihren Newsletter verfasst haben, stehen im Übrigen im Bereich „Archiv" des Newsletters zur Verfügung.

Beim Klick auf „Newsletter versenden" erhalten Sie abschließend eine Bildschirmmeldung mit dem Inhalt „Der Newsletter wurde in die Warteschleife eingefügt. Wir benachrichtigen dich per E-Mail, sobald der Newsletter vollständig versandt wurde".

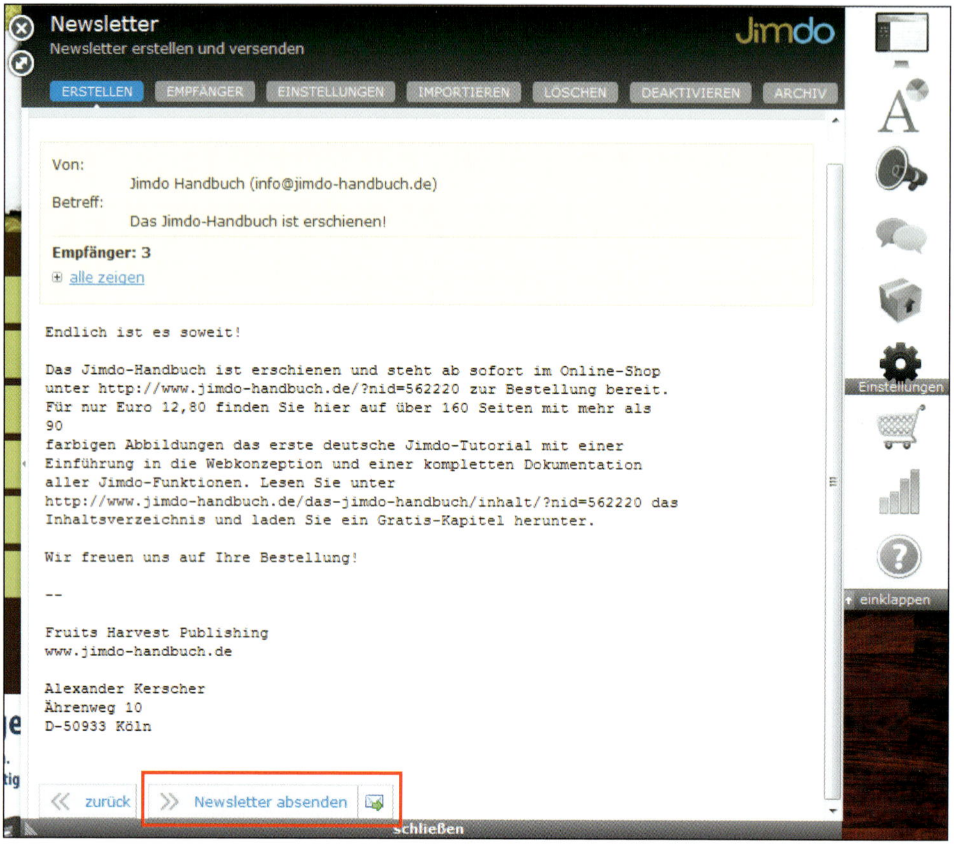

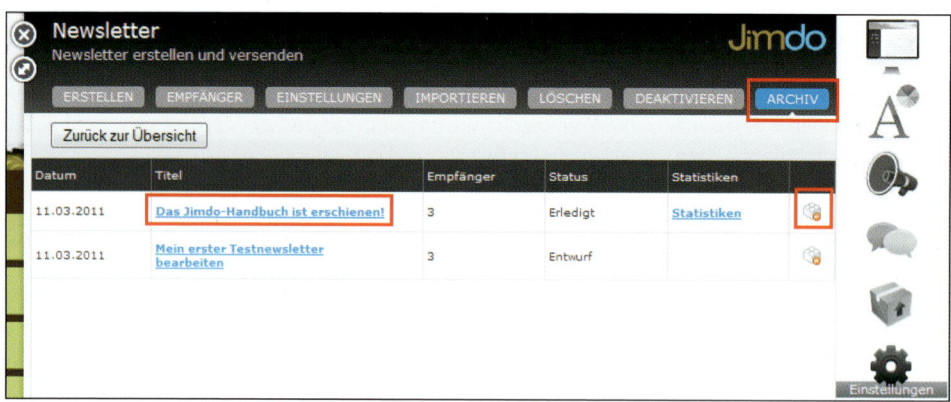

Sobald der Newsletter vom System versendet wurde – was je nach Anzahl der Empfänger einige Minuten in Anspruch nehmen kann –, erhalten Sie eine E-Mail des Jimdo-Systems mit einer Versandbestätigung und einer Liste der Empfänger des Newsletters.

Archivieren Sie diese Mail, da Sie hiermit einen einfachen Überblick über Ihre Newsletter-Aktivitäten außerhalb des Jimdo-Systems haben. Die weiteren Funktionen des Newsletters bestehen aus „Archiv", „Importieren", „Löschen" und „Deaktivieren".

Das „Archiv" speichert unterhalb des entsprechenden Kartenreiters alle Entwurfsversionen Ihrer Newsletter, die Sie nach Belieben wieder aufrufen und weiterbearbeiten oder löschen können.

Dabei informiert Sie die Spalte „Status" mit den Werten „Erledigt" über einen versendeten Newsletter, der „Entwurf" kennzeichnet eine offene Arbeitsversion, die noch versendet werden kann. Über den Link „Statistiken" und dann ganz unten „Statistiken anzeigen" erfahren Sie, wie viele Klicks Ihr Newsletter generiert hat.

Die Kartenreiter „Importieren" und „Löschen" geben die Möglichkeit, E-Mail-Adressen massenweise und untereinander ohne Kommatrennung gesetzt in die Empfängerliste zu übertragen (z.B. aus einer Excel-Liste), wobei die Felder „Anrede" und „Name" nicht berücksichtigt werden.

Geben Sie die in den Verteiler einzufügenden Adressen untereinander ein und klicken Sie auf „Empfängerliste einfügen". Die Adressen werden in den Verteiler integriert. Dies funktioniert analog zur Funktion „Löschen", in der Sie auf demselben Wege Empfänger massenweise löschen können.

Dabei werden ungültige Adressen, die sich nicht im Verteiler befinden, aussortiert und gefundene Adressen gelöscht, ohne dass eine falsche Adresse das Löschen der übrigen behindert.

Die Anmeldung zum Newsletter erfolgt übrigens über die Anmeldebox, die im Moment der Aktivierung Ihres Newsletters auf Ihrer Seite ebenfalls aktiviert wird. Sie können diese Anmeldebox auch in einen anderen Bereich versetzen, wobei sie an einer ständig präsenten Stelle (z.B. unterhalb der Navigation) gut aufgehoben ist.

Da es sich beim Anmeldeverfahren um ein sicheres und sogenanntes Double-Opt-Verfahren handelt, erhält der Besucher, der sich für den Newsletter anmeldet, zunächst eine E-Mail mit einem Bestätigungslink an die hinterlegte Adresse übersendet. Auf diese Weise wird vermieden, dass der Newsletter an Empfänger übersendet wird, die sich vielleicht nicht selber dort eingetragen haben.

Die Abmeldung vom Newsletter erfolgt für den Empfänger über einen Abmeldelink, der in jedem versendeten Newsletter am Ende der E-Mail automatisch eingebaut ist.

Um den Newsletter aus Ihrer Jimdo-Page zu entfernen, klicken Sie bitte auf den Kartenreiter „Deaktivieren" und bestätigen Sie Ihren Wunsch. Ein wichtiger Vorteil: Wenn Sie einen eingerichteten Newsletter deaktiviert haben und diesen zu einem späteren Zeitpunkt wieder reaktivieren möchten, stehen Ihnen nach der Aktivierung des Newsletters Ihr Archiv, Ihre Einstellungen und Empfängerlisten wie gehabt zur Verfügung, ohne dass diese neu eingerichtet werden müssen.

Formulararchiv

Sofern Sie Kontaktformulare (siehe Seite 85) einsetzen, finden Sie unter „Einstellungen" > „Tools" > „Formulararchiv" unabhängig von der Empfängeradresse hier immer eine Kopie der eingegangenen Formularnachrichten.

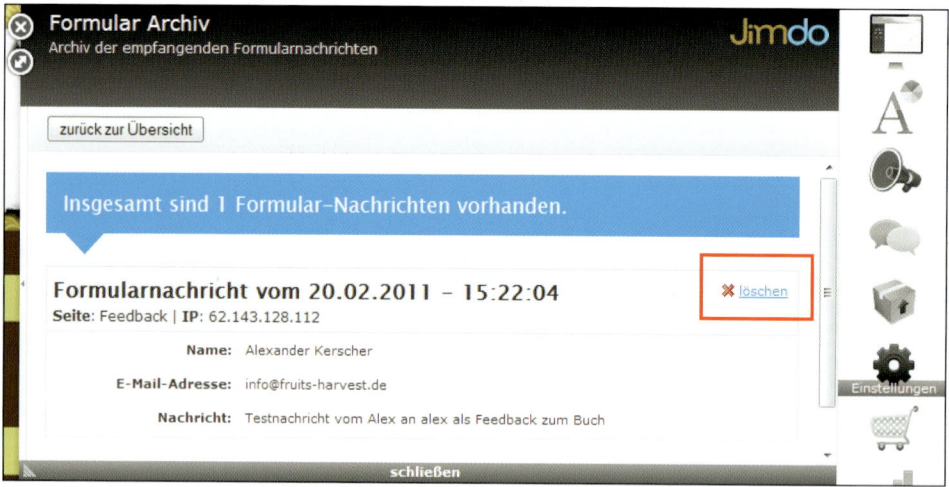

Sie können durch Betätigen des Buttons „löschen" die Formularnachrichten entfernen. Vorab erfolgt eine Rückfrage des Systems, ob Sie die gewählte Nachricht wirklich löschen möchten.

Tell a friend

Kostenlose Werbung für Ihre Jimdo-Page ist eine gute Sache. Als Standard hat sich hier die Weiterempfehlen-Funktion (auch „tell a friend" genannt) etabliert, mit der Sie im sogenannten Meta-Menü (unten links neben Ihrer Sitemap auf jeder Seite) einen „weiterempfehlen-Link" integrieren können. Gehen Sie zu „Einstellungen" > „Tools" > „Tell a friend" und bestätigen Sie die Einrichtung oder Deaktivierung dieses Links durch Auswahl der entsprechenden Option. Anschließend speichern Sie Ihre Angabe.

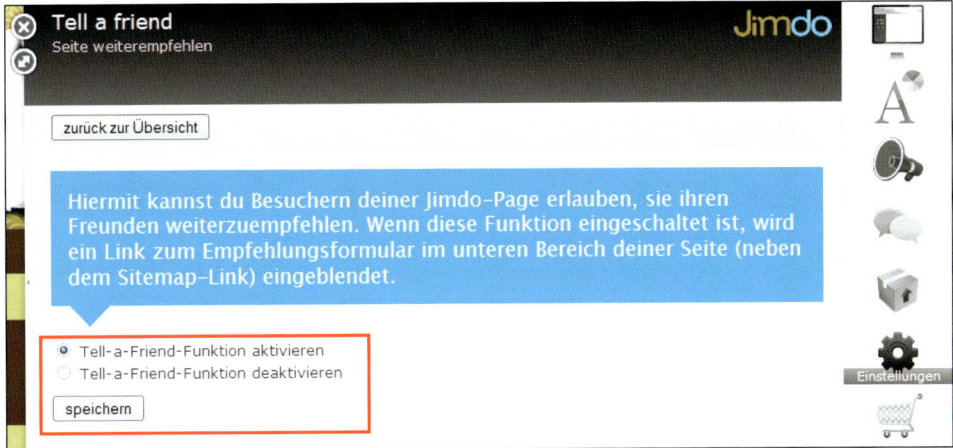

Der nun integrierte Link „Diese Seite weiterempfehlen" führt Ihre Besucher auf eine Formularnachricht, mit der Ihre Jimdo-Page – geschützt gegen Missbrauch durch ein Verifizierungsverfahren (Captcha) – von einem Besucher an mögliche Interessenten weiterempfohlen wird. Die generierte E-Mail sieht für den Empfänger inklusive persönlicher Nachricht wie folgt aus:

18 Dropbox

Dropbox.com ist ein Webservice, mit dem Sie Bilder und Dokumente von Ihrem heimischen Rechner hochladen und mit anderen Menschen teilen können. Ihre Dropbox steht natürlich nicht öffentlich zur Verfügung. Sie laden zum Beispiel per E-Mail auf *dropbox.com* andere User ein, um ihnen Downloads Ihrer Dateien zur Verfügung zu stellen.

In Verbindung mit Ihrer Jimdo-Page nutzen Sie zum Einfügen von Grafiken, Downloads etc. mit Dropbox die schnelle Verbindung von Webserver zu Webserver, ohne quälend lange Datei-Uploads zu betreiben und ohne innerhalb einer Arbeitsgruppe Dateien aufwändig per E-Mail hin- und herzuschicken.

Besuchen Sie zunächst *dropbox.com*, um Ihre Dropbox anzulegen und zu nutzen. Bei der Anmeldung erhalten Sie den Download der Dropbox-Software, die einen Ordner auf Ihrem Rechner anlegt, der (je nach Einstellung) permanent mit Ihrem Dropbox-Account synchronisiert wird. Die hier hinterlegten Downloads, Fotografien, Grafiken etc. stehen Ihnen dann online von jedem onlinefähigen Rechner aus zur Verfügung.

Ihre Dropbox verbinden Sie von Ihrer Jimdo-Seite aus über „Einstellungen" > „Tools" > „Dropbox".

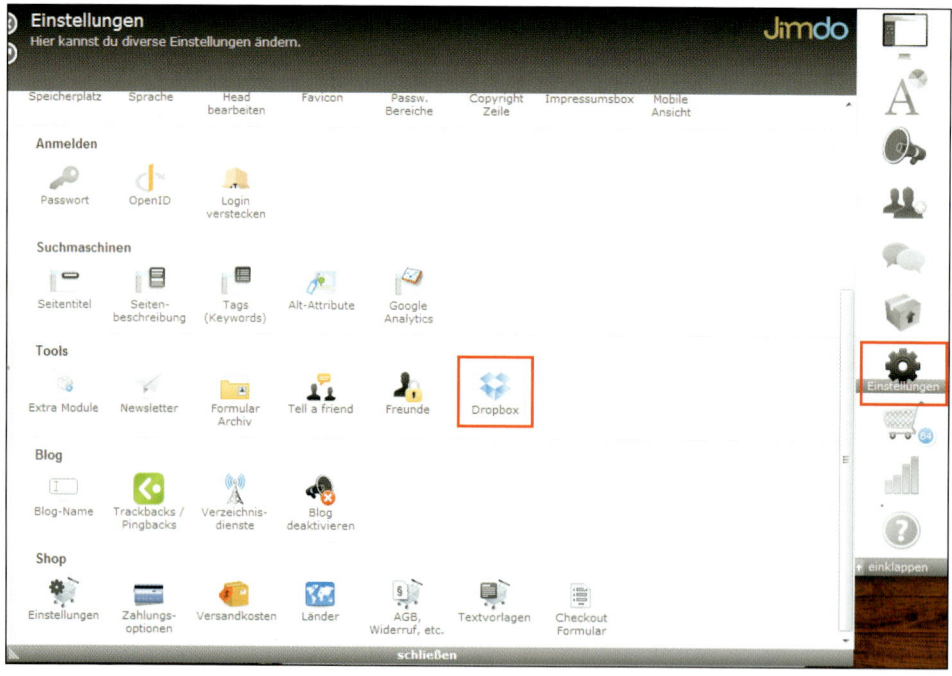

Durch Klicken auf das Dropbox-Symbol werden Sie aufgefordert, sich mit Ihrer (bestehenden) Dropbox zu verbinden oder eine neue anzulegen.

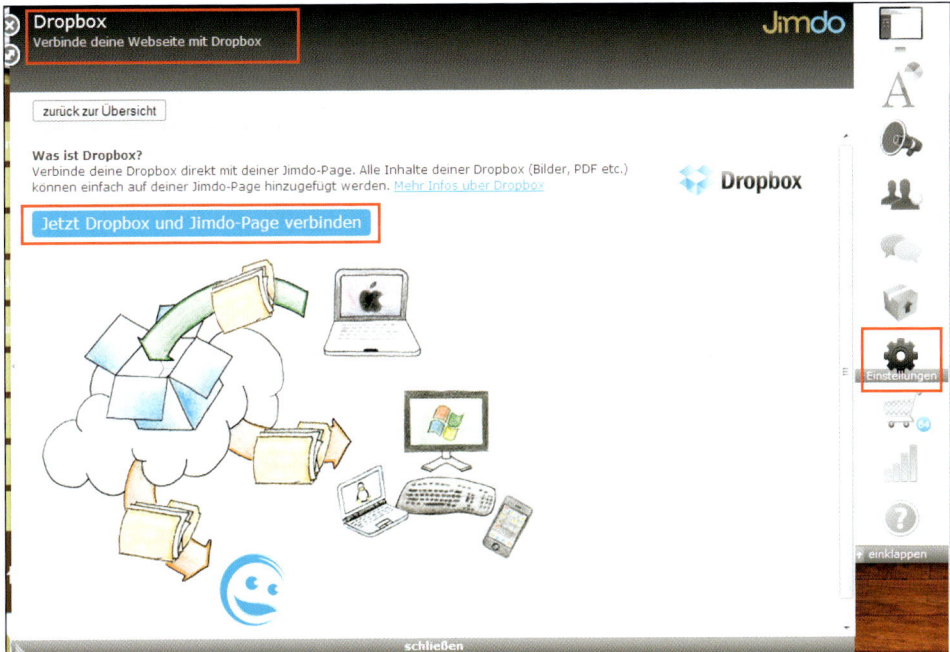

Bestätigen Sie nach Anmeldung bzw. nach Verbindung Ihrer Jimdo-Page mit *dropbox.com* auf der aufgerufenen *dropbox.com*-Webseite Ihre Erlaubnis zur Herstellung der Verbindung zwischen Jimdo und dropbox.com.

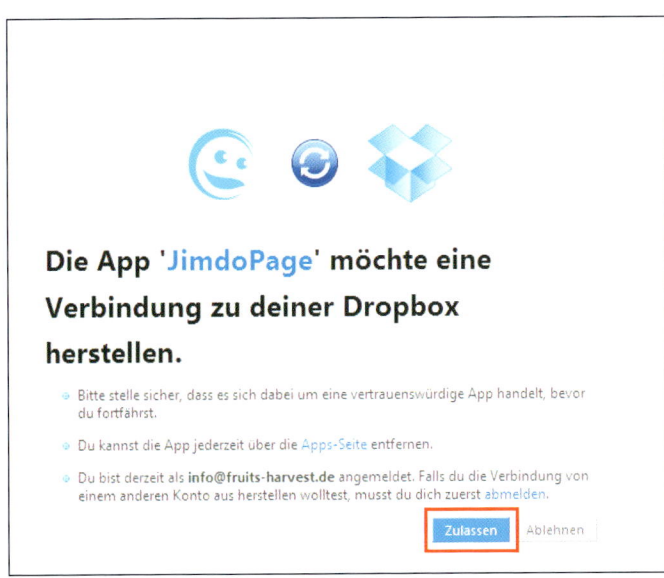

Fortan können Sie überall, wo Jimdo in den Bedienfunktionen Ihrer Jimdo-Page das Dropbox-Symbol hinterlegt hat (z.B. bei „Bild einfügen", „Text mit Bild", „Bildergalerien", „Dateidownloads"), anstelle des Uploads einer Datei von Ihrer Festplatte auch die auf der Dropbox hinterlegten Dateien direkt online einbinden.

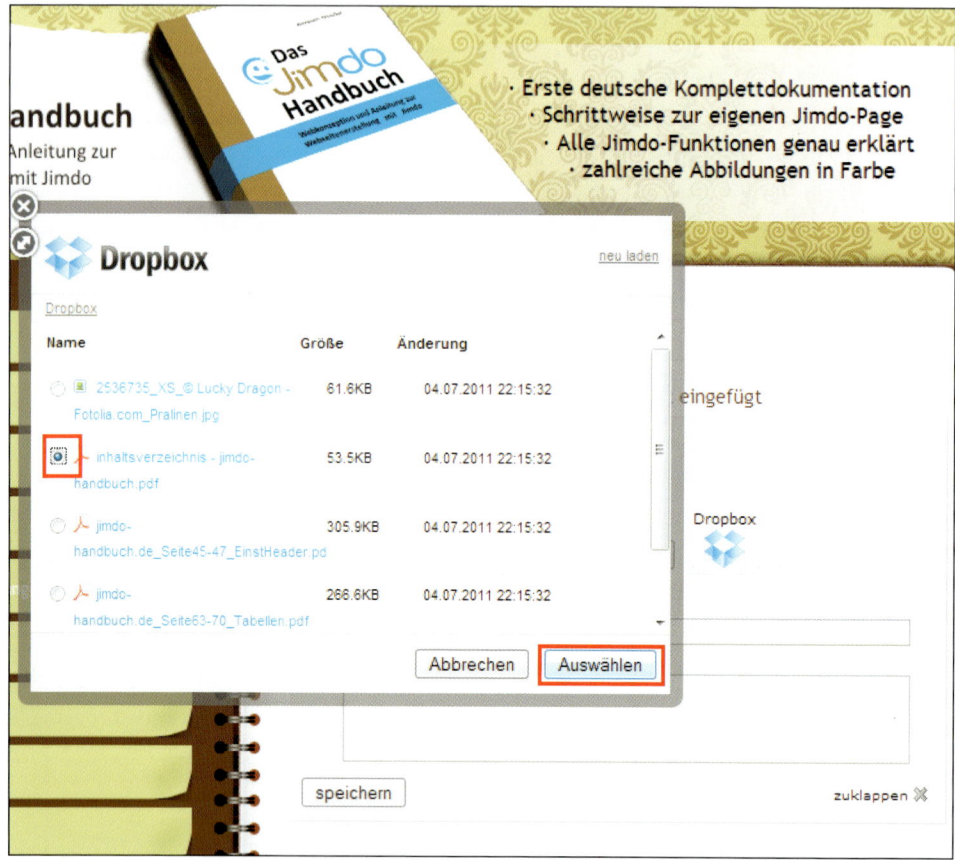

Nachrichten (Twitter)

Hinter der Funktion „Nachrichten", die im rechten Jimdo-Menü im eingeloggten Zustand mit einer Sprechblase versehen ist, versteckt sich Twitter. Dieses beliebte Social Network und Mini-Blog kann direkt mit Ihrem Jimdo-Account verbunden werden.

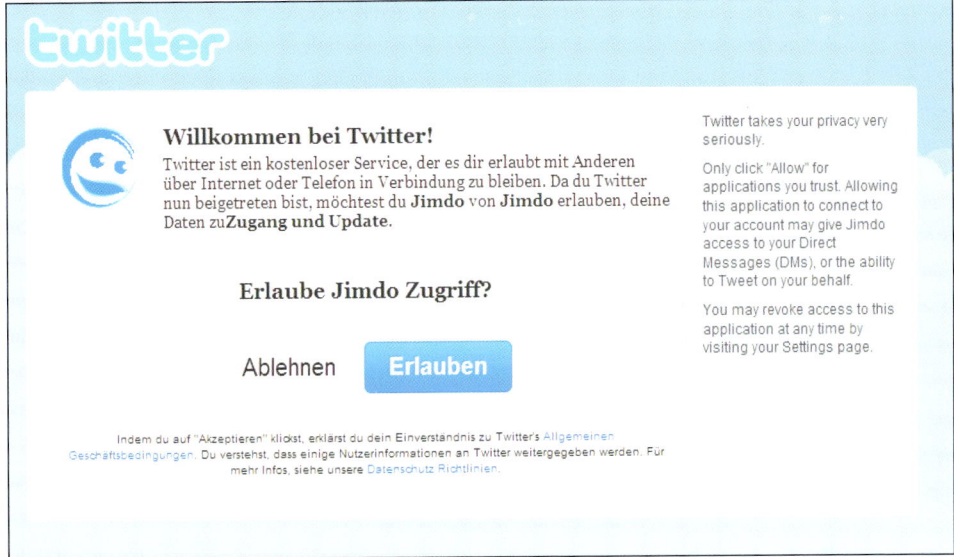

Klicken Sie auf „Nachrichten" und aktivieren Sie Ihren Twitter-Account für die Verwendung in Jimdo. Wenn Sie noch keinen Twitter-Account haben, können Sie gleich einen einrichten, um Ihre Freunde und Bekannten über Ihre Aktivitäten – zum Beispiel auf Ihrer Jimdo-Page – direkt zu unterrichten.

Nachdem Sie Twitter den Zugriff gestattet haben, können Sie direkt aus dem Fenster „Nachrichten" heraus eigene oder durch Jimdo vorgefertigte Nachrichten an Ihre Twitter-Freunde per Klick auf „Tweet" senden, ohne sich gesondert bei Twitter anmelden zu müssen.

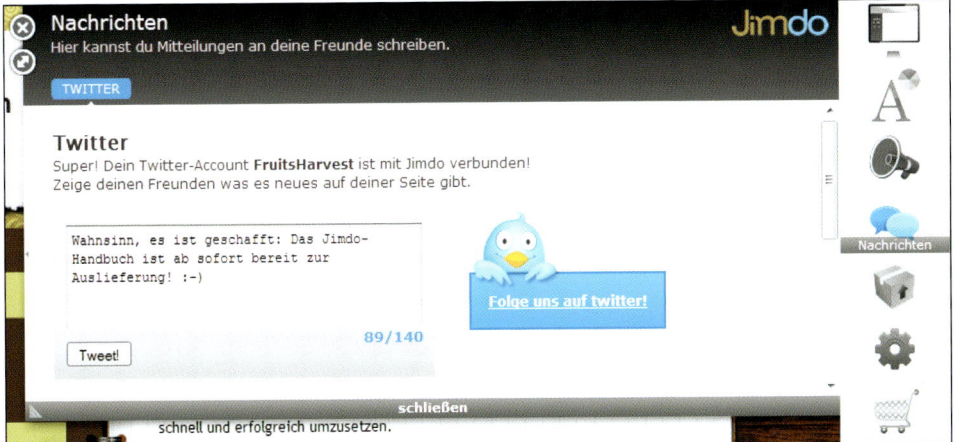

Partner (Affiliate-Programm)

Bei älteren Versionen von Jimdo existiert noch ein Menüpunkt, der in den neueren Versionen seine Gültigkeit verloren hat. Dies ist der „Partner"-Link, der zum – hier immer noch aktiven – Jimdo-Affiliate-Programm führt.

Ein Affiliate-Programm ist – simpel gesprochen – die Möglichkeit, sich als Inhaber einer Webseite als Werbepartner zu betätigen und dabei mit Bannern, Textlinks etc. Provisionen für die über die eigene Webseite generierten Verkäufe vom Werbetreibenden zu erhalten.

Große Affiliate-Netzwerke in Deutschland sind zum Beispiel affili.net oder zanox.de. Dort bewirbt man sich mit seiner Webseite oder seinem Online-Marketing-Programm und wird nach individuellem Antrag von den Werbetreibenden als Partner akkreditiert.

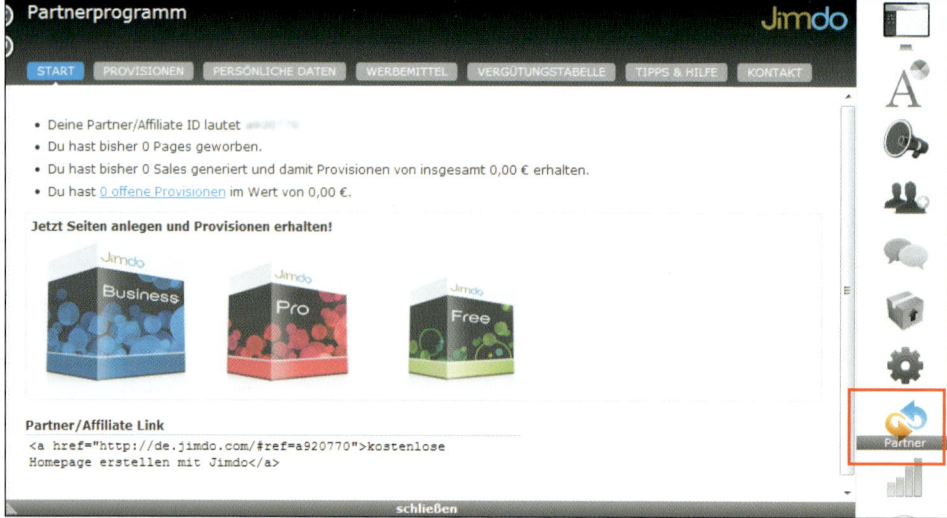

Dieser Punkt sei nur der Vollständigkeit halber erwähnt, da das Affiliate-Programm von Jimdo mittlerweile bei affili.net abgebildet wird. Da neuere Versionen nicht mehr mit dem Partnerlink versehen sind, wird in diesem Handbuch auf eine genaue Funktionsbeschreibung verzichtet.

Upgrade und Erweiterungen

Nach dem erstmaligen Einrichten Ihrer JimdoFree-Page haben Sie im Menüpunkt „Upgrade" jederzeit die Möglichkeit, auf eine der beiden höheren und kostenpflichtigen – dafür werbefreien – Versionen von Jimdo umzusteigen.

Eine Übersicht der inhaltlichen (technischen) und preislichen Unterschiede zwischen den Jimdo-Paketen finden Sie unter *http://de.jimdo.com/preise/* bzw. in einer Kurzübersicht auf Seite 14.

Als Zahlungsarten stehen Ihnen derzeit Kreditkarte, PayPal, Lastschrift, Überweisung und Sofortüberweisung zur Verfügung.

Die Einrichtung der Upgrades erfolgt – je nach Art der Bezahlung – sofort bzw. innerhalb von 24 Stunden nach Zahlungseingang und wird über das E-Commerce-Abwicklungs- und Clearing-Unternehmen „Cleverbridge" abgewickelt.

Folgen Sie nach Klick auf den „Jetzt bestellen"-Button dem Formular-Checkout und überlegen Sie beim Upgrade von Jimdo-Free auf eine der höheren Versionen, unter welcher Domain Ihre Jimdo-Page zukünftig laufen soll.

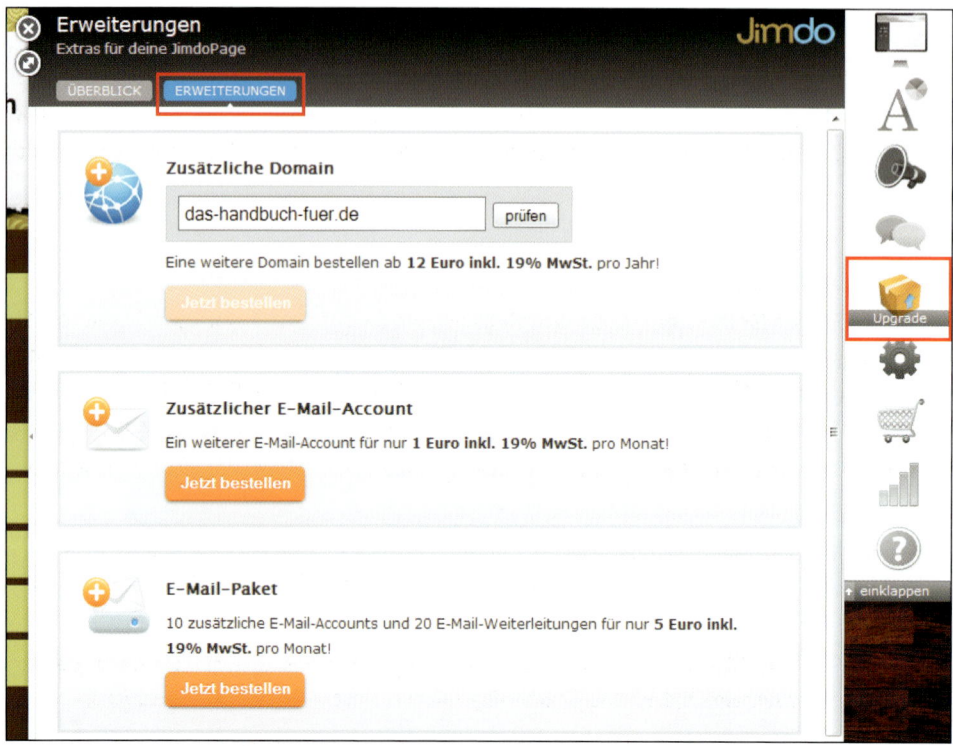

Zusätzlich zu den Paket-Upgrades haben Sie die Möglichkeit, zu Ihren bestehenden Paketen zusätzliche Domains, eine einzelne E-Mail-Adresse oder ein E-Mail-Paket – sogenannte Erweiterungen – zu erwerben. Klicken Sie auf die jeweilige Version bzw. auf das Zusatzpaket, das Sie erwerben möchten, und folgen Sie dem von Cleverbridge geführten Abwicklungsvorgang.

Es stehen Ihnen bei den Upgrades folgende Pakete zur Verfügung:

- Erwerb einer weiteren Domain für Ihre Jimdo-Page für € 12,00 pro Jahr

- Ein zusätzlicher E-Mail-Account für € 1,00 pro Monat

- Zehn zusätzliche E-Mail-Accounts plus 20 E-Mail-Weiterleitungen für € 5,00 pro Monat

Alle Preise (Stand April 2011) verstehen sich inklusive Mehrwertsteuer. Eine Rechnung im PDF-Format erhalten Sie im Rahmen der Abwicklung per E-Mail über das Cleverbridge-System.

Im Rahmen der Kundenbetreuung stehen Ihnen – je nach Paket – drei unterschiedliche E-Mail-Adressen für den Support zur Verfügung. Je nachdem, welches Paket Sie besitzen, beschleunigt sich die damit verbundene Beantwortung der Anfragen und die Abwicklung von systemseitigen Aktualisierungen merklich. Die Adressen sind:

- support@jimdo.de (Jimdo Support Team),

- pro@jimdo.de (JimdoPro Support Team) und

- business@jimdo.de (JimdoBusiness Support Team).

Benutzen Sie ausschließlich diese Adressen für Ihre Anfragen an Jimdo. Im Gegensatz zu den unpersönlichen und oft mäßig ausgebildeten Hilfskräften bei den Supports größerer Provider befinden sich bei Jimdo „echte Jimdo-Mitarbeiter" am anderen Ende der Hotline, die sich sehr gut mit den Zusammenhängen auskennen. Das ist sicherlich ein sehr sympathischer Vorteil. Zudem finden Pro- und Business-User unter „Hilfe" und „Pro-Support"/„Business-Support" ein direktes Kontaktformular zum Support.

Statistiken

Bei den Statistiken für Ihre Jimdo-Page handelt es sich um die auf Seite 174 beschriebenen Logfile-Analyse des Besucherverhaltens Ihrer Jimdo-Page. Dementsprechend sind die hier ausgegebenen Werte aus den angegebenen Gründen in ihrer Genauigkeit mit Vorsicht zu genießen.

Trotzdem erhalten Sie hier – auch ohne den Einsatz eines Webcontrollingtools – in einem Aktualisierungsrhythmus von etwa 48 Stunden eine halbwegs genaue Übersicht zu den Vorgängen auf Ihrer Webseite.

Rufen Sie im eingeloggten Zustand den Menüpunkt „Statistiken" im rechten Jimdo-Menü auf und wählen Sie die Art der gewünschten Analyse. Sie können folgende Analysen mit den Jimdo-Statistiken durchführen:

- „Übersicht": die Übersicht der Gesamtanzahl der Besucher (Visitors) eines Monats und die Summe der insgesamt in diesem Zeitraum abgerufenen Einzelseiten (Page-Impressions)

- „Nach Tagen": Einzelübersicht der Besucher und Seitenabrufe nach Tagen

- „Nach Seiten": Ranking der abgerufenen Einzelseiten (inklusive des Seitennamens und Anzahl der Aufrufe) für einen frei definierbaren Zeitraum in Monatsschritten

- „Suchmaschinen": Ranking der Suchbegriffe, bei denen Ihre Seite von Suchmaschinen gefunden und vom User besucht wurde, in einer Übersicht für einen in Monatsschritten frei definierbaren Zeitraum. Dazu eine grafische Übersicht der Suchmaschinen, von denen auf Ihre Seite verwiesen wurde. Weiterhin kommt noch eine grafische Übersicht der Suchmaschinen-Bots hinzu, die Ihre Webseite automatisch zur Indizierung besucht haben.

- „Referrer": eine – für einen in Monatsschritten frei definierbaren Zeitraum – Übersicht der auf Ihre Webseite verweisenden Webseiten (nicht Suchmaschinen)

- „Browser": die grafische Übersicht der – je nach gewähltem Monatszeitraum – verwendeten Browser, mit denen auf Ihre Seite zugegriffen wurde

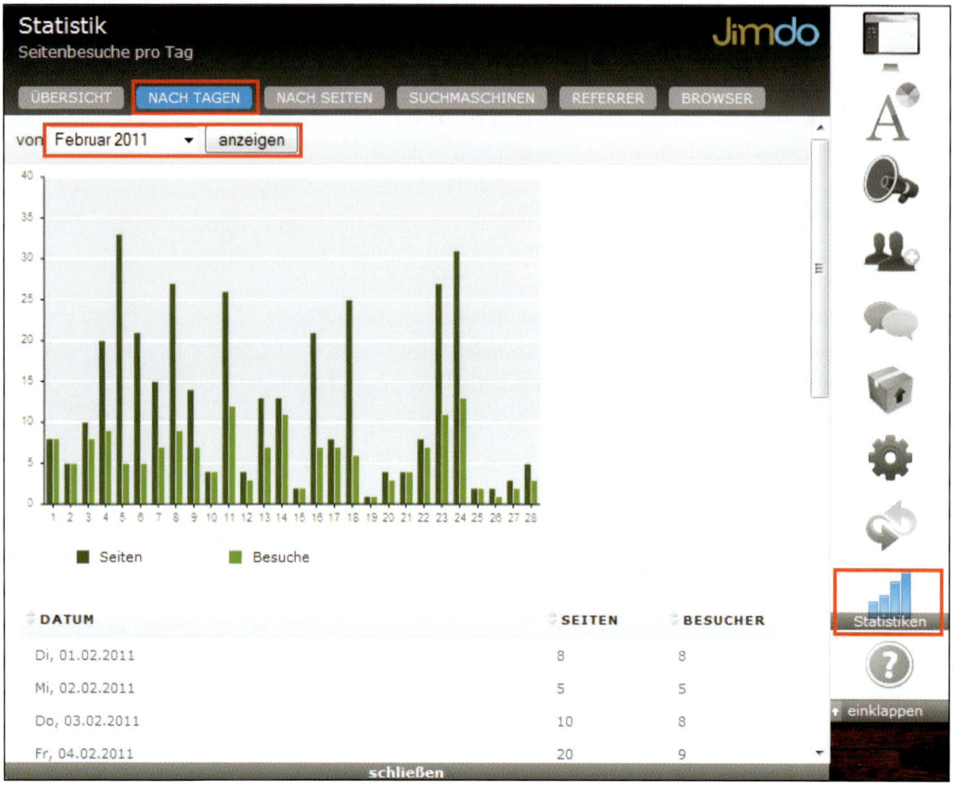

Die Interpretation der einsehbaren Daten ist weitgehend übersichtlich und verständlich. Im Bereich „Suchmaschinen" können als Ergebnis eines Links auf Ihre Seite aus einer E-Mail auch Mail-Adressen auftauchen, von denen Sie sich nicht irritieren lassen sollten.

Ebenso kann es zu kryptischen Zeichenfolgen im Bereich „Referrer" kommen, die mit einer Jimdo-URL kombiniert sind.

Dabei handelt es sich z.B. um eigene Zugriffe auf Ihre Jimdo-Page, die Sie im eingeloggten Zustand bei der Pflege Ihrer Seite erzeugt haben.

Hilfe

Die Jimdo-Hilfe ist eine Sammlung von Hilfethemen, Videoanleitungen, Tipps und News, die permanent vom Jimdo-Team gepflegt und aktualisiert werden.

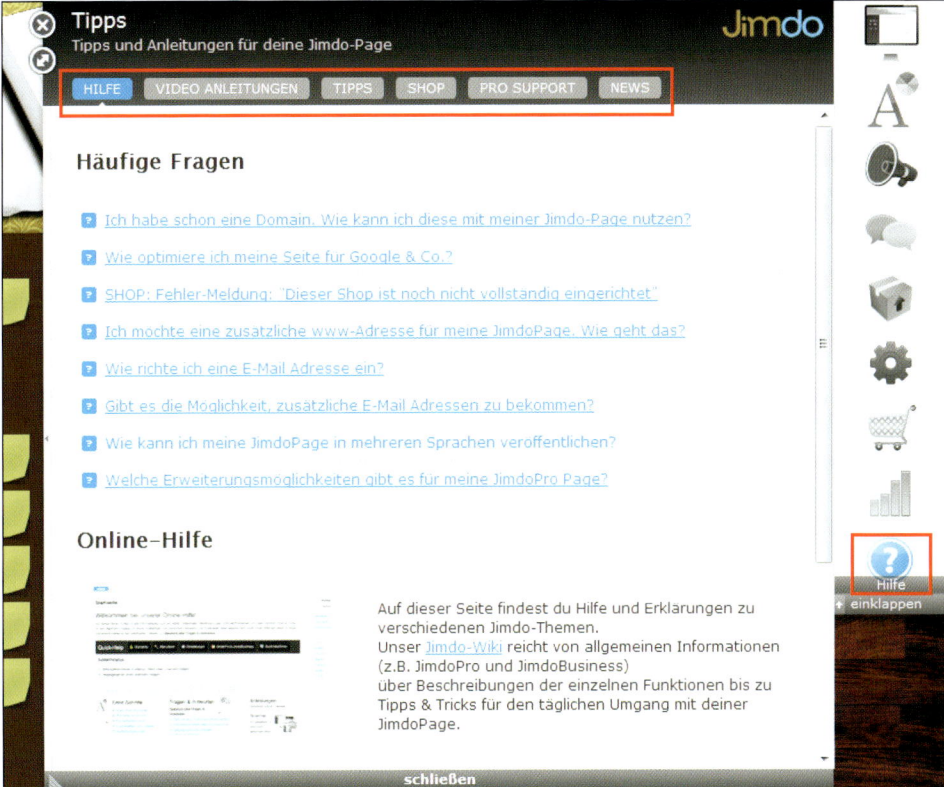

Die Idee, dieses Handbuch zu schreiben, entsprang der Tatsache, dass in der „Jimdo-Hilfe" viele Themen behandelt und erläutert werden, aber bestimmte Zusammenhänge und Details, die sich aus der Arbeitspraxis mit Jimdo heraus ergeben, eben nicht detailliert genug dargestellt und teilweise erst zeitlich aufwändig per trial & (t)error erlernt werden müssen.

Sie finden im Bereich „Hilfe" oder direkt unter *http://de.jimdo.com/wiki/Startseite* eine ansehnliche Themensammlung.

Der Bereich ist unterteilt in:

- „Hilfe": eine Liste der häufigsten Fragen mit Verweis auf das Jimdo-Wiki sowie den Links zur Online-Hilfe (Wiki) und dem „Forum", in dem sich Jimdo-User mit anderen Jimdo-Usern austauschen

- „Video Anleitungen": Hier finden Sie fünf kurze Videos zu den Themen:

  ▶ Erste Schritte

  ▶ Navigation anpassen

  ▶ Jimdo-Tour

  ▶ Header-Anpassung

  ▶ Online-Shop einrichten

- „Tipps": Anleitungen zu den Themen Design und Suchmaschinenoptimierung inklusive Download einer PDF-Datei zur Optimierung der Ergebnisse in den Suchmaschinen

- „Shop": häufige Fragen und Links zum Jimdo-Wiki rund um das Thema Jimdo-Shop einrichten und anpassen

- „Pro-Support"/„Business-Support": Kontaktformular an den Support für die Nutzer der kostenpflichtigen Jimdo-Pakete

- „News": ein Newsfeed der letzten 20 News-Einträge aus dem Jimdo-Blog mit Direktlink zum Jimdo-Blog

19 Special für Fortgeschrittene

Eigenes Design mit Jimdo

Um ein eigenes Design mit Jimdo umzusetzen, sollten Sie Erfahrung in der Erstellung von HTML-Code, CSS-Dateien und im Umgang mit Grafikprogrammen haben oder eine eigene Homepage, deren Quellcodes und Grafiken Sie verwenden dürfen. Idealerweise verwenden Sie für ein solches Projekt eine kostenpflichtige werbefreie Version von Jimdo wie Pro oder Business.

Wie bei Jimdo-Pages üblich, sind Sie bei der Umsetzung des Designs an einige Restriktionen gebunden, wie zum Beispiel, dass Sie im Grunde nur einen Seitentyp erstellen und diesen mit den Jimdo-Funktionen versehen können. Unterschiedliche Header-Grafiken, komplexe Navigationsgestaltungen und die Implementierung individueller Funktionen (sofern nicht von einem anderen Server beigesteuert und zum Beispiel per iframe eingebunden) scheiden aus.

Vorbereitung: Zur Vorbereitung kopieren Sie alle Grafiken, auf die Ihr Basis-Quellcode verweist (auch diejenigen, die in URL-Verweisen der CSS-Datei integriert sind) in ein gemeinsames Verzeichnis. Anschließend kopieren Sie den Basis-HTML-Quellcode (nur den <body>-Bereich) Ihrer Webseite in den Zwischenspeicher.

Schritt 1: Rufen Sie im Jimdo-Flyout den Bereich „Layout" auf und wählen Sie dort den Kartenreiter „Eigenes Layout". Klicken Sie in der unter dem Kartenreiter liegenden Quernavigation auf „HTML" und ersetzen Sie den dortigen Musterquelltext durch Ihren eigenen HTML-Quellcode.

Sie müssen vier Jimdo-Variablen in den Quellcode einbinden und eventuell vorhandene Codebereiche (z.B. die Navigation) damit überschreiben. Diese Variablen steuern Inhaltsbereich, Seitenbereich, Navigationsbereich und Fußbereich. Sie heißen „content", „sidebar", „navi" und „footer".

Positionieren Sie den Cursor im Jimdo-HTML-Editor an der entsprechenden Stelle, löschen Sie gegebenenfalls vorhandene Content- und Funktionscodes aus Ihrem Ursprungsquelltext und klicken Sie auf die oberhalb des Quelltextes im Rahmen des Editors positionierten Buttons für die Variablen. Der Eintrag, der erzeugt wird, lautet <var>variable</var>.

Sofern Sie eine Variable vergessen sollten, wird diese vom HTML-Editor beim Speichern bemerkt und gemeldet. Zum Abschluss klicken Sie auf „xhtml", damit der Code automatisch für XHTML validiert und optimiert wird. Anschließend speichern Sie Ihre Eingaben. Der Editor schließt sich und Sie erkennen auf Ihrer Jimdo-Page schemenhaft den hinterlegten Quellcode, den Sie jetzt um CSS-Datei und Grafiken (bzw. Skriptdateien) ergänzen. Bestätigen Sie die Layoutänderung des Systems.

Schritt 2: Kopieren Sie den Code Ihrer CSS-Datei in den Editor, den Sie unter „CSS" finden. Achten Sie an dieser Stelle darauf, welche grafischen Verweise sich im CSS-Code befinden, da diese oftmals mit Verweisen für Verzeichnisse (resultierend aus der Herkunft und der Verzeichnisstruktur Ihrer alten Webseite) versehen sind.

Nach dem Hochladen der Dateien können Sie diese mit einer sehr einfachen Funktion anpassen. Speichern Sie den CSS-Code abschließend.

Sie werden auch an dieser Stelle vom System gefragt, ob Sie die Layoutänderungen übernehmen möchten, was Sie bestätigen. Natürlich sieht Ihre Seite nach diesem Speichervorgang noch immer nicht aus wie gewünscht, aber es nähert sich. Es fehlen noch die Grafiken.

Schritt 3: Klicken Sie nun auf „Dateien", um alle Grafikdateien, Skripte etc., die in Ihrer Webseite benötigt werden, hochzuladen. Hier finden Sie drei Dateien, die noch aus dem Musterquellcode der Grundeinstellungen stammen. Löschen Sie diese und laden Sie mit der Upload-Funktion in diesem Menü alle Grafiken, Skripte etc. hoch, auf die Ihr Quelltext verweist.

Die Dateien dürfen nicht größer als ca. 500 KB sein und sollten aus den üblichen webtauglichen Grafikformaten bestehen, die Sie nacheinander hochladen. Die Funktion der Voranzeige zeigt Ihnen die hochgeladenen Grafiken, wenn Sie mit der Maus über den Dateinamen der hochgeladenen Datei fahren. Das kann hin und wieder etwas hinderlich sein, gerade bei großen Grafikdateien. Im rechten Bereich neben den Namen der hochgeladenen Dateien sehen Sie die Größe der Datei und ein rotes X zum Löschen der Datei. Der Löschvorgang wird ohne Rückfrage direkt ausgeführt.

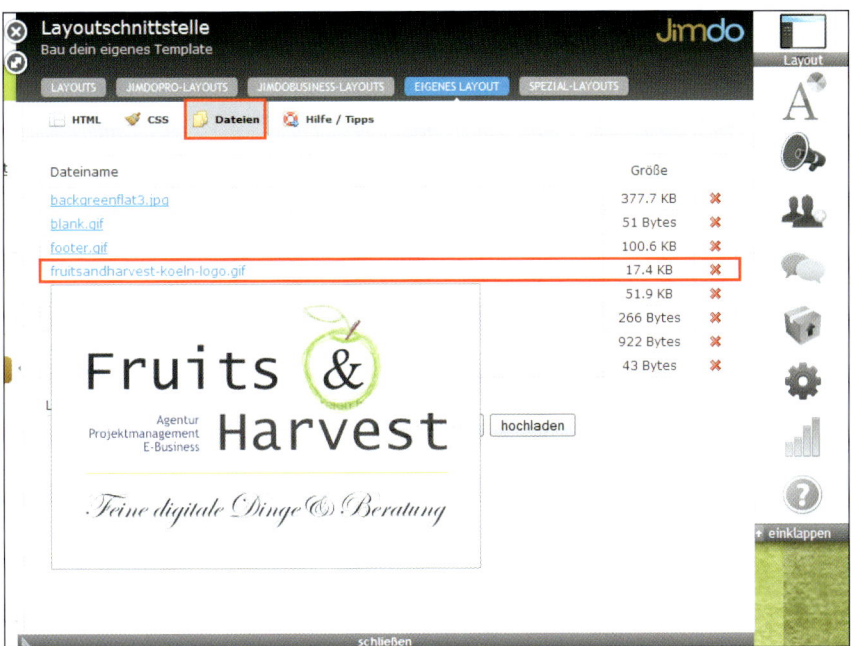

Nach diesem Hochladevorgang müssen Sie nun – mit der hier benötigten Erfahrung – gegebenenfalls in der CSS-Datei und im HTML-Code etwas Feintuning betreiben.

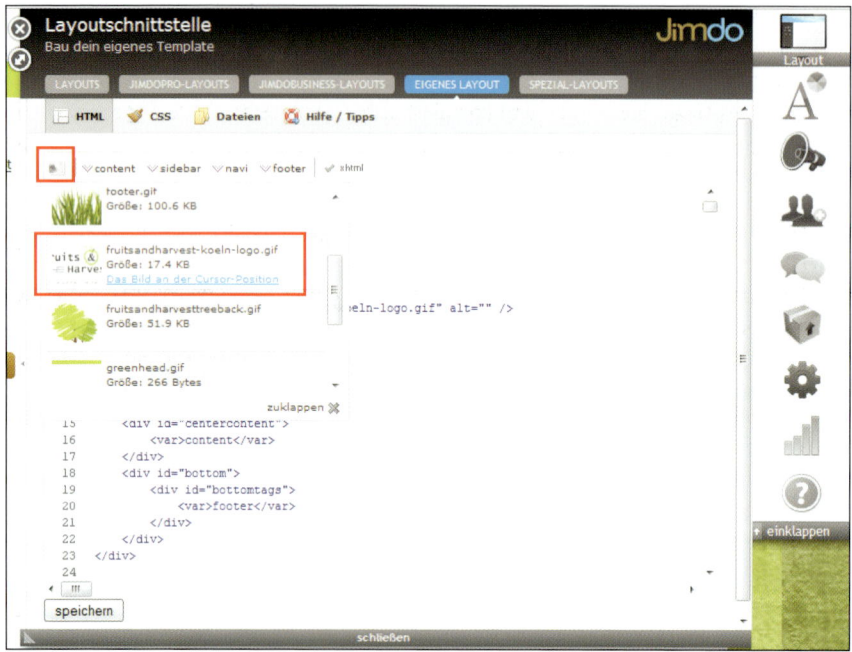

Je nach Komplexität des Webdesigns müssen die nicht dokumentierten Größenvorgaben der Variablen etwas ins Design eingepasst werden. Eine wichtige Funktion zur Integration der nun hochgeladenen Bilddateien in den Quellcode von HTML und CSS ist das kleine Bild-Symbol am linken Rand der Editoren. Platzieren Sie den Cursor an der gewünschten Stelle Ihres HTML- oder CSS-Codes und klicken Sie auf das Bildsymbol. Es öffnet sich eine grafische Übersicht der hochgeladenen Dateien, die Sie dadurch per Klick auf die Grafik an der gewünschten Stelle integrieren, sofern diese im Quelltext noch nicht korrekt referenziert wurden.

Speichern Sie anschließend den aktualisierten Quellcode und betrachten Sie Ihr Ergebnis. Hier sehen Sie meine Ergebnisse, nach fünf Minuten Arbeit und weiteren zehn Minuten Codekorrekturen: ein Jimdo-Klon meiner fruits-harvest.de-Seite mit voller Jimdo-Funktionalität.

Auf einige kleine Designschmankerl wie Halbtransparenzen und vollständige Navigationsanpassung habe ich zugunsten der sportlichen Herausforderung einer schnellen Umsetzung verzichtet. Abschließend können Sie unter „Einstellungen" > „Webseite" > „Head bearbeiten" die notwendigen Formatierungen des Head Ihrer neuen und komplett selbst gestalteten Jimdo-Page einrichten. Skripte, die Sie entweder dort oder im Body aufrufen möchten, laden Sie unter „Eigenes Design" im Menü „Dateien" hoch.

Die Hilfe: Als letzten Punkt im Bereich „Eigenes Design" möchte ich Ihnen die Hilfe dieses Bereichs empfehlen. Hier finden sich neben einem zwar englischsprachigen, aber sehr verständlichen Video noch ein paar kleine und feine Tipps von der Anpassung der Navigation, über Infos zu den Template-Variablen bis hin zu den Dateipfaden.

20 Wichtige Links und Literatur

Auf der Webseite zu diesem Buch *www.jimdo-handbuch.de* finden Sie eine ständig aktualisierte Liste mit Literaturhinweisen, Weblinks und Online-Produkten, die ich Ihnen ans Herz lege.

21 Feedback

Jimdo wird permanent aktualisiert und verbessert. Allein während der Arbeiten an diesem Handbuch kamen drei neue Features bzw. Verbesserungen bestehender Features hinzu. Ihre Meinung zu diesem Handbuch, Hinweise für die kommenden Ausgaben oder anderslautende Meinungen interessieren mich sehr. Bitte schreiben Sie mir an *kontakt@jimdo-handbuch.de*. Ich werde versuchen, alle Nachrichten zu beantworten und zu berücksichtigen.

Stichwortverzeichnis